법무사시험 |

법원사무관승진시험 |

이천교 공탁법

1차 | 요약집

이천교 편저

박문각 법무사

박문각

CONTENTS
이 책의 차례

박문각 법무사

PART

01

총론

서설

01 절 의의

공탁은 반드시 법령에 근거하여야 하고 당사자가 임의로 할 수 없는 것이므로, 금전채권의 채무자가 공탁의 방법에 의한 채무의 지급을 약속하더라도 채권자가 채무자에게 이러한 약정에 기하여 공탁할 것을 청구하는 것은 허용되지 않는다. 그리고 이러한 법리는 채무자에게 민사집행법 제248조에서 정한 집행공탁의 요건이 갖추어져 있는 경우라도 다르지 않다.

02 절 공탁소

공탁사무를 관장하는 기관을 공탁소라고 하는데, 이는 공탁관계법령상의 명칭이고 등기소와 같이 법원조직법상 공탁소라는 명칭의 관서가 있는 것은 아니다.

1. 공탁관

가. 의의

① 통상공탁기관은 법령의 규정에 의하여 공탁사무를 처리하는 단독제 국가기관인 공탁관을 말하고, 공탁관은 단독으로 공탁소를 구성하며 자기 명의 및 자기 책임으로 독립하여 공탁사무를 처리한다. 업무량이 과다하여 복수의 공탁관을 두는 경우에도 분담된 업무를 처리하면서 각 공탁관이 자기의 이름과 책임으로 단독으로 처리하여야 하고 합의제로 운용되지 않는다.

② 공탁관도 지방법원 또는 지원소속 공무원이고 공탁사무도 법원사무의 일부인 이상 소속 지방법원장 또는 지원장의 감독하에 공탁사무를 처리하나 그 감독은 내부적·일반적·행정적 감독에 불과하고 지방법원장 또는 지원장의 보조기관이 아니다.

나. 지정

① 공탁관은 지방법원장 또는 지방법원지원장이 소속 법원서기관 또는 법원사무관 중에서 지정한다. 다만, 시·군법원의 경우에는 지방법원장 또는 지방법원지원장이 소속 법원주사 또는 법원주사보 중에서 지정한다.

② 지방법원장이나 지방법원지원장은 공탁관이 질병·출장·교육훈련 그 밖의 부득이한 사유로 직무를 수행할 수 없는 경우에 대비하여 대리공탁관을 지정할 수 있다. 대리공탁관은 원공탁관의 대리인이 아니라 대직기간 동안 자기 명의로 공탁사무를 처리하는 독립한 공탁관이며, 그가 처리한 공탁사무에 대하여 원공탁관이 책임을 지는 것이 아니라 스스로 책임을 진다.

③ 지방법원장 또는 지방법원지원장이 공탁관 또는 대리공탁관을 지정한 때에는 공탁물보관자에 대하여 그 성명과 인감을 알려주어야 한다. 또한, 공탁관은 지정된 공탁물보관자에게 공탁금과 공탁유가증권에 관한 계좌를 각 설치하여야 하고 공탁금 등을 직접 납부받거나 보관할 수 없으며, 대리공탁관은 별도의 계좌를 설치하지 아니하고 공탁관의 계좌를 이용한다.

다. 심사권과 책임

CHAPTER 03 공탁관의 심사 및 납입 제1절 '공탁관의 심사'에 설명되어 있습니다.

2. 공탁소의 관할

가. 직무관할

공탁관은 공탁원인 여하에 불구하고 일반적으로 직무상의 관할권을 가지나, 예외적으로 시·군법원 공탁관은 시·군법원의 사건과 관련한 필요 최소한의 범위로 그 직무범위가 제한되어 있다.

■ 시·군법원 공탁관의 직무범위에 속하는 것

- 해당 시·군법원에 계속 중이거나 시·군법원에서 처리한 소액사건심판법의 적용을 받는 민사사건과 화해·독촉·조정사건에 대한 채무의 이행으로서 하는 변제공탁
- 해당 시·군법원의 사건과 관련된 상소제기 등으로 인한 집행정지관련 재판상 보증공탁
- 민사집행법 제280조 제2항에 따른 가압류명령과 관련된 재판상 보증공탁
- 민사소송법 제299조 제2항에 따른 소명에 갈음하는 보증금의 공탁(몰취공탁)
- 민사집행법 제282조에 따른 가압류 해방금액의 공탁(집행공탁)

■ 시·군법원 공탁관의 직무범위에 속하지 않는 것

- 민사집행법 제248조 제1항에 따른 압류를 원인으로 한 집행공탁
- 민사집행법 제291조 및 제248조 제1항에 따른 가압류를 이유로 하는 집행공탁
- 상업등기법 제41조에 따른 상호가등기를 위한 보증금 공탁(몰취공탁)
- 공익사업을 위한 토지 등의 취득 및 보상에 관한 법률 제40조 제2항 각 호에 따른 토지 등의 수용보상금공탁
- 무기명식 사채권 소지인이 회사에 대하여 사채권자집회 소집청구권 또는 그 의결권을 행사하기 위한 그 채권(債)의 보관공탁

나. 토지관할

공탁소의 토지관할에 대하여는 공탁법에서 일반적 규정을 두고 있지 않으므로, 원칙적으로 공탁소는 직무관할의 범위 내에서 일체의 공탁에 관하여 관할권을 가지며 공탁사건과 토지와의 관계를 고려할 필요가 없으나, 개별 공탁근거법령에서 공탁의 토지관할에 관한 규정을 두고 있는 경우에는 그에 따라야 할 것이다.

1) 변제공탁의 토지관할

① 변제공탁은 채무이행지의 공탁소에 하여야 한다. 따라서 변제공탁의 목적인 채무가 금전채무인 경우에는 통상 지참채무로 보아 채권자의 현주소 또는 현영업소 소재지의 공탁소가 토지관할을 갖게 된다.

② 공탁법 제5조의2(형사공탁의 특례) 제1항에 따른 공탁은 해당 형사사건이 계속 중인 법원 소재지의 공탁소에 할 수 있다.

■ 특별규정이 있는 경우 등

- 공탁자가 저작재산권자를 알지 못함을 이유로 저작권법 제50조 제1항에 따라 보상금공탁을 하는 경우 공탁자의 주소지관할공탁소에 공탁할 수 있고, 이때 피공탁자를 특정할 필요는 없다.
- 어음법상의 변제공탁은 약속어음 발행인의 영업소 또는 주소지소재 공탁소에 할 수 있다.
- 파산관재인이 파산채권자를 위하여 배당액을 변제공탁할 경우에 채무이행지인 파산관재인이 직무를 수행하는 장소를 관할하는 지방법원에 공탁할 수 있다.

2) 담보공탁의 토지관할

① 재판상 담보공탁은 그 관할에 대하여 법률에 특별한 규정이 없다.

② 영업보증공탁은 대체적으로 공탁근거법령에 관할공탁소가 법정되어 있다. 예컨대, 여신전문금융업법상의 보증공탁은 선불카드를 발행한 신용카드업자의 본점 또는 주된 사무소 소재지의 공탁소에, 원자력손해배상법상의 보증공탁은 원자력사업자의 주사무소를 관할하는 공탁소에 각 공탁하여야 한다.

3) 집행공탁의 토지관할

집행공탁도 그 관할에 대하여 법률에 특별한 규정이 없다.

03 절 공탁의 당사자

1. 총설

1) 의의

① 공탁당사자는 공탁신청 시에 제출된 공탁서의 기재에 의해 형식적으로 결정되므로, 실체법상의 채권자·채무자와는 별개의 개념이다. 따라서 변제공탁의 공탁물 출급청구권자는 피공탁자 또는 그 승계인이고 피공탁자는 실체법상의 채권자라고 하더라도 피공탁자로 지정되어 있지 않으면 공탁물 출급청구권을 행사할 수 없고, 따라서 피공탁자가 아닌 제3자가 피공탁자를 상대로 하여 공탁물 출급청구권 확인판결을 받았더라도 그 확인판결을 받은 제3자가

직접 공탁물 출급청구를 할 수 없으므로 피공탁자 중 1인을 채무자로 하여 그의 공탁물 출급청구권에 대하여 채권압류 및 추심명령을 받은 추심채권자라는 등의 특별한 사정이 없는 한 피공탁자가 아닌 제3자는 피공탁자를 상대로 하여 공탁물 출급청구권의 확인을 구할 이익이 없다.

② 공탁자는 공탁 시부터 특정되고 공탁자가 존재하지 않는 경우란 있을 수 없지만, 피공탁자의 경우에는 영업보증공탁이나 민사집행법 제248조에 의한 집행공탁과 같이 공탁 당시에는 관념적으로만 존재하다가 사후적으로 확정되는 경우가 있고, 보관공탁이나 가압류해방공탁 등과 같이 그 성질상 피공탁자가 원천적으로 존재하지 않는 경우도 있다.

③ 대리인이 공탁하는 경우에 공탁자는 본인이고, 제3자가 채무자에 갈음하여 공탁하는 경우에는 그 제3자가 공탁자이며, 파산관재인, 유언집행자, 재산관리인 등이 재산관리의 일환으로 공탁을 하는 경우에는 그들이 공탁자이다.

④ 피공탁자가 특정되었다고 하려면 피공탁자의 동일성에 대하여 공탁관의 판단이 개입할 여지가 없이 그 공탁통지서의 송달에 지장이 없는 정도에 이르러야 한다.

2) 공탁당사자능력

① 공탁당사자능력이란 공탁절차에 있어서 공탁의 주체가 될 수 있는 지위 또는 자격, 즉 공탁자·피공탁자가 될 수 있는 일반적인 능력을 의미하며, 구체적인 사건에 있어서의 공탁자·피공탁자가 될 수 있는 자격을 의미하는 공탁당사자적격과는 구별된다. 자연인 및 법인은 물론 대표자 또는 관리인을 정한 법인 아닌 사단이나 재단의 경우에도 공탁당사자능력을 인정하고 있다.

② 주식회사가 해산되고 청산종결등기가 경료된 경우에도 잔존사무가 있다면 그 범위 내에서는 법인격이 존속하므로 공탁당사자능력을 가진다. 장기간 등기하지 않은 휴면회사로서 상법 제520조의2 제1항의 규정에 의하여 해산 간주된 회사도 이로써 법인격이 소멸한 것은 아니므로 공탁의 당사자가 될 수 있다.

③ 자연인이 사망하면 공탁당사자능력도 당연히 소멸하지만, 등기기록상 소유자를 피공탁자로 하여 보상금을 공탁한 경우 피공탁자가 이미 사망하였다면 그 공탁은 상속인들에 대한 공탁으로서 유효하다.

3) 공탁행위능력

① 공탁행위능력이란 민법상의 행위능력이나 소송절차상의 소송능력에 대응하는 개념으로 공탁당사자가 공탁절차에서 단독으로 유효한 법률행위를 할 수 있는 일반적인 능력을 의미한다. 공탁행위능력에 관하여는 공탁법상 특별한 규정이 없으므로 민법 기타 법령의 규정에 따르며, 민법상의 행위능력자는 공탁행위능력을 갖는다고 보아야 할 것이다. 피한정후견인은 가정법원에서 한정후견인의 동의를 받도록 정한 범위 내에서만 행위능력이 제한되므로 공탁행위능력도 이에 따를 것이다.

② 민법상 행위제한능력자인 미성년자, 피성년후견인은 원칙적으로 단독으로 유효한 공탁행위

를 할 수 없고, 미성년자의 경우 법정대리인의 동의를 얻거나(피성년후견인은 성년후견인의 대리만 가능), 법정대리인의 대리에 의해서만 유효한 공탁행위를 할 수 있다. 그러나 예외적으로 미성년자의 권리만을 얻거나 의무만을 면하는 행위, 처분이 허락된 재산의 처분행위, 영업허락을 받은 경우의 그 영업에 관한 행위, 대리행위, 임금 청구 등은 법정대리인의 동의 없이 단독으로 유효한 행위를 할 수 있으므로 그 범위 안에서는 공탁행위능력이 인정된다.

③ 주의를 요하는 것은 공탁신청행위와 같은 능동적 법률행위를 할 경우에 공탁행위능력을 요하는 것이지 공탁자에 의해 피공탁자로 지정되는 경우와 같이 수동적 당사자일 뿐 스스로 법률행위를 하는 것이 아닌 경우에는 행위능력을 요하지 아니한다는 점이다. 물론 피공탁자로 지정된 자가 후일 해당 공탁의 출급을 청구하는 경우에는 능동적 법률행위자로서의 지위에 있는 것이므로 당연히 행위능력이 요구되는 것이고, 행위제한능력자일 경우에는 법정대리인의 대리 또는 동의에 의해서만 유효한 공탁행위를 할 수 있다.

④ 피공탁자인 미성년자의 주소와 그 법정대리인의 주소가 다른 경우 공탁소의 관할은 공탁당사자를 기준으로 할 것이므로 제한능력자인 피공탁자의 주소지를 관할공탁소로 봄이 타당하다.

4) 공탁당사자적격

① 공탁당사자적격이란 특정 공탁사건에 있어서 정당한 당사자로서 공탁절차를 수행하기 위하여 필요한 자격을 의미한다. 공탁자와 피공탁자 사이에 해당 공탁을 정당하게 하는 실체적 법률관계가 존재하는 경우에 공탁당사자적격이 있다고 본다.

② 변제공탁의 공탁당사자가 아닌 제3자가 피공탁자를 상대로 하여 공탁물수령권확인의 소를 제기하여 그 확인판결을 받았다 하더라도 그 제3자는 피공탁자가 아니므로 직접 출급청구를 할 수 없다. 이 경우 제3자는 피공탁자를 상대로 '공탁물 출급청구권 양도의 의사표시를 하고 채무자인 국가(소관 공탁관)에 이를 통지하라'는 내용의 판결을 받아 출급청구를 할 수 있다.

2. 공탁의 종류에 따른 공탁당사자

1) 변제공탁

① 변제공탁은 채무자 본인이 공탁자가 되는 것이 원칙이나 일정한 경우에는 제3자도 공탁을 할 수 있다. 채무의 성질 또는 당사자의 의사표시로 제3자의 변제를 허용하지 아니하는 때에는 제3자는 변제공탁할 수 없다.

② 이해관계 없는 제3자는 채무자의 의사에 반하여 변제공탁하지 못한다. 그러나 이해관계 있는 제3자는 채무자의 의사에 반하여서도 변제공탁할 수 있는데, 그 예로는 물상보증인, 담보부동산의 제3취득자, 연대채무자, 보증인 등을 들 수 있다.

2) 담보공탁

(1) 공탁자

① 재판상 담보공탁은 담보제공명령을 받은 자가 공탁자가 되는 것이 원칙이나, 담보제공명령을 받은 당사자뿐 아니라 제3자 역시 당사자를 대신하여 공탁할 수 있다. 이 경우 법원의

허가나 담보권리자의 동의는 필요 없으나 제3자는 당사자를 대신하여 제3자로서 공탁한다는 취지를 공탁서 비고란에 기재하여야 한다.

② 영업보증공탁은 근거법령에 공탁자가 정해져 있는바, 영업자의 신용력 확인이라는 목적이 있으므로 제3자에 의한 공탁은 허용되지 않는다.

③ 납세담보공탁은 국세나 지방세의 징수유예, 연부연납 등의 허가를 구하려는 납세의무자 또는 납세의무자를 위하여 담보를 제공하는 제3자가 공탁자가 될 것이다.

(2) 피공탁자

담보공탁의 피공탁자는 공탁물에 대하여 법정담보권 또는 우선변제권을 취득할 자이다.

① 재판상 담보공탁은 피공탁자의 손해배상채권을 담보하기 위한 공탁으로서 공탁신청 당시에 담보권리자가 될 자가 특정되어 있으므로 공탁서에 그 담보권리자를 피공탁자로 기재한다.

② 납세담보공탁의 피공탁자는 국가, 지방자치단체 등 과세관청이 될 것이다.

③ 그러나 영업보증공탁은 공탁신청 당시에는 누가 영업거래 등으로 인한 손해배상 채권자(담보권리자)가 될지 알 수 없으므로 피공탁자가 미확정이다. 따라서 다른 공탁의 경우와 달리 영업보증공탁의 공탁서에는 피공탁자란을 두지 않는다.

3) 집행공탁

(1) 공탁자

집행공탁에서 공탁자로 될 자는 해당 집행절차의 집행기관이나 집행당사자 또는 제3채무자이다.

① 민사집행법 제248조에 의한 집행공탁의 공탁자는 제3채무자이고, 민사집행법 제282조에 의한 가압류해방공탁의 공탁자는 가압류채무자이다. 그 외 집행공탁의 공탁자는 집행기관인 집행법원이나 집행관 또는 추심채권자, 항고인 등이다. 집행절차에 부수해서 행해지는 집행공탁의 성질상 제3자는 공탁자를 갈음하여 공탁할 수 없다. 다만 주택임대차보호법상 대항력을 갖춘 임차인의 임대차보증금반환채권이 가압류된 상태에서 임대주택이 양도되면 양수인이 채권가압류의 제3채무자의 지위도 승계하고, 가압류권자 또한 임대주택의 양도인이 아니라 양수인에 대하여만 위 가압류의 효력을 주장할 수 있으므로 임대주택의 양수인은 해당 주택에 관한 등기사항증명서를 첨부하여 민사집행법 제291조 및 제248조 제1항에 따라 집행공탁을 할 수 있다.

② 채무자 아닌 제3자(예 가압류목적물의 양수인 등)가 가압류해방금을 공탁할 수 있는지 여부가 문제되는데, 나중에 채권자가 채무자에 대하여 집행권원을 받아도 그 해방금액에 대한 집행을 할 근거가 없게 되므로 다시 말하면, 가압류채권자의 가압류채무자에 대한 집행권원으로는 제3자가 한 해방공탁금에 대한 집행이 불가능하므로 부정하여야 할 것이다.

(2) 피공탁자

집행공탁에 있어서 피공탁자로 될 자는 원칙적으로 해당 집행절차의 집행채권자이다.

① 민사집행법 제248조에 의한 집행공탁의 피공탁자는 실질상 해당 집행절차의 집행채권자라 할 것이나, 집행채권자는 배당절차에서 배당을 받을 수 있는 단계에서나 확정되고 공탁 당시

에는 관념적으로만 존재하므로 공탁신청 시에는 공탁서에 피공탁자를 기재하지 않으며, 공탁 당시에 피공탁자를 기재하였더라도 그 피공탁자의 기재는 법원을 구속하는 효력이 없다.

② 다만 민사집행법 제248조 제1항에 의하여 금전채권의 일부에 대한 압류를 원인으로 제3채무자가 압류에 관련된 금전채권액 전액을 권리공탁하는 경우에는 피공탁자란에 압류채무자를, 민사집행법 제291조 및 제248조 제1항에 의하여 가압류를 원인으로 제3채무자가 권리공탁하는 경우에는 피공탁자란에 가압류채무자를 기재하고 공탁통지서도 발송하는바, 이는 공탁금 중 압류금액을 초과하는 부분은 압류의 효력이 미치지 않으므로 집행공탁이 아니라 변제공탁으로 보아야 하기 때문이고, 가압류집행을 원인으로 민사집행법 제291조 및 제248조 제1항에 의한 공탁은 원래의 채권자인 가압류채무자를 피공탁자로 하는 일종의 변제공탁의 측면이 있기 때문이다.

③ 한편 민사집행법 제282조에 의한 가압류해방공탁에서 피공탁자는 원시적으로 있을 수 없으므로 공탁신청 시에 피공탁자를 기재할 수는 없다. 이러한 이유로 공탁사무 문서양식에 관한 예규 '금전 공탁서(가압류해방)'에는 피공탁자란을 아예 없앴다.

4) 보관공탁

① 보관공탁은 주로 무기명식채권 소지인의 권리행사요건으로 행하여지는 공탁이므로 공탁자는 근거법령에 규정된 무기명식 채권소지인 등이고 피공탁자는 원시적으로 존재하지 않는다.

② 성질상 제3자가 무기명식채권 소지인 등을 갈음하여 공탁하는 것은 불가능하다.

5) 몰취공탁

① 몰취공탁의 공탁자는 소송당사자나 법정대리인 또는 등기신청인 등으로 법정되어 있다. 몰취공탁은 국가에 대하여 자기의 주장이 허위인 때 또는 약정기한 내 등기절차의 불이행을 한 때에는 몰취의 제재를 당하여도 감수한다는 취지의 것이므로 그 성질상 제3자에 의한 공탁이 허용되지 않는다.

② 몰취공탁의 피공탁자는 국가이다.

04 절 공탁물

1. 공탁물의 종류

1) 금전

금전공탁의 목적물인 금전은 법률에 의하여 강제통용력이 부여된 우리나라의 통화에 한한다. 따라서 외국의 통화는 금전공탁의 목적물이 아니고 물품공탁의 목적물이 된다. 금전공탁을 함에 있어 은행 발행의 자기앞수표를 납입하는 것은 수표 그 자체가 공탁물이 아니라 그것이 통화로 교환된 금전이 공탁물이 된다.

2) 유가증권

① 유가증권이란 사법상의 재산권을 표창하는 증권으로서 증권상에 기재된 권리의 행사・이전 등에 있어서 증권의 소지 또는 교부를 필요로 하는 것을 말한다.

② 금액의 표시가 없는 유가증권(화물상환증, 창고증권 등)도 공탁의 목적물이 될 수 있다. 이 경우 액면금이 없다는 뜻을 공탁서상의 '공탁유가증권의 총액면금'란에 적어야 한다.

③ 기명식 유가증권을 공탁하는 경우에는 공탁물을 수령하는 자가 즉시 권리를 취득할 수 있도록 유가증권에 배서를 하거나 양도증서를 첨부하여야 한다.

④ 법령에 다른 규정이 없는 한 공탁할 수 있는 유가증권의 종류에는 제한이 없다. 전자등록의 방법으로 주식・사채 등을 발행할 수 있는데, 전자등록주식 등의 소유자가 공탁을 하는 경우 해당 전자등록주식 등의 전자등록을 증명하는 '전자등록증명서'를 발급받아 공탁하여야 하고, 공탁물보관자는 전자등록증명서를 납부받아 보관하게 된다.

3) 물품

물품공탁의 목적물인 물품이란 인간이 지배할 수 있는 물리상의 유체물로서 금전공탁의 목적물인 금전과 유가증권공탁의 목적물인 유가증권을 제외한 것을 말한다.

2. 공탁의 종류에 따른 공탁물

가. 변제공탁

1) 원칙

변제공탁의 공탁물은 채무의 목적물이므로 무엇이 공탁물로 될 수 있는지는 채무의 내용에 따라서 정해진다. 금전, 유가증권, 그 밖의 물품이 공탁물로 될 수 있고, 공탁물보관자의 영업범위에 속하지 않는 물품에 관하여는 채무이행지 관할 지방법원에 공탁물보관자 선임신청을 하여 그 지정을 받아 공탁할 수 있다.

2) 자조매각금의 공탁

채무의 목적물이 공탁에 적당하지 않거나(폭발위험물 등) 멸실 또는 훼손될 염려가 있거나(야채, 과일, 어육류 등) 보관비용의 과다 또는 가격의 폭락 등 경제적으로 부적합한 경우 등에는 채무이행지 지방법원의 허가를 얻어 그 물건을 경매하거나 시가로 방매하여 대금을 공탁할 수 있다.

3) 수용보상금의 공탁

① 사업시행자가 토지보상법이 규정하고 있는 절차에 따라 공공용지를 수용 또는 취득하고 그에 따른 수용보상금을 피수용자에게 지급하는 것을 갈음하여 공탁하는 경우 공탁물은 해당 법령에 규정되어 있는 대로 금전 또는 채권(債券)으로 할 수 있다. 이 경우에 있어서도 현금으로 보상금을 지급하도록 되어 있을 때에는 현금으로 공탁을 하여야지 현금 대신 채권(債券)으로 공탁할 수는 없다.

② 한편 사업시행자가 토지보상법 제63조 제7항·제8항에 따라 수용보상금을 채권(債券)으로 지급하는 경우 전자등록된 국·공채 등에 대하여 전자등록증명서를 발급받아 공탁하는 경우가 일반적이다.

③ 실무상 수용보상금지급청구권에 대하여 압류나 가압류 등이 있음을 이유로 사업시행자가 전자등록증명서를 공탁물로 하면서 토지보상법 제40조 제2항 제4호 및 민사집행법 제248조 제1항에 따라 집행공탁을 신청하는 경우가 있는데 전자등록증명서는 위 집행공탁의 목적물이 될 수 없으므로 위와 같은 공탁신청은 수리되어서는 안 된다.

4) 부동산 공탁의 가부

부동산 변제공탁은 법원으로부터 공탁물보관자의 선임을 받아 그 자에게 공탁을 한다고 하더라도, 앞으로 변제자의 협력 없이 공탁물보관자가 부동산에 관한 일체의 본권 및 점유를 채권자에게 이전할 수 있게 한다는 것이 법 기술상 곤란하고, 또 목적 부동산의 점유를 공탁물보관자에게 이전한다고 하면 그 보관료와 보관자의 사용료와의 문제도 매우 곤란하게 되기 때문에 공탁에 부적당하다.

나. 담보공탁

담보공탁에서 공탁물은 금전 또는 유가증권으로 각종 공탁근거법령 또는 감독관청이나 법원의 담보제공명령 등에 의하여 정하여진다.

① 재판상 담보공탁의 목적물은 금전 또는 법원이 인정하는 유가증권이지만, 담보는 성질상 종국에는 현금화할 수 있어야 하므로 공탁하는 유가증권은 환가가 용이하지 않거나 시세의 변동이 심하여 안정성이 없는 것(예컨대 담보제공자 발행의 유가증권)은 적당하지 않다.

② 납세담보공탁의 목적물도 금전 또는 유가증권이지만 공탁할 수 있는 유가증권은 자본시장과 금융투자업에 관한 법률 제4조 제3항에 따른 국채증권 등 대통령령으로 정하는 유가증권, 국채 또는 지방채, 지방자치단체의 장이 확실하다고 인정하는 유가증권이다. 한편 2019.9.16.부터 전자증권법이 시행된 이후 주로 전자등록증명서가 공탁되고 있다.

③ 영업보증공탁의 목적물은 각 영업보증공탁의 근거법령에 의하여 정해진다.

다. 집행공탁

① 집행공탁의 공탁물은 강제집행의 목적물인 금전이나 그 목적물의 환가금 또는 금전채권에 대한 집행에 있어서의 제3채무자의 채무액 등 금전이 원칙이다. 다만, 민사집행법 제130조 제3항의 규정에 의한 매각허가결정에 대한 항고보증공탁의 경우에는 법원이 인정한 유가증권으로 공탁할 수 있고, 선박에 대한 강제집행에 있어서 채무자가 집행정지문서를 제출하고 매수신고 전에 보증의 제공으로 공탁하는 경우에도 법원이 인정한 유가증권으로 공탁할 수 있다.

② 민사집행법 제282조에 의한 가압류해방공탁은 가압류의 목적물에 갈음하는 것으로서 금전에 의한 공탁만이 허용되고, 유가증권에 의한 공탁은 그 유가증권이 실질적 통용가치가 있는 것이라 하더라도 허용되지 않는다.

라. 보관공탁

보관공탁에서 공탁물은 무기명식 사채권 등으로 구체적으로 법정되어 있는데, 상법상의 공탁은 '무기명식 사채권', 담보부사채신탁법상의 공탁은 '사채권'으로 되어 있다.

마. 몰취공탁

① 소명에 갈음하는 몰취공탁의 공탁물은 원칙적으로 금전이나, 법원이 인정하는 유가증권도 공탁물이 될 수 있을 것이다.

② 상호가등기를 위한 몰취공탁은 일정한 금액을 공탁하도록 하고 있으므로, 그 공탁물은 금전만이 허용될 뿐 지급보증위탁계약체결문서(보증보험증권)를 제출할 수는 없다.

공탁신청절차

01 절 방문공탁과 전자공탁

1. 방문공탁

① 공탁신청은 절차의 안정성과 공탁관의 형식적 심사라는 요청에서 법정서식의 공탁서를 작성하여 제출하여야 하는 요식행위이다. 즉, 공탁을 하려는 사람은 소정의 기재사항을 적은 공탁서 2통을 첨부서면과 함께 관할공탁소(공탁관)에 제출하여야 한다. 공탁서의 양식은 공탁사무 문서양식에 관한 예규로 정하여져 있다.

② 공탁은 1건마다 별도의 공탁서를 작성하여 제출함이 원칙이다. 다만 공탁당사자가 같고 공탁원인사실에 공통성이 있는 경우(수개월분의 차임공탁 등) 또는 공탁당사자가 다르더라도 공탁원인사실에 공통성이 있는 경우(형사사건의 피해자가 여러 명이고 주소지가 모두 같은 공탁소 소재지로 되어 있는 경우의 손해배상공탁 등)에는 1통의 공탁서를 작성·제출하여 공탁할 수 있다. 이를 통상 일괄공탁이라고 부른다. 그러나 동일한 공탁원인사실에 의한 경우라도 공탁물의 종류가 다르거나 일부는 변제공탁, 일부는 집행공탁과 같이 공탁의 성질이 다를 때에는 별도로 공탁하여야 한다. 다만 공탁원인 사실 및 공탁근거법령이 다른 실질상 두 개 이상의 공탁을 공탁자의 이익보호를 위하여 하나의 공탁절차에 의하여 하는 혼합공탁은 인정된다.

③ 우편에 의한 공탁신청은 할 수 없다.

2. 전자공탁

금전공탁사건에 관한 신청 또는 청구는 규칙에서 정하는 바에 따라 전자공탁시스템을 이용하여 전자문서로 할 수 있다.

1) 적용범위

① 금전공탁 신청사건

② 공탁액이 금 5천만 원 이하인 금전공탁사건에 대한 공탁금 출급·회수청구

③ 전자문서로 제출된 공탁관계서류에 대한 열람청구

④ 전자공탁시스템으로 처리한 공탁사무에 대한 사실증명청구

⑤ 전자신청에 대하여 한 공탁관의 처분에 대한 이의신청(공탁법 제12조)

⑥ 전자공탁시스템에 의한 공탁사건에 대한 정정신청 또는 보정

2) 신청자격

① 자연인과 법인이 모두 전자신청을 할 수가 있는데, 신청인(법인인 경우 법인의 대표자)이 외국인인 때에는 「출입국관리법」에 따라 외국인등록을 하거나 「재외동포의 출입국과 법적 지위에 관한 법률」에 따른 국내거소신고를 하여야 한다.

② 미성년자는 법정대리인의 동의 없이 유효한 공탁행위능력을 가지는지 여부에 대하여 전자공탁시스템으로 파악하기 어렵고 법정대리인에 의한 증명이 전자적으로 불가능하므로 전자신청을 할 수 없다.

③ 법인 아닌 사단이나 재단의 경우 전자적으로 대표자 개인과 조직 간의 관계를 증명할 수 없기 때문에 전자공탁서비스를 이용할 수 없다.

④ 전자신청의 대리는 자격자대리인(변호사, 법무사)만이 할 수 있다.

3) 사용자등록

① 전자공탁시스템을 이용하려는 자는 전자공탁시스템에 접속하여 각 신청주체 유형별(개인회원, 법인회원, 변호사회원, 법무사회원)로 전자공탁홈페이지에서 요구하는 정보를 해당란에 입력한 후 대법원예규로 정하는 전자서명을 위한 인증서를 사용하여 사용자등록을 하여야 한다.

② 국가 또는 지방자치단체를 제외한 법인용 인증서를 이용하는 법인회원은 공탁소에 출석하여 법인사용자등록신청서를 제출하여야 하며, 그 신청서에는 상업등기법 제16조에 따라 신고한 인감을 날인하고 그 인감증명과 자격을 증명하는 서면을 첨부하여야 하며, 공탁관으로부터 전자공탁시스템에서의 사용자등록을 위한 접근번호를 부여받아 사용자등록을 할 수 있다. 한편 개인회원이나 법인 전자증명서를 이용하는 법인회원, 국가 또는 지방자치단체의 경우는 공탁소를 방문하지 않고도 사용자등록을 할 수 있다.

③ 사용자등록을 신청하는 변호사회원 또는 법무사회원은 공탁소에 출석하여 그 자격을 증명하는 서면을 제출하여야 하고, 공탁관으로부터 전자공탁시스템에서의 사용자등록을 위한 접근번호를 부여받아 사용자등록을 할 수 있다.

4) 전자문서의 작성·제출

① 등록사용자의 전자문서 제출은 전자공탁시스템에서 요구하는 사항을 빈칸 채우기 방식으로 입력한 후 나머지 사항을 해당란에 직접 입력하거나 전자문서를 등재하는 방식으로 하여야 하고, 대법원예규로 정하는 전자서명을 하여야 한다.

② 공동의 이해관계를 가진 여러 당사자나 대리인이 공동으로 공탁·출급·회수 등을 신청하는 경우에는 해당 전자문서에 공동명의자 전원이 전자서명을 하여 제출하거나 해당 전자문서를 제출하는 등록사용자가 다른 공동명의자 전원의 서명 또는 날인이 이루어진 확인서를 전자문서로 변환하여 함께 제출하는 방법(공탁금을 출급 또는 회수하는 경우에는 제외한다)에 따라 공동명의로 된 하나의 전자문서를 제출할 수 있다.

③ 전자문서에 의한 신청은 그 신청정보가 전자공탁시스템에 저장된 때에 접수된 것으로 본다.

5) 지급청구 절차의 특례

① 공탁금 지급방법은 청구인이 공탁금 출급회수청구서를 출력하여 공탁금보관은행에 제출하는 방법과 예금계좌로 지급받는 방법이 있는데, 후자의 경우 그 예금계좌는 반드시 청구인 본인의 예금계좌이어야 한다.

② 전자문서에 의하여 공탁금의 출급 또는 회수를 청구하는 경우 공탁규칙 제37조의 인감증명서는 첨부하지 아니한다.

③ 변호사 또는 법무사회원이 전자문서에 의하여 지급청구하는 경우에는 변호사회원 또는 법무사회원의 전자서명과 청구인 본인의 전자서명을 함께 제출하여야 한다.

④ 한편 방문신청의 방법으로 공탁된 사건에 대하여도 전자공탁시스템에 의한 지급청구를 할 수 있는데, 이때 전자서명은 공탁이 성립할 당시 공탁당사자의 것이어야 한다. 따라서 공탁자 또는 피공탁자의 상속인은 전자신청의 방법으로 지급청구를 할 수는 없다.

6) 기타

전자공탁시스템을 이용하여 공탁이 이루어진 사건에 대하여 공탁물 출급·회수청구권에 관한 가처분명령서, 가압류명령서, 압류명령서, 전부 또는 추심명령서, 압류취소명령서, 그 밖에 이전 또는 처분제한의 서면 등이 접수된 경우, 공탁관은 공탁기록 표지를 출력한 후 제출된 서면을 접수순서에 따라 편철하여 별도의 공탁기록으로 관리·보존하고 전산시스템에 그 뜻을 입력하여야 한다.

02 절 공탁서 작성

1. 서설

1) 공탁서 등의 기재문자 및 정정

① 공탁서, 공탁물 출급·회수청구서 그 밖에 공탁에 관한 서면에 적는 문자는 자획을 명확히 하여야 한다. 따라서 누구라도 쉽게 알아볼 수 있도록 정확하게 기재하여야 하고 쉽게 말소 또는 변개·조작할 수 있는 연필 등으로 기재하여서는 안 된다.

② 공탁서, 공탁물 출급·회수청구서, 지급위탁서·증명서에 적은 금전에 관한 숫자는 정정, 추가나 삭제를 하지 못한다. 그러나 공탁서의 공탁원인사실의 기재와 청구서의 청구사유에 적은 금전에 관한 숫자는 그러하지 아니하다.

③ 기재사항에 관하여 정정, 추가나 삭제를 한 경우에는 한 줄을 긋고 그 위쪽이나 아래쪽에 바르게 적거나 추가하고, 그 글자 수를 난외에 적은 다음 도장을 찍어야 하며, 정정하거나 삭제한 문자는 읽을 수 있도록 남겨두어야 한다. 위 정정 등을 한 서류가 공탁서이거나 공탁물 출급·회수청구서인 때에는 공탁관은 작성자가 도장을 찍은 곳 옆에 인감도장을 찍어 확인해야 한다.

2) 계속 기재

공탁관에게 제출하는 서류에 관하여 양식과 용지의 크기가 정해져 있는 경우에 한 장에다 전부를 적을 수 없는 때에는 해당 용지와 같은 크기의 용지로서 적당한 양식으로 계속 적을 수 있다. 이 경우에는 계속용지임을 명확히 표시해야 한다.

3) 서류의 간인

공탁관에게 제출하는 서류가 두 장 이상인 때에는 작성자는 간인을 하여야 한다. 이 경우 서류의 작성자가 여러 사람인 경우에는 그중 한 사람이 간인을 하면 된다. 계속용지를 사용하는 서류가 공탁서이거나 공탁물 출급·회수청구서인 때에는 공탁관이 인감도장으로 간인을 하여 확인하여야 한다.

2. 공탁서의 기재사항

공탁은 공탁자가 자기의 책임과 판단하에 하는 것으로써 공탁자는 나름대로 누구에게 변제하여야 할 것인지를 판단하여 그에 따라 변제공탁이나 집행공탁 또는 혼합공탁 등 공탁의 종류를 선택하여 할 수 있다.

1) 공탁자의 성명·주소·주민등록번호

① 공탁서의 '공탁자'란에는 공탁자의 성명·주소·주민등록번호를 적어야 하는데, 공탁자가 법인인 경우에는 상호(명칭)·본점(주사무소)·법인등록번호를 적는다. 국가나 지방자치단체는 주민등록번호란에 고유번호를 적어야 하고, 외국인일 경우는 여권번호, 외국인등록번호, 국내거소신고번호로, 재외국민일 경우는 여권번호로 대신할 수 있다.

② 제3자가 공탁하는 경우에는 제3자가 공탁자이므로 제3자를 기준으로 성명·주소·주민등록번호 등을 적어야 하는데, 이 경우 변제공탁은 공탁원인사실란에, 재판상 담보공탁은 비고란에 제3자로서 공탁한다는 취지를 각각 적어야 한다. 타인의 재산관리인이 공탁하는 경우에도 재산관리인이 공탁자이므로 그 재산관리인의 성명·주소·주민등록번호 등을 적어야 한다.

2) 공탁물 표시

① 금전 공탁서의 '공탁금액'란에는 공탁금액의 총액을 기재하여야 하고, 금액 기재는 한글과 아라비아 숫자를 병기한다.

② 유가증권 공탁서의 '공탁유가증권'란에는 공탁유가증권의 명칭·장수·총액면금(액면금이 없을 때에는 그 뜻)·기호·번호를 적어야 하고, 부속 이표 및 최종 상환기가 있는 경우에는 그것도 적어야 한다.

③ 물품 공탁서의 '공탁물품'란에는 공탁물품의 명칭·종류·수량을 적는다.

3) 공탁원인사실

제3자에 의한 변제공탁의 경우 제3자가 이해관계가 있는 때에는 이해관계의 내용을 구체적으로 적은 다음 제3자로서 채무자를 갈음하여 공탁한다고 기재하고, 이해관계가 없는 때에는 채무자의 동의를 얻어 제3자로서 채무자를 갈음하여 공탁한다고 적는다.

4) 공탁근거 법령조항(공탁규칙 제20조 제2항 제4호)

① 예컨대 토지보상법 제40조 제2항은 제1호부터 제4호까지의 공탁사유를 규정하고 있는데, 각 공탁사유별로 출급청구권의 입증서면 등이 다르므로 토지보상법 제40조 제2항 몇 호까지 적어야 한다.

② 수 개의 법조항이 하나의 공탁근거법령을 이루고 있는 경우에는 이를 모두 적어야 한다. 예컨대 가압류보증공탁의 경우에는 민사집행법 제280조(기본규정 또는 담보규정) 이외에 민사소송법 제122조를 준용한다는 민사집행법 제19조 제3항(연결규정)과 그 담보는 금전 또는 유가증권으로 공탁할 수 있다는 민사소송법 제122조(공탁규정)를 모두 적어야 한다.

③ 그러나 공탁근거법령의 기재가 사실에 합치되지 아니한 경우에도 바로 그 공탁을 무효로 볼 것은 아니고 이러한 경우라도 객관적으로 진정한 공탁원인이 존재하면 그 공탁을 유효한 것으로 해석하고 있다.

5) 피공탁자의 성명 · 주소 · 주민등록번호(공탁규칙 제20조 제2항 제5호)

(1) 원칙

① 공탁물수령자(피공탁자)를 지정해야 할 때에는 공탁서의 피공탁자란에 그 자의 성명 · 주소 · 주민등록번호, 그 자가 법인 또는 법인 아닌 사단이나 재단인 때에는 그 상호(명칭) · 본점소재지(주사무소) · 법인등록번호를 적는다. 상법 제520조의2 제1항에 따라 해산간주된 회사로서 법인등기사항증명서상 대표자가 없다고 하더라도 피공탁자가 법인일 경우에는 대표자의 성명, 주소는 공탁서 기재사항이 아니므로 피공탁자인 법인의 명칭과 주사무소만 기재하여 변제공탁할 수 있다. 종중이 피공탁자인 경우에는 '피공탁자'란에 종중의 명칭 · 주사무소와 법인등록번호를 적어야 하나, 종중대표자의 성명과 주소를 기재하여야 하는 것은 아니다.

② 피공탁자가 외국인일 경우 주민등록번호는 여권번호, 외국인등록번호, 국내거소신고번호로, 재외국민일 경우 여권번호로 대신할 수 있다. 단, 공탁자와 달리 피공탁자의 경우 이를 확인할 수 있는 자료(여권사본, 외국인등록사실증명서, 국내거소신고사실증명서 등)를 첨부하여야 한다.

③ 공탁서에는 원칙적으로 피공탁자의 주민등록번호(법인등록번호)를 기재하여야 하나 주민등록번호를 확인할 수 있는 서면을 첨부하여야 하는 것은 아니다. 다만 변제공탁을 하는 경우에 공탁서에 피공탁자의 주소를 소명하는 서면으로 주민등록표등 · 초본을 첨부할 때는 주민등록번호를 확인할 수 있다.

④ 피공탁자를 국가로 하는 변제공탁서에는 피공탁자란에 '대한민국(소관청○○○)'과 같이 소관청을 적고, 공탁통지서를 소관청의 장에게 발송한다.

(2) 피공탁자 기재례

① 피공탁자 주소는 원칙적으로 주민등록표상의 현주소를 기재하여야 한다.

② 상대적 불확지 변제공탁의 경우에는 피공탁자를 '甲 또는 乙', '甲 또는 乙 또는 丙' 등으로 기재한다.

③ 채권자의 주소가 불명하여 수령불능을 원인으로 하는 변제공탁의 경우 채권자의 말소된 주민

등록표등 · 초본에 나타난 최후주소를 기재하면 되고, 주민등록표상의 주소를 알 수 없다면 판결문이나 등기부 등의 주소를 기재할 수 있다.

④ 개정된 공탁법 제5조의2의 형사공탁의 경우 피공탁자의 인적사항을 대신하여 해당 형사사건의 재판이 계속 중인 법원과 사건번호, 사건명, 조서, 진술서, 공소장 등에 기재된 피해자를 특정할 수 있는 명칭을 기재하고, 공탁원인사실을 피해발생시점과 채무의 성질을 특정하는 방식으로 기재할 수 있다.

6) 공탁으로 인하여 소멸하는 질권 · 전세권 · 저당권(공탁규칙 제20조 제2항 제6호)

① 질권 또는 저당권이 공탁으로 인하여 소멸한 때에는 공탁자는 민법상 공탁물 회수청구를 할 수 없게 되므로, 예컨대 '공탁원인사실에 기재된 부동산에 관한 ○○등기소 2019.1.2. 접수 제1000호 순위 제1번의 근저당권'과 같이 해당 권리가 특정될 수 있도록 구체적으로 기재하여야 한다.

② 공탁으로 인하여 질권 또는 저당권이 소멸하는 경우에는 공탁자는 공탁물을 회수할 수 없다. 공탁으로 소멸하는 질권 또는 저당권을 공탁서의 해당란에 기재하지 않아도 공탁원인사실란에 그 공탁으로 인하여 특정 질권 또는 저당권이 소멸하는 취지의 기재가 있는 경우에는 공탁자는 역시 공탁물을 회수할 수 없다.

7) 공탁법원의 표시(공탁규칙 제20조 제2항 제10호)

공탁서의 '공탁법원'란에는 해당 공탁사건을 관할하는 법원의 명칭을 기재한다. 따라서 '관할공탁소 이외의 공탁소에서의 공탁사건처리 지침'에 의하는 경우 특정 공탁소(접수공탁소)에 공탁서를 제출하더라도 공탁법원의 표시는 특정 공탁소(접수공탁소)가 아닌 관할 공탁소를 표시하여야 한다.

8) 기명날인

① 공탁서에는 소정의 사항을 적고 공탁자가 기명날인하여야 한다. 대표자나 관리인 또는 대리인이 공탁하는 때에는 그 사람의 주소를 적고 기명날인하여야 한다. 변호사나 법무사가 대리인인 경우에는 변호사나 법무사의 표시를 하고 성명을 적고, 주소란에는 사무소 소재지를 적으면 된다. 법인이 대리인에 의하여 공탁하는 때에도 대리인의 자격, 성명, 주소를 적을 것이지 대표자의 주소, 성명을 적을 필요는 없다. 공무원이 직무상 공탁하는 경우에는 소속 관서명과 그 직을 적고 기명날인하여야 한다.

② 공탁물 지급청구서와는 달리 공탁서에 공탁자 또는 대리인 등이 날인하는 인영은 인감증명법이나 상업등기법에 의하여 신고 또는 제출된 인감이 아니라도 무방하다. 위 날인은 서명으로 갈음할 수 있고, 날인이나 서명할 수 없는 때에는 무인으로 할 수 있다. 날인 제도가 없는 국가에 속하는 외국인은 서명만으로 공탁서 및 위임장의 기명날인을 대신할 수 있다.

03 절 공탁서의 첨부서면

1. 자격증명서 등

1) 공탁자가 법인인 경우

공탁자가 법인인 경우에는 법인등기사항증명서 등 대표자 또는 관리인의 자격을 증명하는 서면을 공탁서에 첨부하여야 한다. 위 증명서면으로서 관공서에서 작성하는 증명서는 작성일로부터 3월 이내의 것이어야 한다.

2) 공탁자가 법인 아닌 사단 또는 재단인 경우

공탁자가 법인 아닌 사단 또는 재단일 경우에는 정관 기타 규약과 대표자 또는 관리인의 자격을 증명하는 서면을 공탁서에 첨부하여야 한다. 정관 기타 규약은 비법인 사단 또는 재단의 실체(명칭, 주사무소, 목적, 총회, 운영위원회, 의결사항, 임원 및 대표자 선임에 관한 사항 등)를 증명하는 서면으로서, 대표자의 자격을 증명하는 서면(회의록, 대표자선임결의서 등)은 비법인 사단 또는 재단이 대표자 또는 관리인을 통하여 사회적 활동이나 거래 등을 하기 때문에 각각 첨부하도록 하는 것이므로, 이 규정을 예시적으로 보아 다른 서면을 첨부하여 공탁할 수는 없다.

관/련/판/례

① 민사본안 재판절차에서 비법인 사단의 실체와 대표자의 자격을 인정하는 판결이 선고된 경우라도, 이는 변론종결일을 기준으로 한 것이므로 그 후에 이루어진 사단의 소멸, 사단의 명칭 또는 대표자의 변경사실을 위 판결만으로는 확인할 수 없을 것이다. 따라서 비법인 사단이 판결에 기하여 공탁을 하는 경우 판결문상에 사단의 실체 및 대표자가 표시되어 있다고 하더라도 그 판결문만을 첨부하여 공탁할 수는 없을 것이며, 반드시 정관 기타 규약과 대표자의 자격을 증명하는 서면을 첨부하여야 한다.
② 비법인 사단의 대표적인 예가 될 수 있는 종중의 경우에도 대표자 또는 관리인의 자격을 증명하는 서면은 종중규약에 따라 대표자로 선출된 회의록 등이고, 부동산등기용 등록번호를 증명하는 서면인 종중등록증명서는 대표자의 자격을 증명하는 서면에 해당하지 않는다.

3) 대리인에 의하여 공탁하는 경우

대리인에 의하여 공탁하는 경우에는 대리인의 권한을 증명하는 서면을 공탁서에 첨부하여야 한다. 위 증명서면으로서 관공서에서 발급받은 서면은 발급일로부터 3월 이내의 것이어야 한다.

2. 주소소명서면 등

1) 의의

변제공탁하는 경우에 피공탁자의 주소를 표시하는 때에는 그 주소를 소명하는 서면을, 피공탁자의 주소가 불명인 경우에는 이를 소명하는 서면을 첨부해야 한다. 주소증명서면 등도 관공서에서 발급받은 경우 발급일로부터 3월 이내의 것이라는 유효기간의 제한을 받는다. 상대적 불확지 변제공탁을 하는 경우에는 피공탁자로 기재된 자 모두의 주소소명서면을 첨부해야 한다.

2) 원칙 – 피공탁자의 주민등록표등·초본

피공탁자의 주소를 소명하는 서면은 원칙적으로 피공탁자의 주민등록표등·초본이어야 한다. 재결서나 판결문에 피공탁자의 주소가 표시되어 있고 표시된 주소가 주민등록표등·초본상의 주소와 일치된다 하더라도 재결서나 판결문은 주소가 불명인 경우에 그 사유를 소명하는 서면으로 볼 수는 있어도 직접 주소를 소명하는 서면으로 볼 수는 없다.

3) 외국인이나 재외국민의 경우

① 외국인의 경우는 본국 관공서의 주소증명 또는 거주사실증명, 주소증명을 발급하는 기관이 없는 경우에는 주소를 공증한 공정증서를, 재외국민의 경우는 주민등록표등·초본 또는 재외국민등록부등본(다만, 주재국에 대한민국 재외공관이 없는 경우에는 주소를 공증한 서면)을 주소소명서면으로 본다.

② 그 밖에 주소증명서를 대신할 수 있는 증명서(신분증, 여권, 외국인등록사실증명서, 국내거소신고사실증명서 등)를 본국 및 대한민국의 관공서에서 발급하는 경우 그 증명서 및 공탁관이 원본과 동일함을 인정한 사본도 주소소명서면으로 본다.

③ 공탁관은 위 ① 및 ②에 따라 제출된 문서가 외국 공무원이 발행하였거나 외국 공증인이 공증한 문서인 경우 그 문서에 찍힌 도장 또는 서명의 진위 여부와 그 공무원이나 공증인의 직위를 확인하기 위하여 「재외공관 공증법」 제30조 제1항 본문에 따른 영사관의 확인 또는 「외국공문서에 대한 인증의 요구를 폐지하는 협약」에서 정한 아포스티유 확인을 받아 제출하게 할 수 있다.

4) 주소불명사유 소명서면

① 피공탁자의 주소가 불명인 경우에는 그 사유를 소명하는 서면을 첨부하여야 한다. 그 사유를 소명하는 서면으로써 피공탁자의 최종주소를 소명하는 서면(변제공탁의 직접 원인이 되는 계약서·재판서·재결서 등과 등기사항증명서, 토지대장, 공탁서, 말소된 주민등록표등·초본 등) 및 그 주소지에 피공탁자가 거주하지 않는다는 것을 소명하는 자료 등을 첨부하여야 한다.

② 변제공탁의 직접 원인이 되는 서면에 기재된 피공탁자의 주소가 진정하지 않을 경우에는 변제공탁의 효력이 발생하지 않을 수도 있다.

③ 미등기 토지에 대하여 수용보상금 공탁을 하는 경우 토지대장상 소유자가 미등재되었다면 소유자 불명을 원인으로 절대적 불확지 변제공탁을 할 수 있는데, 이 경우에는 토지대장등본 등을 소유자 불명사유를 소명하는 서면으로 첨부하면 될 것이다.

④ 피공탁자가 외국인이거나 재외국민으로 주소가 불명인 경우에도 공탁의 직접 원인이 되는 서면(계약서, 재판서, 등기사항증명서, 토지대장, 말소된 주민등록표등·초본 등)에 나타난 주소지를 최종주소지로 기재하고, 그 최종주소지에 피공탁자가 거주하지 않았다는 것을 소명하는 서면(발송된 우편물이 이사불명 등으로 반송되었다는 취지가 기재된 최근의 배달증명서 등)을 제출하여야 한다.

3. 외국 공문서 등이 제출된 경우

외국 공문서나 공정증서가 제출된 경우 그 문서에 찍힌 도장 또는 서명의 진위 여부와 문서를 발급한 공무원이나 공증한 공증인의 직위를 확인하기 위하여 필요한 경우에는 공탁관은 「재외공관 공증법」 제30조 제1항 본문에 따른 영사관의 확인 또는 「외국공문서에 대한 인증의 요구를 폐지하는 협약」에서 정한 아포스티유(Apostille) 확인을 받아 제출하게 할 수 있다.

4. 기명식 유가증권의 양도증서

① 공탁자가 기명식 유가증권을 공탁하는 경우에는 공탁물을 수령하는 자가 즉시 권리를 취득할 수 있도록 유가증권에 배서를 하거나 또는 양도증서를 첨부하여야 한다. 현실적으로는 양도 증서를 공탁물보관자에게 제출한다.
② 공탁된 기명식 유가증권에 대하여 대공탁을 청구하는 경우에 청구자는 대공탁청구서에 공탁 물보관자 앞으로 작성한 위임장을 첨부하여야 한다.

5. 첨부서면의 생략

① 같은 사람이 동시에 같은 공탁법원에 대하여 여러 건의 공탁을 하는 경우에 첨부서면의 내용 이 같을 때에는 1건의 공탁서에 1통만을 첨부하면 된다. 이 경우 다른 공탁서에는 그 뜻을 적어야 한다.
② 다만 전자신청에 의하여 공탁을 하는 경우에는 위 규정이 적용되지 아니하므로 같은 사람이 동시에 같은 법원에 여러 건의 공탁을 하는 경우라도 첨부서면을 각각 첨부하여야 한다.
③ 한편 전자정부법이 시행됨에 따라 행정정보 공동이용에 따른 공탁사무처리 지침이 마련되어 공탁사무와 관련하여 신청인이 행정정보의 공동이용에 사전 동의하는 경우 신청인의 주민등 록표등·초본 등 행정정보 공동이용을 통하여 확인할 수 있는 정보에 대하여는 이를 행정정 보 공동이용을 통하여 공탁관이 확인하고 해당 서면의 제출을 면제할 수 있다. 다만 해당 행정기관의 전산시스템 장애 등으로 공탁관이 그 행정정보를 당일 확인할 수 없는 경우에는 그러하지 아니하다.

6. 원본인 첨부서면의 반환

① 공탁서, 공탁서 정정신청서, 대공탁·부속공탁청구서, 공탁물 출급·회수청구서 등에 첨부한 원 본인 서면의 반환을 청구하는 경우에 청구인은 원본과 같다는 뜻을 적은 사본을 제출하여야 하 고, 공탁관이 서류의 원본을 반환할 때에는 사본에 원본을 반환한 뜻을 적고 도장을 찍어야 한다.
② 원본 자체가 해당 공탁절차에 필요한 공탁서, 공탁통지서, 증명서 등인 경우에는 원본의 환 부는 허용될 수 없다.

> **참고**
> 공탁서는 재발급되지 않는다. 공탁통지서도 재발급되지 않는다.

Chapter 03 공탁관의 심사 및 납입

01 절 공탁관의 심사

1. 의의

① 공탁관은 공탁당사자의 공탁신청에 대하여 그것이 절차상·실체상 일체의 법률적 요건을 구비하고 있는가의 여부를 심사하여 공탁신청을 수리 또는 불수리결정을 하여야 하며, 그 심사방법은 공탁법규가 규정하는 공탁서와 첨부서면만에 의하여 심사하는 형식적 심사주의에 의한다. 따라서 공탁관은 공탁신청의 기초가 되는 실체적 법률관계의 존부나 제출된 서류내용의 전부에 대한 실질심사를 할 수 없기 때문에 이를 위한 증인신문·검증 등 증거조사를 할 수 없음은 물론 새로운 자료의 제출도 요구할 수 없다.

② 그러나 심사의 범위에 관하여는 특별한 제한 규정이 없고, 공탁관은 공탁신청의 절차적 요건뿐만 아니라 해당 공탁이 유효한가 하는 실체적 요건에 관해서도 공탁서와 첨부서면만에 의하여 심사를 할 수 있다. 즉 공탁관은 해당 공탁을 정당하게 하는 근거법령이 존재하는지 여부, 그 근거법령에서 정하고 있는 공탁사유가 존재하는지 여부, 반대급부 조건의 기재는 적합한지 여부, 당사자가 실재하고 당사자능력, 행위능력, 당사자적격을 가지고 있는지 여부 및 대리인에 의한 공탁의 경우 대리권이 존재하는지 여부, 해당 공탁소에 관할이 있는지 여부, 서식·기재사항·첨부서류 등을 갖춘 적식의 유효한 공탁신청인지 여부 등을 면밀히 심사하여야 한다. 따라서 공탁신청 시 공탁서 및 첨부서면의 기재 자체로 보아 해당 계약이 무효이거나 공탁에 의하여 면책을 얻고자 하는 채무의 부존재가 일견 명백한 경우에는 공탁신청을 불수리할 수 있다.

③ 공탁관은 조사단계에서 서류에 불비한 점이 있거나 공탁사유 또는 지급사유가 없으면 보정이나 취하를 권유할 수는 있을 것이나, 신청인이 이에 응하지 않을 경우에도 접수 자체를 거절할 수는 없다.

관/련/판/례

> ① 공탁자가 조건부 공탁을 한 경우 피공탁자가 조건을 이행할 의무가 있는지 여부에 대하여 공탁관은 실질적으로 심사할 권한이 없다. 그러나 유효한 공탁이 되려면 채무자의 채무변제와 채권자의 반대급부가 동시이행관계에 있음을 요하고, 채무자가 그러한 조건을 붙여서 공탁하는 것이 채무의 본지에 적합할 것이 요구되므로 명백하게 동시이행조건이 아닌 조건을 반대급부조건으로 하여 공탁신청하는 것은 공탁관이 불수리할 수 있고, 설령 이를 간과하고 수리하였다 하더라도 이는 무효의 공탁이 된다.
> ② 근저당채무의 변제와 근저당권설정등기의 말소를 동시이행하기로 하는 특약을 한 사실이 없음에도 근저당권으로 담보된 채무를 변제공탁하면서 근저당권설정등기의 말소에 필요한 서류 일체의 교부를

반대급부로 한 경우에 그 공탁은 효력이 없지만, 공탁관으로서는 그러한 특약을 한 사실이 없음에도 특약이 있는 것으로 공탁신청이 있으면 그러한 특약의 유무에 대하여 심사할 권한이 없으므로 수리할 수밖에 없다. 다만 근저당권자는 특약이 없음을 이유로 변제공탁의 효력을 부인할 수 있을 뿐이다.

③ 전부명령이 그 방식에 있어 적법한 이상 그 내용이 위법, 무효라 하더라도 그것이 발령되어 채무자와 제3채무자에게 송달되어 확정되면 강제집행 종료의 효력을 가진다. 따라서 형식적 심사권밖에 없는 공탁관으로서는 전부명령의 유·무효를 심사할 수 없으므로 공탁물 회수청구권이 이미 압류 및 전부되었다는 이유로 공탁금 회수청구를 불수리한 공탁관의 처분은 정당하다.

④ '재판상 담보공탁의 피공탁자가 공탁금에 대하여 가지는 회수청구권'과 같이 피압류채권이 존재하지 않거나 '추심권능에 대한 압류'와 같이 압류될 수 없는 성질의 것에 대한 압류임을 압류통지만으로 명백하게 알 수 있는 경우는 공탁관의 형식적 심사에 의하더라도 압류는 무효로 보아야 한다.

⑤ 공탁물을 회수하려고 하는 사람은 공탁물 회수청구서에 공탁서뿐만 아니라 '회수청구권을 갖는 것을 증명하는 서면'을 첨부하도록 규정하고 있는바, 이는 공탁공무원으로 하여금 공탁금 회수청구서 및 그 첨부서면의 확인을 통하여 공탁금 회수청구의 절차법적 요건은 물론 실체법적 요건도 함께 심사할 의무를 부과한 것으로서 그러한 심사를 통하여 진정한 공탁금 회수청구권자가 아닌 무권리자에게 공탁금이 귀속되는 것을 방지하기 위한 것이다.

⑥ 공탁관은 형식적 심사권만을 가진다고 할 것이나, 심사 결과 공탁금 회수청구가 소정의 요건을 갖추지 못하였다고 볼만한 상당한 사정이 있는 경우에는 만연히 그 청구를 인가하여서는 안 된다.

⑦ 공탁제도를 활용하기에 적합한 경우에 한하여 공탁이 허용되어야 하고 처음부터 공탁제도를 활용하기에 적합하지 않은 경우까지 공탁을 허용하여 법률관계를 복잡하게 하고 채권자의 지위를 불안정하게 하여서는 안 된다.

2. 책임

공탁관은 국가공무원이므로 그 직무를 집행하면서 고의 또는 과실로 법령에 위반하여 타인에게 손해를 입혔을 때에는 국가가 그 손해를 배상하여야 한다. 이 경우에 공탁관에게 고의 또는 중대한 과실이 있으면 국가는 공탁관에게 구상권을 행사할 수 있다. 물론 공탁관의 공탁사무처리와 관련된 책임은 위 심사권에 상응하는 범위에서만 인정된다.

관/련/판/례

① 법령의 해석이 복잡·미묘하여 어렵고 학설·판례가 통일되어 있지 않아 공탁관이 신중을 기하여 합리적 근거를 찾아 결정을 하였다면 이후 그 결정이 대법원의 판단과 달라 결과적으로는 위법한 것이 되더라도 공탁관에게 과실이 있다고 할 수 없다.

② 공탁자가 甲·乙 중 누가 진정한 채권자인지를 확인할 수 있는 확정판결을 가진 자를 공탁금의 출급청구권자로 한다는 취지의 반대급부의 조건을 붙여 공탁을 하였음에도 공탁관이 공탁법 제10조, 공탁규칙 제33조 등의 규정에 위배하여 위와 같은 확정판결에 해당하지 않는 가집행선고부 甲 승소의 판결을 첨부하였음에 불과한 甲에 대하여 공탁금의 출급인가를 하였다면 직무상의 중과실이 있다.

③ 해방공탁금의 회수청구권에 대하여 압류·추심명령이 경합한 경우 공탁관이 집행법원에 사유신고를 하지 아니하고 공탁금 출급청구를 한 압류채권자 1인에게 공탁금 전액을 지급하였다면 공탁관에게 과실이 있다.

④ 재외국민의 위임장에 거주국 주재 대한민국 총영사의 직인은 날인되어 있으나 재외공관 공증법 제25조 제1항에서 정하는 공증담당영사의 인증 문언 등이 기재되어 있지 않은 점 등을 이유로 일본국 행정청 명의로 위조된 공탁금 출급청구인의 인감증명서 등을 믿고 출급을 인가한 공탁관의 직무집행상의 과실을 인정하고 있다.

⑤ 공동공탁자 중 1인이 다른 공동공탁자에게 공탁금 회수청구권을 양도한 후 채권양도통지를 하였으나, 그 후 제3자가 위 공동공탁자의 공동명의로 공탁금 회수청구서를 작성한 후 위조하거나 부정발급받은 서류를 첨부하여 공탁금 회수청구를 한 경우 공탁공무원에게는 형식적 심사권만 있다고 하더라도 채권양도통지 사실이 기재된 공탁사건기록과 공동공탁자 공동 명의의 위 공탁금 회수청구서를 대조하여 보는 것만으로도 위 공탁금 회수청구가 진정한 권리자에 의한 것인지에 관하여 의심을 할 만한 사정이 있었다고 할 것임에도 절차적 요건이나 실체적 요건을 갖추지 못한 위 공탁금 회수청구를 인가한 공탁관에게는 공탁관련 법령이 요구하는 직무상 주의의무를 위반하여 그 직무집행을 그르친 과실이 있다.

⑥ 피공탁자로부터 재판상 담보공탁금에 대하여 출급청구를 받은 공탁관은 피공탁자가 자신의 공탁금 출급청구권에 기하여 청구한 것인지, 아니면 공탁자의 공탁금 회수청구권에 대한 압류 및 추심명령이나 확정된 전부명령을 받아 청구한 것인지를 먼저 확인한 다음 각 청구에 부합하는 첨부서면이 제출되었는지를 확인하여야 하며, 첨부서면이 확인된 경우에만 공탁금을 지급하여야 하는데, 청구서와 첨부서면을 제대로 확인하지 않고 만연히 공탁금을 지급하였다면 공탁관의 직무집행상의 과실을 인정할 수 있다.

3. 공탁관의 보정권고

공탁서 또는 공탁물지급청구서의 기재사항에 흠결이 있거나 첨부서면이 미비된 경우 공탁관은 보정권고를 발할 수 있다.

4. 공탁의 수리

① 공탁관은 심사결과 적법한 공탁신청으로 인정하여 공탁신청을 수리할 때에는 공탁서에 공탁을 수리한다는 뜻, 공탁번호, 공탁물 납입기일, 공탁물을 납입기일까지 납입하지 않을 경우에는 수리결정의 효력이 상실된다는 뜻을 적고 기명날인한 다음 공탁서 1통을 공탁자에게 내주어 공탁물을 공탁물보관자에게 납입하게 하여야 한다.

② 공탁의 수리요건과 효력요건은 구별되므로 공탁이 수리되었다 하더라도 반드시 그 공탁이 유효로 되는 것은 아니다. 따라서 채권자의 수령거절 등 변제공탁사유가 없음에도 있는 것처럼 변제공탁한 경우에는 그 공탁이 수리된다 하더라도 변제공탁의 요건을 갖추지 못한 부적법한 것이어서 변제의 효력이 없다.

5. 공탁의 불수리

① 공탁관이 공탁신청이나 공탁물 출급·회수청구를 불수리할 경우에는 이유를 적은 결정으로 하여야 한다. 불수리결정을 한 경우 공탁관은 신청인에게 불수리결정등본을 교부하거나 배달 증명우편으로 송달하여야 한다. 공탁관이 불수리결정을 한 때에는 불수리결정원본과 공탁서, 그 밖의 첨부서류는 공탁기록에 철하여 보관한다. 다만 첨부서류에 대하여 신청인 등이 반환을 청구한 경우에는 공탁관은 해당 첨부서류의 복사본과 신청인 등에게 받은 영수증을 공탁기록에 철하고 첨부서류 원본을 반환한다.

② 공탁관의 불수리처분에 대하여 불복하는 자는 관할 지방법원에 이의신청을 할 수 있다. 다만 이의신청은 공탁소에 이의신청서를 제출하는 방법으로 한다.

02 절 공탁물의 납입

1. 일반적인 경우

① 공탁자는 공탁소로부터 공탁물납입서 및 공탁서를 교부받아 공탁서에 기재된 공탁물보관자에게 납입기일까지 공탁물을 납입하여야 한다. 공탁이 유효하게 성립하는 시기는 공탁관의 수리처분이 있을 때가 아니라, 공탁자가 공탁서에 기재된 공탁물을 공탁물보관자에게 납입한 때이다.

② 공탁물보관자가 공탁물을 납입받은 때에는 공탁서에 공탁물을 납입받았다는 뜻을 적어 공탁자에게 내주고, 그 납입사실을 공탁관에게 전송하여야 한다. 다만, 물품을 납입받은 경우에는 공탁물납입통지서를 보내야 한다.

③ 공탁관은 공탁물보관자로부터의 납입사실 전송이나 공탁물납입통지서에 의하여 공탁물납입여부를 확인하여야 하는바, 공탁자가 지정된 납입기일까지 공탁물을 납입하지 않을 때는 공탁수리결정은 그 효력을 상실하며, 이 경우에는 원장에 그 뜻을 등록하여야 한다.

2. 가상계좌에 의한 공탁금 납입절차

1) 의의

① 공탁금은 공탁소에 대응하는 공탁물보관자 은행에 납입하는 것이 원칙이지만, 예외적으로 가상계좌에 의한 공탁금 납입절차에 의할 경우에는 타행 입금이나 인터넷 뱅킹에 의한 방법으로도 납입이 가능하고, 계좌입금에 의한 공탁금 납입제도가 시·군법원 공탁소까지 확대되어 전국 모든 공탁사건에 대하여 계좌입금에 의한 공탁금 납입을 할 수 있게 되었다.

② 전자신청사건의 공탁금 납입은 가상계좌에 의한 공탁금 납입절차에 의해야 한다.

2) 가상계좌납입 신청

① 공탁자가 가상계좌납입 신청을 하는 경우에는 공탁서 비고 가상계좌납입 신청란에 그 취지를 표시하여야 한다.

② 부동산 경매에 있어서 매각허가결정에 대한 항고보증공탁을 하는 경우에는 공탁금 보관은행을 경유하여 이자소득세 원천징수에 필요한 사항을 등록한 후 계좌납입신청을 하여야 한다.

③ 공탁자는 납입증명을 한 공탁서를 우편으로 우송받고자 하는 경우 수신인란에 공탁자의 성명과 주소, 전화번호를 기재하고 배달증명으로 할 수 있는 가액의 우표를 붙인 우편봉투를 함께 제출하여야 한다.

3) 가상계좌번호 부여절차 등

① 공탁관은 공탁자가 공탁금 계좌입금을 신청한 경우에는 공탁수리 후 공탁금보관자에게 가상계좌번호 부여를 요청하여야 한다.

② 공탁금보관자는 공탁관으로부터 가상계좌번호 부여를 지시받은 즉시 번호를 하여 공탁관에게 전송하여야 한다.

③ 공탁관은 공탁금보관자로부터 가상계좌번호를 전송받은 후 공탁서는 보관하고 납입안내문을 출력하여 공탁자에게 교부하여 납입기한 안에 동 계좌로 납부하게 하여야 한다.

4) 가상계좌납입 절차 등

① 공탁자는 납입기한의 통상 업무시간까지 지정된 계좌로 납입하여야 한다.

② 공탁금보관자는 가상계좌로 공탁금 납입 시 공탁소에서 전송된 납입기한 및 공탁금액과 대조하여 확인한 후 납입처리하고, 그 처리결과를 공탁관에게 전송하여야 한다.

③ 공탁자가 계좌번호 오류, 은행의 전산다운 등의 사유로 납입마감일의 통상 업무시간까지 공탁금을 납입하지 못한 경우 해당 공탁사건은 실효처리된다. 단, 공탁관에게 납입기한 연장을 요청하여 승인을 받은 경우는 예외로 한다.

5) 계좌납입신청 철회 · 납입취소 등

① 공탁자는 가상계좌로 공탁금이 납입되기 전까지는 가상계좌납입 신청을 철회하고 관할공탁소 공탁금보관자에게 직접 납입할 수 있다.

② 공탁관은 공탁자가 계좌납입신청을 철회하면 공탁서 비고란을 정정하게 하고 가상계좌 전산등록을 삭제한 후 보관 중인 공탁서를 교부하여야 한다.

③ 공탁자가 착오납입 등을 한 경우 납입당일에 한해 통상 업무시간 전까지 공탁관의 확인을 받아 공탁금보관자에게 납입취소를 요청할 수 있다. 공탁소(시·군법원 포함)에는 납입취소 신청서를 비치하여 민원인의 편의를 도모하여야 한다.

6) 공탁서 교부 등

① 공탁관은 공탁금보관자로부터 납입전송을 받은 후 지체 없이 보관 중인 공탁서에 납입증명을 하여 공탁자 또는 정당한 대리인에게 교부하여야 한다. 다만, 공탁자가 납입증명을 한 공탁

서를 우편으로 우송받기 위해 배달증명용 우표를 붙인 우편봉투를 함께 제출한 경우에는 우편으로 발송하여야 한다.

② 공탁서 교부 시 또는 우편발송이 반송된 후 공탁서를 직접 교부할 경우에는 신분증명서, 위임장(대리의 경우) 등에 의하여 본인 또는 정당한 대리인(공탁신청 대리인을 제외하고는 인감증명 첨부된 위임장 제출요)임을 확인하고, 제출된 서류는 해당 공탁기록에 편철한 후 교부취지를 공탁기록표지 비고란에 기재하고 교부하여야 한다.

③ 전자신청사건에서 가상계좌로 공탁금을 납입한 공탁자는 전자공탁시스템에 접속하여 공탁서를 출력하여야 한다.

공탁서 정정

1. 의의

공탁신청이 수리된 후에 공탁서의 착오 기재를 발견한 공탁자는 공탁의 동일성을 해하지 아니하는 범위 내에서 공탁서 정정신청을 할 수 있다. 공탁서 정정이란 공탁서에 공탁수리 전부터 존재하는 명백한 표현상의 착오가 있음을 공탁수리 후에 발견한 경우에 정정 전·후의 공탁의 동일성을 해하지 아니하는 범위 내에서 공탁자의 신청에 의하여 그 오류를 시정하는 것을 말한다.

2. 공탁서 정정의 요건

① 착오가 공탁서 및 첨부서면의 전체 취지로 보아 명백하여야 한다.

② 착오가 공탁수리 전에 존재해야 한다. 공탁수리 후의 사정변경으로 공탁서의 기재와 객관적인 사실이 일치하지 않게 된 경우, 예컨대 공탁 후 피공탁자가 개명을 한 경우에는 공탁물 출급청구 시 개명사실이 등재된 기본증명서를 첨부하면 되므로 공탁서 정정의 문제가 발생할 여지는 없다.

③ 공탁서 기재의 착오가 공탁수리 후에 발견된 것이어야 한다. 공탁수리 전에 발견된 오류는 공탁규칙 제12조에 따라 기재문자를 정정하는 방식을 취하면 되므로 여기서 말하는 공탁서 정정의 문제는 생기지 않는다.

④ 공탁의 동일성을 해하지 않아야 한다. 집행공탁을 혼합공탁으로, 상대적 불확지공탁을 확지공탁으로 정정하는 것은 단순한 착오 기재의 정정에 그치지 아니하고 공탁의 동일성을 해하는 내용의 정정이므로 허용될 수 없다.

3. 구체적 사례

1) 공탁서 정정이 허용되는 경우

① 공탁서의 공탁원인사실란에 기재되어 있는 공탁근거 법령조항의 정정은 허용된다.

② 변제공탁에 부당한 반대급부 조건을 붙임으로써 부적법한 공탁이 된 경우에 그 반대급부 조건을 철회하는 정정신청이 허용된다.

③ 공탁자 또는 피공탁자가 동일인으로서 단지 그 성명과 주소의 표시를 착오 기재한 것이라면 동일인임을 증명하는 서면을 첨부하여 공탁서 정정을 신청할 수 있다. 공탁자의 이름과 주민등록번호가 주민등록초본과 일치하나 주소가 다른 경우 사실상 동일인으로서 '주소'의 표시를 착오 기재한 것이라면 공탁자는 주민등록초본을 공탁서 정정신청의 소명서면으로 첨부하여 공탁자의 주소를 정정할 수 있다. 토지 등기사항증명서상 소유명의자의 주소와 성명을 기재하여 피공탁자를 특정하고, 다만 착오로 피공탁자와 동명이인의 주민등록표등본을 주소소명서면으로 첨부한 경우에는 피공탁자의 위 등기사항증명서상 주소와 현재 주소가 연결되는

주민등록표등본 및 토지대장등본 등을 첨부하여 그 주소를 현재 주소로 정정하는 공탁서 정정신청은 허용된다.

④ 다수의 채권압류명령 등을 송달받은 제3채무자가 압류경합을 사유로 하여 민사집행법 제248조 제1항에 의한 집행공탁을 함에 있어서 송달받은 (가)압류명령 중 일부를 누락하고 공탁한 경우 공탁원인사실에 그 압류명령을 추가로 기재하는 공탁서 정정은 허용된다. 즉, 제3채무자가 압류경합을 사유로 하여 집행공탁을 하였으나, 공탁을 하기 이전에 이루어진 채권압류 및 추심명령 또는 채권가압류결정 송달 사실을 공탁원인사실에 착오로 누락하였다는 이유로 이를 추가하는 공탁서 정정신청서를 제출한 경우, 공탁공무원은 이를 수리할 수 있고, 제3채무자는 사유신고 법원에 공탁공무원이 기명날인하여 교부한 공탁서 정정신청서를 제출하여야 할 것이다.

> **◦ 참고 ◦**
>
> • 압류가 경합되면 각 압류의 효력은 피압류채권 전부에 미치므로, 압류가 경합된 상태에서 제3채무자가 민사집행법 제248조의 규정에 따라 집행공탁을 하여 피압류채권을 소멸시키면 그 효력은 압류경합 관계에 있는 모든 채권자에게 미친다. 그리고 이때 압류경합 관계에 있는 모든 채권자의 압류명령은 목적을 달성하여 효력을 상실하고 압류채권자의 지위는 집행공탁금에 대하여 배당을 받을 채권자의 지위로 전환되므로, 압류채권자는 제3채무자의 공탁사유 신고 시까지 민사집행법 제247조에 의한 배당요구를 하지 않더라도 배당절차에 참가할 수 있다. 따라서 압류가 경합된 상태에서 제3채무자가 집행공탁을 하여 사유를 신고하면서 경합된 압류 중 일부에 관한 기재를 누락하였다 하더라도 달리 볼 것은 아니며, 그 후 이루어진 공탁금에 대한 배당절차에서 기재가 누락된 압류의 집행채권이 배당에서 제외된 경우에 압류채권자는 과다배당을 받게 된 다른 압류채권자 등을 상대로 배당이의의 소를 제기하여 배당표의 경정을 구할 수 있다.
>
> • 한편 제3채무자가 압류채무자를 피공탁자로 하여 금전채권의 일부에 대한 압류를 원인으로 금전채권 전액을 민사집행법 제248조 제1항에 따라 집행공탁을 한 후에 공탁신청 당시 누락한 (가)압류를 추가하는 공탁서 정정신청이 있는 경우는 구체적인 사안에 따라 검토되어야 할 것이다. 가령 누락한 (가)압류를 추가함으로써 압류경합이 발생하게 되면 공탁금 전액이 배당재단이 되어 신청 시 피공탁자를 기재할 수 없다는 점에서 피공탁자 기재란의 변동이 발생하므로 위와 같은 공탁서 정정신청은 공탁의 동일성을 해하는 것으로 허용될 수 없을 것이다.

2) 공탁서 정정이 허용되지 않는 경우

'공탁자', '공탁금액', '공탁물수령자' 등 공탁의 요건에 관한 사항에 대한 정정은 공탁의 동일성을 해하는 내용의 정정이므로 허용될 수 없다. 이러한 경우에는 착오를 증명하는 서면을 첨부하여 공탁물을 회수한 다음 다시 공탁하여야 함이 원칙이다.

(1) 피공탁자를 변경하는 정정

① 피공탁자를 변경하는 공탁서 정정은 원칙적으로 허용되지 아니한다. 따라서 甲 및 乙 2인으로 되어 있는 피공탁자 명의를 甲 1인으로 정정하거나(피공탁자 일부 삭제) 甲 1인으로 되어

있는 피공탁자를 甲 또는 乙로 정정하는 것(기존의 확지공탁을 상대적 불확지공탁으로 정정)은 단순한 착오 기재의 정정에 그치지 아니하고 공탁에 의하여 형성된 실체관계의 변경을 가져오는 것으로서 공탁의 동일성을 해하는 내용의 정정이므로 허용될 수 없다.

② 피공탁자 'ㅇㅇ규찬'을 '규찬'으로 정정하는 공탁서 정정은 일제의 창씨개명에 의한 것으로 공탁의 실체관계에 부합되므로 공탁의 동일성을 해하지 아니하여 가능하나, 'ㅇ태원(ㅇ규찬의 손자)'으로의 정정은 공탁의 동일성이 없어 불가능하다.

③ 수용대상토지에 대하여 가처분등기가 경료되어 있으나, 그 가처분의 피보전권리가 공시되어 있지 않아 사업시행자가 '토지소유자 또는 가처분권리자'를 피공탁자로 하는 상대적 불확지공탁을 한 이후에 그 가처분의 피보전권리가 소유권이전등기청구권임이 확인된 경우라 하더라도 기존의 불확지공탁에서 토지소유자를 피공탁자로 하는 확지공탁으로 바꾸는 공탁서 정정은 공탁의 동일성을 해하므로 허용될 수 없다.

④ 그러나 사업시행자가 수용보상금채권에 대한 처분금지가처분이 있음을 이유로 수용보상금을 공탁하는 경우에는 피공탁자를 상대적 불확지로 하여 '가처분채권자 또는 토지소유자'로 기재하여야 함에도 공탁 당시 사업시행자가 착오로 '토지소유자'로 기재하였고 공탁관도 이를 간과한 채 공탁수리한 것이 공탁서 기재 자체로 보아 명백하다면 비록 피공탁자가 토지소유자만으로 기재되었다 하더라도 위 공탁은 피공탁자가 토지소유자 또는 가처분채권자로 하는 상대적불확지공탁으로 해석하여야 하므로 착오 기재를 이유로 피공탁자를 '토지소유자'에서 '가처분채권자 또는 토지소유자'로 정정할 수 있다(공탁선례 제2-186호). 이 선례는 피공탁자를 변경하는 공탁서 정정은 원칙적으로 허용되지 않으나, 공탁서 기재 자체에 의하여 그 착오가 명백한 경우에는 가능하다는 의미이다.

(2) 공탁자를 변경하는 정정

공탁자에 관한 사항은 공탁의 요건에 관한 것으로써 공탁자를 변경하는 정정 역시 공탁의 동일성을 해하므로 허용되지 않는다.

(3) 공탁원인을 추가하는 정정

새로운 공탁원인사실을 추가하는 것도 공탁의 동일성을 해하므로 원칙적으로 허용될 수 없다. 민법 제487조 후문 소정의 '과실 없이 채권자를 알 수 없는 경우'라고 하여 변제공탁을 하였다가 공탁원인사실에 같은 조 전단 소정의 '채권자의 수령불능'을 추가하는 것은 단순한 착오 기재의 정정에 그치지 않고 공탁의 동일성을 해하는 내용의 정정이므로 허용될 수 없다. 따라서 공탁의 동일성을 해하는 내용으로 정정되었다 하더라도 정정된 내용에 따라 공탁의 효력이 생기지 않는다.

(4) 반대급부 조건을 추가하는 정정

반대급부 조건이 없는 공탁에 반대급부 조건을 추가하는 정정도 공탁의 동일성을 해하므로 허용되지 아니하나, 기존 반대급부 조건을 철회하는 공탁서 정정은 가능하다.

(5) 공탁물을 변경하는 정정

수용보상금을 유가증권으로 공탁한 후 동일한 금액으로 유가증권과 현금으로 공탁물을 변경하는 것은 유가증권 일부를 회수하고 회수한 부분만큼 현금으로 새로운 공탁을 하는 것이므로 공탁의 동일성이 유지되지 않아 허용될 수 없다.

4. 공탁서 정정의 절차

1) 공탁서 정정신청

(1) 방문신청

① 공탁서 정정신청을 하려는 사람은 공탁서 정정신청서 2통과 정정사유를 소명하는 서면을 제출하여야 한다. 공탁서 정정신청도 공탁신청과 마찬가지로 우편으로는 할 수 없다.

② 위임에 따른 대리인이 공탁서 정정신청을 하는 경우에는 대리인의 권한을 증명하는 서면에 인감도장을 찍고 인감증명서를 첨부하여야 한다. 그러나 공탁서의 정정을 신청하는 자가 관공서인 경우에는 인감증명서를 제출하지 않아도 된다.

(2) 전자신청

전자공탁시스템에 의한 공탁사건에 대한 정정신청은 전자공탁시스템을 이용해서 하여야 한다. 공탁관은 공탁서 정정신청을 수리하는 경우 전자문서에 그 뜻을 기재하고, 행정전자서명 인증서에 의한 사법전자서명을 하여야 하며, 신청인이 전자공탁시스템에 접속하여 공탁서 정정신청서를 출력할 수 있도록 하여야 한다.

2) 공탁서 정정신청의 수리

① 공탁관이 공탁서 정정신청을 수리한 때에는 공탁서 정정신청서에 그 뜻을 적고 기명날인한 후 그 신청서 1통을 신청인에게 내준다. 이 경우 공탁관은 전산시스템에서 정정신청관련 문서건 명부에 입력한 후 해당 화면에서 원장의 내용을 정정등록하여야 한다.

② 수리의 뜻이 적힌 공탁서 정정신청서는 공탁서의 일부로 되므로 공탁서 원본을 관공서 등에 제출하여야 하는 경우에는 정정신청서 원본도 함께 제출하여야 한다.

③ 공탁서 정정신청이 수리된 경우에 피공탁자에게 그 정정통지를 하도록 하는 규정은 없으나, 부당한 반대급부 조건의 철회 등과 같이 피공탁자의 공탁물 출급청구권 행사에 영향을 미치는 중요한 정정은 적어도 피공탁자에게 통지함이 바람직하다.

5. 공탁서 정정의 효력

공탁서 정정신청이 적법하게 수리된 경우에는 그 정정의 효력은 당초 공탁 시로 소급하여 발생하는 것이 원칙이나, 부당한 반대급부 조건을 철회하는 공탁서 정정신청을 수리한 때에는 그때부터 반대급부 조건이 없는 변제공탁으로서의 효력을 갖는 것으로써 그 정정의 효력이 당초의 공탁 시로 소급하는 것은 아니다. 따라서 토지수용보상금 공탁에 있어 반대급부 조건이 있는 것으로 공탁하였다가 수용개시일 이후에 반대급부 조건을 철회하는 공탁서 정정이 이루어진 경우에는 그 정정의 효력이 당초의 공탁 시나 수용개시일에 소급되는 것이 아니어서 수용개시일까지 보상금을 지급 또는 공탁하지 아니한 때에 해당되어 그 수용재결의 효력이 상실될 수 있다.

01 절 대공탁(代供託)

1. 의의

① 대공탁이란 공탁유가증권의 상환기가 도래한 경우 공탁당사자의 청구에 의하여 공탁소가 공탁유가증권의 상환금을 수령하여 이를 종전의 공탁유가증권 대신 보관함으로써 전후 공탁의 동일성을 유지하면서 유가증권공탁을 금전공탁으로 변경하는 것을 말한다. 이러한 대공탁(금전공탁)에 대해서 원공탁이었던 유가증권공탁을 강학상 기본공탁이라고 한다.

② 이와 같이 대공탁을 하게 되면 공탁의 목적물은 유가증권에서 금전으로 변경되나 공탁의 동일성은 유지되므로, 대공탁은 유가증권의 상환금청구권의 시효소멸을 방지함으로써 종전 공탁의 효력을 지속시키는 데 그 목적이 있다. 대공탁이 이루어짐으로써 금전공탁에 소정의 이자가 붙게 되는 실익도 있다.

③ 당초 공탁된 유가증권 인도청구권에 대한 압류 및 배당요구의 효력은 유가증권을 환가하여 현금화한 원금과 이자에 대한 대공탁과 부속공탁에 미친다.

④ 공탁물의 변경이라는 점만을 볼 때 형식적으로 대공탁과 유사한 것으로 담보물변경(민사소송법 제126조)이 있다. 담보물변경제도는 담보의 목적으로 금전 또는 유가증권을 공탁한 자가 어떠한 필요에 의하여 법원의 담보물변경 결정을 받아 종전의 공탁을 그대로 둔 채 새로 별개의 공탁을 한 후 종전 공탁은 공탁원인소멸을 이유로 회수하는 방법으로 공탁물을 변경하는 것이다. 그러나 담보물변경은 공탁원인은 동일하나 공탁 자체의 동일성은 없다는 점에서 대공탁과 구별된다. 즉, ㉠ 대공탁은 변제공탁의 경우에도 허용되지만 담보물변경은 담보공탁의 경우에만 허용되고, ㉡ 대공탁의 경우에는 유가증권공탁이 상환금에 의한 금전공탁으로 변경되는 경우에 한하지만 담보물변경의 경우에는 유가증권공탁이 금전공탁으로 변경되는 경우 외에 금전공탁이 유가증권공탁으로, 유가증권공탁이 다른 유가증권공탁으로 변경되는 경우도 포함되며, ㉢ 담보물변경의 경우에는 별도의 금전 또는 유가증권이 필요하나 대공탁의 경우에는 별도의 금전 또는 유가증권이 필요하지 않고, ㉣ 대공탁은 기본공탁과의 사이에 공탁의 동일성이 유지되는 공탁이어서 법원의 담보물변경 결정이 필요 없지만 담보물변경은 동 결정이 필요한 점에서 차이가 있다. 따라서 담보물변경이 가능한 유가증권 담보공탁의 경우에는 대공탁의 방법보다 담보물변경의 방법이 많이 이용되고, 담보물변경이 불가능한 유가증권 변제공탁의 경우에는 대공탁의 방법이 이용된다.

2. 대공탁의 청구

1) 청구권

① 대공탁을 청구할 수 있는 자는 '공탁물을 수령할 자'이다. 즉, 공탁물에 대하여 출급청구권 또는 회수청구권을 행사하여 공탁물을 지급받을 수 있는 권리를 갖는 자를 말한다. 따라서 공탁자와 피공탁자 외에 공탁물 지급청구권의 추심·전부채권자와 양수인은 물론 상속인 등 일반승계인도 포함된다.

② 변제공탁의 공탁자는 채권자(피공탁자)의 공탁수락서면이나 공탁유효의 확정판결등본이 공탁관에게 제출되기 전 등 공탁물 회수청구권이 있는 동안에만 대공탁청구권을 갖는다.

2) 절차

① 대공탁을 청구하려는 사람은 2통의 대공탁청구서를 제출하여야 한다.

② 대공탁은 기본공탁과 동일성을 유지하면서 단지 공탁유가증권을 공탁금으로 변환하는 절차 이므로, 대공탁에 있어서는 당사자가 공탁물을 출급 또는 회수하는 절차와는 달리 공탁서 원본은 첨부할 필요가 없다. 담보공탁에 대하여 대공탁을 청구하는 경우에도 공탁의 동일성이 유지되므로 담보를 명한 관청의 승인 등을 요하지 않는다. 다만, 대공탁청구자는 상환기의 표시가 없는 공탁유가증권에 대해서는 그 상환기가 도래하였음을 소명하여야 한다.

③ 자격증명의 서면에 관한 공탁규칙 규정과 첨부서면의 생략에 관한 공탁규칙 규정은 대공탁을 청구하는 경우에도 준용된다.

④ 공탁유가증권이 기명식인 때에는 청구자는 대공탁청구서에 '공탁물보관자에게 해당 상환금 추심을 위임한다'라는 뜻을 적은 상환금 추심 위임장을 작성하여 첨부하여야 한다.

3. 대공탁의 수리 및 상환금 추심

① 공탁관은 대공탁의 청구를 수리할 때에는 대공탁청구서에 그 청구를 수리한다는 뜻과 공탁번 호를 적고 기명날인한 다음 그중 1통을 유가증권출급의뢰서와 함께 청구자에게 내주어야 한다.

② 대공탁청구인이 공탁관으로부터 교부받은 '대공탁청구서' 및 '유가증권출급의뢰서' 등을 공탁 물보관자에게 제출한 경우 공탁물보관자는 그 대공탁청구서 말미에 영수인을 찍어 청구인에 게 반환하고, 공탁유가증권을 출급하여 그 유가증권 채무자로부터 상환금을 추심하여 공탁관 의 계좌에 대공탁금으로 입금하는 절차를 밟아야 한다. 이 경우 공탁물보관자의 추심비용은 청구인이 부담한다.

③ 대공탁은 금전공탁사건으로 접수하고, 대공탁을 수리하는 경우에는 동시에 유가증권공탁사건 부와 원장에 유가증권의 출급 사항을 등록하여야 하므로, 전산시스템의 유가증권지급 화면에 서 유가증권지급을 입력하고 금전공탁납부 화면에서 대공탁납부내역을 입력하여 처리한다.

④ 동일한 유가증권공탁에 관하여 대공탁과 부속공탁을 동시에 청구하는 경우에는 하나의 청구 서(대공탁·부속공탁)로 청구할 수 있다. 이 경우 공탁관은 대공탁과 부속공탁을 별건으로 접수·등록하되 1개의 기록을 만든다.

02 절 부속공탁

1. 의의

① 부속공탁이란 공탁유가증권의 이자 또는 배당금의 지급기가 도래하였을 때 공탁당사자의 청구에 기하여 공탁소가 공탁유가증권의 이자 또는 배당금을 수령하여 종전의 공탁유가증권에 부속시켜 공탁함으로써 기본공탁의 효력이 그 이자 또는 배당금에도 미치도록 하는 공탁이다.

② 담보공탁의 경우 보증금에 대신하여 유가증권을 공탁한 때에는 담보의 범위는 유가증권 원본의 상환금에만 미칠 뿐 그 과실에는 미치지 아니하므로 공탁자는 그 이자나 배당금을 청구할 수 있다. 담보공탁 이외의 경우에는 공탁유가증권의 이자나 배당금의 지급기가 도래한 때에도 공탁당사자는 공탁유가증권의 지급 전에는 그 이자 또는 배당금만의 지급청구를 할 수 없기 때문에 부속공탁제도를 인정함으로써 공탁유가증권의 이자 또는 배당금 청구권의 시효소멸을 방지할 수 있는 실익이 있다. 다만, 법 제7조 단서의 이자나 배당금의 청구라 함은 이자나 배당금이라는 금전의 지급을 청구하는 것을 의미하는 것이 아니라 법률상 본권(本權)과 독립하여 이자나 배당금의 지급청구권을 표창하는 유가증권으로써의 이표의 지급을 청구하는 것을 의미한다.

2. 부속공탁의 절차

① 부속공탁의 절차는 앞에서 설명한 대공탁의 절차와 거의 동일하다. 즉, 부속공탁을 청구할 수 있는 자는 '공탁물을 수령할 자'이므로 공탁자와 피공탁자, 공탁물 지급청구권의 추심·전부채권자와 양수인은 물론 상속인 등 일반승계인도 포함된다.

② 부속공탁을 청구하려는 사람은 2통의 부속공탁청구서를 제출하여야 한다. 하나의 유가증권 공탁에 관하여 대공탁과 부속공탁을 동시에 청구하는 경우에는 하나의 청구서(대공탁·부속공탁)로 할 수 있으며, 이 경우 공탁관은 대공탁과 부속공탁을 별건으로 접수·등록하되 1개의 기록을 만든다.

③ 부속공탁은 공탁유가증권의 이자 또는 배당금을 기본공탁에 부속시켜 공탁하는 절차이므로 부속공탁도 당사자가 공탁물을 출급 또는 회수하는 절차와는 달리 공탁서 원본은 첨부할 필요가 없음은 대공탁의 경우와 같다.

④ 자격증명의 서면에 관한 공탁규칙 규정과 첨부서면의 생략에 관한 공탁규칙 규정은 부속공탁을 청구하는 경우에도 준용된다.

⑤ 공탁유가증권이 기명식인 때에는 청구자는 부속공탁청구서에 공탁물보관자 앞으로 작성한 이자·배당금 추심 위임장을 첨부하여야 한다.

3. 부속공탁의 수리 및 이자·배당금 추심

① 공탁관은 부속공탁의 청구를 수리할 때에는 부속공탁청구서에 그 청구를 수리한다는 뜻과 공탁번호를 적고 기명날인한 다음 그중 1통을 이표출급의뢰서와 함께 청구자에게 내주어야 한다.

② 공탁물보관자는 청구자가 제출한 이표출급의뢰서에 의하여 이표의 추심절차를 취한 후 공탁 유가증권상의 채무자에 대하여 추심하고 그 추심금을 유가증권공탁에 부수한 금전공탁금으로 입금하는 절차를 밟게 된다. 이 경우 공탁물보관자의 추심비용은 청구자가 부담한다.

③ 부속공탁은 금전공탁 사건으로 접수한다.

03 절 담보물변경

1. 의의

① 담보물변경이란 담보의 목적으로 금전 또는 유가증권을 공탁한 자가 어떠한 필요에 의하여 법원의 승인을 받아 종전의 공탁을 그대로 둔 채 새로 별개의 공탁을 한 후 종전 공탁은 공탁원인소멸을 이유로 회수하여 공탁물을 변경하는 것을 말한다(민사소송법 제126조). 종전 공탁과 비교하여 새로운 공탁은 공탁원인은 동일하나 공탁 그 자체의 동일성은 없다는 점에서 대공탁과 구별된다.

② 담보공탁된 유가증권의 상환기가 도래한 경우에는 대공탁과 담보물변경을 선택적으로 할 수 있지만, 상환기가 도래한 유가증권을 회수하고 다른 유가증권을 공탁하는 담보물변경이 대공탁보다 공탁자에게 유리하므로 실제로는 담보물변경이 많이 이용된다.

③ 담보물변경에 관하여 재판상 담보공탁의 경우에는 민사소송법 제126조에 규정을 두고 있다. 공탁법규에는 담보물변경에 관해서 특별한 규정을 두고 있지 않으므로 통상의 공탁절차 및 공탁물지급절차에 따라서 처리하면 될 것이다.

■ 대공탁과 담보물변경의 차이

구분	공탁의 종류	공탁물의 변경	별도의 공탁물 필요 여부	법원의 승인 필요 여부	공탁의 동일성 유지 여부
대공탁	1. 담보공탁 2. 변제공탁 3. 집행공탁	유가증권공탁을 금전공탁으로 변경	×	×	○
담보물변경	담보공탁만 가능	1. 유가증권공탁을 금전 또는 다른 유가증권공탁으로 변경 2. 금전공탁을 유가증권공탁으로 변경	○	○	×

2. 담보물변경의 허용 여부

① 담보물변경은 유가증권의 상환기가 도래한 경우에 주로 이용된다. 법원의 담보제공명령에 의하여 현금공탁을 한 후 이를 유가증권으로 변경하는 것도 허용될 수 있다. 공탁한 담보물이 금전인 경우에 유가증권으로 담보물을 변환하는 것은 법원의 재량에 속한다.

② 공탁물의 전부에 대한 담보물변경이 일반적이지만 공탁물의 일부분에 대한 변경도 허용된다.

③ 그러나 종전 공탁물의 회수청구권이 압류된 경우에는 담보물변경을 허용하여서는 안 된다. 왜냐하면 공탁연월일, 공탁번호, 공탁금액 등을 특정하여 압류명령을 발한 회수청구권의 목적물에 대한 담보물변경이 허용될 경우에는 기존의 압류명령이 무용화되어 압류채권자의 이익을 해하기 때문이다.

3. 담보물변경 절차

① 담보제공명령을 한 법원은 담보제공자의 신청에 의하여 결정으로 공탁한 담보물을 바꾸도록 명할 수 있고, 다만, 당사자가 계약에 의하여 공탁한 담보물을 다른 담보로 바꾸겠다고 신청한 때에는 그에 따른다.

② 법원이 담보물변경을 허가할 때에는 담보권리자의 이익을 해하여서는 안 될 것이나, 신·구 담보물의 액면가액이 절대적으로 동일하거나 그 이상이어야만 하는 것은 아니며, 신 담보물을 어떠한 종류와 수량의 유가증권이나 채권으로 할 것인가는 법원의 재량에 의하여 정하여진다. 그러나 환가가 쉽지 아니하거나 시세의 변동이 심하여 안정성이 없는 유가증권을 새로운 담보물로 하는 것은 부적절하다. 따라서 본래의 현금공탁에 대신하여 공탁담보물의 변경을 구하는 담보제공자 발행의 당좌수표는 금융기관 발행의 수표와는 달리 그 지급 여부가 개인의 신용에 의존하는 것으로서 환가가 확실하다고 볼 수 없으므로 공탁할 유가증권이 되기에 적절하지 못하다.

③ 담보물변경 신청사건은 담보제공결정을 한 법원 또는 그 기록을 보관하고 있는 법원이 관할한다.

④ 법원의 담보물변경결정에 의하여 새로운 공탁을 할 때에는 공탁서의 공탁원인사실란에는 '○○년 ○월 ○일 ○○법원 담보물변경결정에 의하여 공탁번호 ○○년 증(또는 금) 제○○호 공탁물과 변경'이라고 기재하면 될 것이다. 그리고 종전 공탁물을 회수할 때에는 공탁물 회수청구서의 청구사유란에는 '공탁물의 변경으로 인한 공탁원인소멸'이라고 기재한다.

⑤ 납세담보공탁의 경우에는 세무서장 또는 지방자치단체의 장의 승인을 얻어야 담보물변경을 할 수 있다. 관세의 납세담보제공자가 스스로 그 담보물을 다른 것으로 변경하고자 할 경우에는 세관장의 승인을 얻어야 한다.

⑥ 그러나 영업보증공탁에는 공탁자가 공탁 중인 유가증권의 상환기가 도래하여 다른 유가증권을 새로 공탁하고 종전의 유가증권을 회수하고자 할 때 관세청장의 승인을 얻어야 한다는 명문규정이 없으므로 종전 공탁(구 공탁)과 동일한 공탁(신 공탁)이 이루어진 것을 소명하고 종전 공탁물을 회수할 수 있다.

04 절 공탁물품의 매각·폐기

1. 의의

① 공탁물보관자는 오랫동안 보관하여 공탁된 물품이 그 본래의 기능을 다하지 못하게 되는 등의 특별한 사정이 있으면 공탁 당사자에게 적절한 기간을 정하여 수령을 최고하고 그 기간에 수령하지 아니하면 대법원규칙으로 정하는 바에 따라 공탁된 물품을 매각하여 그 대금을 공탁하거나 폐기할 수 있다.

② 법 제11조에 따라 보관 중인 공탁물품을 매각하거나 폐기하고자 할 경우에는 공탁물보관자의 신청으로 해당 공탁사건의 공탁소 소재지나 공탁물품의 소재지를 관할하는 법원의 허가를 받아야 한다. 법원은 직권 또는 공탁물보관자의 신청으로 허가재판을 변경할 수 있다.

2. 대상공탁 물품

공탁물품이란 공탁물보관자가 보관하고 있는 공탁물 중 금전, 유가증권을 제외한 물품을 말한다.

3. 최고 및 허가신청과 재판절차 등

① 공탁물보관자는 공탁물품을 수령할 자에게 30일 이상의 기간을 정하여 이를 수령할 것과 이에 응하지 아니하는 경우에는 법원의 허가를 얻어 그 공탁물품을 매각 또는 폐기한다는 내용의 최고서를 등기우편으로 발송하여야 한다.

② 공탁물을 수령할 자가 위의 최고에 응하지 아니한 때에는 공탁물보관자는 관할 법원에 매각 또는 폐기 허가신청을 할 수 있다. 다만, 공탁물보관자가 위의 최고를 할 수 없거나 공탁물품이 멸실 또는 훼손될 염려가 있는 때에는 최고 없이 허가신청을 할 수 있다. 허가신청을 하는 때에는 그 사유를 소명하여야 한다.

③ 법원은 위 허가나 변경재판을 하기 전에 공탁물보관자, 공탁자 또는 피공탁자를 심문할 수 있다. 그 밖에 재판절차는 「비송사건절차법」에 따른다. 위 허가나 변경한 재판에 대하여는 불복신청을 할 수 없다.

④ 공탁물보관자는 매각·폐기신청에 대한 허가 또는 그 변경결정이 있는 때에는 그 재판서 사본을 첨부하여 공탁관에게 통지하여야 한다. 이 통지를 받은 공탁관은 이를 해당 물품공탁사건 기록에 가철하고, 원장에 그 사실을 등록하여야 한다.

4. 매각 또는 폐기

① 공탁물품의 매각은 「민사집행법」에 따른다. 다만, 공탁물보관자는 법원의 허가를 받아 임의매각 등 다른 방법으로 환가할 수 있다.

② 공탁물보관자가 법원의 허가를 받아 공탁물품을 폐기할 때에는 개인정보가 유출되지 않도록 하여야 한다.

③ 공탁물보관자는 매각 또는 폐기절차가 완료된 때에는 지체 없이 공탁관에게 그 사실을 통지하여야 한다. 이 통지를 받은 공탁관은 이를 해당 물품공탁사건 기록에 가철하고, 원장 및 관련 장부에 공탁물품의 매각 또는 폐기사실을 등록한 후 그 물품공탁사건을 완결 처리한다.

5. 공탁 등

① 공탁물보관자는 공탁물품의 매각대금 중에서 매각허가 신청비용, 매각비용 및 공탁물 보관비용을 공제한 잔액을 물품공탁 법원에 공탁하여야 한다.

② 공탁물보관자는 위 공탁서에 공탁통지서를 첨부하고, 「공탁규칙」 제23조 제2항에 따라 우편료를 납입하여야 한다.

③ 공탁물보관자는 공탁물품에 대한 매각 또는 폐기절차가 완료된 때에는 10일 이내에 공탁물을 수령할 자에게 통지하여야 한다.

④ 공탁금에 대한 출급·회수청구를 받은 공탁관은 종전 물품공탁사건의 출급·회수 인가요건도 참작하여 인가 여부를 결정한다.

공탁물 지급절차

01 절 총설

① 공탁이 성립되면 공탁자에게는 회수청구권이, 피공탁자에게는 출급청구권이 각각 독립하여 공탁과 동시에 당연히 발생하는데, 이들 양 권리를 합하여 강학상 지급청구권이라 한다. 공탁물지급절차는 피공탁자가 공탁물을 찾아가는 출급절차와 공탁자가 공탁물을 다시 찾아가는 회수절차로 구분된다.

② 공탁물 출급이란 공탁성립 후에 채무변제·손해담보 등과 같은 공탁 본래의 목적에 따라 채권자·담보권리자 또는 그 승계인의 청구에 의하여 공탁물을 지급하는 것이다. 일반적으로 피공탁자의 확정, 피공탁자의 공탁물에 대한 출급청구권의 확정, 피공탁자의 공탁물에 대한 실체적 청구권 행사의 조건성취 등의 요건을 구비하여야 한다.

③ 공탁물 회수란 법 제9조 제2항에 따라 공탁물에 대한 회수권을 가지는 자의 청구에 의하여 공탁물을 되돌려 주는 것이다. ㉠ 민법 제489조의 규정에 의한 경우(피공탁자가 공탁을 승인하거나 공탁물을 받기를 통고하거나 공탁유효판결이 확정되기 전까지는 공탁물을 회수할 수 있으나 질권 또는 저당권이 공탁으로 인하여 소멸한 때에는 그러하지 아니함), ㉡ 착오로 공탁한 경우, ㉢ 공탁원인이 소멸한 경우에 그 사실을 증명하여 공탁물을 회수할 수 있다.

④ 공탁물을 출급·회수하려고 하는 사람은 공탁물 출급·회수청구서를 작성하여 제출하여야 하고, 출급 또는 회수청구권을 갖는 것을 증명하는 서면을 첨부하여야 한다.

02 절 공탁물지급청구서의 작성 및 제출

1. 의의

① 공탁물을 출급·회수하려고 하는 사람은 2통의 공탁물 출급·회수청구서를 작성하여 관할공탁소(공탁관)에 제출하여야 한다. 공탁물 출급·회수청구서의 양식은 공탁사무 문서양식에 관한 예규(행정예규 제1326호)로 정하여져 있다.

② 공탁물 출급·회수청구서 제출은 우편으로 할 수는 없다.

③ 출급 또는 회수청구는 대리인에 의하여도 할 수 있지만, 임금채권이 공탁된 경우 직접지급원칙에 따라 일정한 제한이 따른다. 근로기준법 제43조 제1항은 근로자를 보호하기 위하여 사용자는 임금을 직접 근로자에게 지급하도록 하고 있고, 근로자의 임금이 공탁된 경우 그 공탁금은 임금채권의 성질을 가지므로 대리인에 의하여 공탁금을 출급청구할 수 없다. 다만 근로자가 질병, 해외이주 등 부득이한 사정으로 직접 청구할 수 없는 사유가 있음을 소명하고

그 배우자나 자녀가 공탁금 출급청구를 한 경우와 같이 사실상 본인이 청구한 것과 동일하게 볼 수 있는 때에는 예외적으로 공탁금 출급청구가 가능할 수도 있다.

④ 같은 사람이 여러 건의 공탁사건에 대하여 공탁물의 출급 또는 회수를 청구하려는 경우 그 사유가 같은 때에는 공탁종류에 따라 하나의 청구서로 할 수 있다.

⑤ 한편 공탁액이 금 5천만 원 이하인 금전공탁사건에 대한 공탁금 출급·회수청구는 규칙에서 정한 바에 따라 전자공탁시스템을 이용하여 전자문서로 할 수 있다. 이 경우 공탁물 출급·회수의 일괄청구에 관한 위 공탁규칙 제35조는 그 적용이 배제되므로 공탁사건별로 공탁금 출급·회수청구서를 각각 제출하여야 한다.

2. 공탁물 출급·회수청구서 기재사항

① 공탁물 출급·회수청구서에는 다음 사항을 기재하고 청구인이 기명날인하여야 한다. 그러나 대표자나 관리인 또는 대리인이 청구하는 때에는 대표자나 관리인 또는 대리인의 자격과 주소를 적고 기명날인하여야 하며, 공무원이 직무상 청구할 때에는 소속 관서명과 그 직을 적고 기명날인하여야 한다.

② 공탁물 출급·회수청구서에 인감을 날인하고 인감증명서를 첨부하여야 하는 경우를 제외하고는 날인을 갈음하여 서명을 할 수 있고, 서명을 할 수 없을 때에는 무인으로 할 수 있다.

1) 출급·회수청구사유

① 출급청구하는 경우

공탁사무 문서양식에 관한 예규에 따라 '청구 및 이의유보 사유'란에 공탁수락 또는 이의유보 여부를 선택할 수 있고, 담보공탁의 피공탁자가 담보권 실행으로 출급하는 경우에는 '담보권 실행', 집행공탁에 있어서 채권자가 배당을 받아 출급하는 경우에는 '배당에 의함', '채권양수에 의함' 등 출급청구원인을 각 선택할 수 있다.

② 회수청구하는 경우

민법 제489조에 의하여 회수하는 경우에도 회수청구서 양식이 변경되어 공탁자는 '민법 제489조에 의하여 회수', '착오공탁' 또는 '공탁원인소멸' 등 각 회수청구원인을 선택하면 된다.

2) 이자지급의 뜻

이자를 동시에 지급받으려고 하는 때에는 그 뜻을 적는다. 그러나 실무상 이자의 지급을 청구하지 않는 특별한 경우에만 그 뜻을 기재하고 그러한 기재가 없으면 공탁물보관자가 공탁금납입일로부터 공탁금 지급 전일까지의 이자를 계산하여 지급한다.

3) 청구인의 성명·주소·주민등록번호

① 청구인의 성명·주소·주민등록번호를 기재하되, 청구인이 법인 또는 법인 아닌 사단이나 재단인 경우에는 그 상호(명칭)·본점(주사무소)·사업자등록번호를 기재한다.

② 청구인이 외국국적 취득으로 성명이 변경된 경우 변경 전의 성명과 변경 후의 성명이 동일인이라는 본국 관공서의 증명 또는 공증(본국 공증인)이 있어야 한다.

③ 가압류해방공탁에 있어서 공탁자인 가압류채무자가 회수청구하는 경우에는 '공탁원인소멸 (가압류취하, 취소, 해제 등)'이라고 기재하고, 가압류채권자가 본압류를 하여 회수청구하는 경우에는 '공탁원인소멸(본압류 이전)' 등으로 기재한다.

4) 권리승계인인 취지

청구인이 공탁자나 피공탁자의 권리승계인인 때에는 그 뜻을 적는다. 예컨대, '공탁자 또는 피공탁자의 상속인, 양수인, 전부채권자' 등의 예에 따라 청구인의 성명·주소·주민등록번호란에 적는다.

03 절 공탁물 출급·회수청구 시 첨부서면

1. 공탁물 출급·회수청구서의 공통 첨부서면

공탁관에게 제출하는 관공서로부터 발급받은 자격증명서면과 주소증명서면, 인감증명서는 발급일로부터 3개월 이내의 것이어야 한다.

가. 인감증명서

1) 의의

① 공탁물의 출급·회수를 청구하는 사람은 공탁물 출급·회수청구서 또는 위임에 대한 대리인의 권한을 증명하는 서면에 날인된 인감에 관하여는 인감증명법 제12조와 상업등기법 제16조에 따라 발행한 인감증명서를 제출하여야 한다.

▶ 법정대리인, 지배인, 그 밖의 등기된 대리인, 법인·법인이 아닌 사단 또는 재단의 대표자나 관리인이 공탁물의 출급·회수를 청구하는 경우에는 그 법정대리인, 지배인, 그 밖의 등기된 대리인, 대표자나 관리인 등의 인감에 관하여 위와 같은 인감증명서를 제출하여야 한다.

▶ 법인의 지배인(또는 이에 준하는 법률상 대리인)이 공탁물의 출급·회수청구를 직접 또는 다른 사람에게 위임하여 청구할 경우 공탁물 출급·회수청구서나 위임장에 날인된 인감에 관하여는 상업등기법 제16조의 규정에 의하여 발행한 지배인 인감증명서를 첨부하여야 하므로, 지배인 사용인감확인서와 지배인을 선임한 법인 대표자의 인감증명서를 첨부하여 공탁물의 출급·회수를 할 수는 없다.

▶ 마찬가지로, 법인의 대표자가 직접 또는 다른 사람에게 위임하여 공탁물을 출급·회수청구하는 경우 출급·회수청구서 또는 위임장에는 법인대표자의 인감을 직접 날인하고 법인대표자의 인감증명서를 첨부하여야 하므로, 출급·회수청구서, 위임장에 사용인감을 날인하고 사용인감확인서 및 법인대표자의 인감증명서를 첨부하여 공탁금 출급·회수청구를 할 수는 없다.

▶ 종중 등 법인이 아닌 사단이나 재단의 경우에는 대표자나 관리인 개인의 인감증명서를 제출하여야 할 것이다.

② 인감증명서의 제출에 갈음하여 위임장을 공증인이 인증하는 방법으로 공탁물을 출급·회수청구할 수는 없다. 공탁금 출급·회수청구권의 양도통지서에 날인된 양도인의 인영에 대하여 인감증명서가 첨부되지 아니한 경우 양수인이 공탁금을 출급·회수청구할 때에는 양도인의 인감증명서를 첨부하여야 한다. 다만, 양도증서를 공증받은 경우에는 양도인의 인감증명서 제출 없이도 공탁금을 지급청구할 수 있다.

2) 본인서명사실확인서 또는 전자본인서명확인서

① 전자본인서명확인서 제도가 2017.1.1. 시행됨에 따라 공탁절차에서 청구서 등에 「인감증명법」에 따라 신고한 인감을 날인하고 인감증명서를 첨부하여야 한다고 정한 경우, 이에 갈음하여 청구서 등에 서명을 하고 본인서명사실확인서 또는 전자본인서명확인서의 발급증을 첨부할 수 있다.

② 본인서명사실확인서와 청구서 등의 서명은 본인 고유의 필체로 자신의 성명을 공탁관이 알아볼 수 있도록 명확히 기재하여야 하는데, 청구서 등의 서명은 본인서명사실확인서의 서명이 한글로 기재되어 있으면 한글로, 한자로 기재되어 있으면 한자로, 영문으로 기재되어 있으면 영문으로 각각 기재하여야 한다. 만약 이에 위반하여 서명 문자가 서로 다른 경우, 본인의 성명을 전부 기재하지 아니하거나 서명이 본인의 성명과 다른 경우, 본인의 성명임을 인식할 수 없을 정도로 흘려 쓰거나 작게 쓰거나 겹쳐 쓴 경우, 성명 외의 글자 또는 문양이 포함된 경우, 그 밖에 공탁관이 알아볼 수 없도록 기재된 경우 그 청구를 수리하지 아니한다.

③ 전자본인서명확인서의 확인 등
공탁관이 전자본인서명확인서의 발급증을 제출받았을 때에는 전자본인서명확인서 발급시스템에 발급번호를 입력하고 전자본인서명확인서를 확인하여야 한다. 전자본인서명확인서 발급시스템 또는 공탁전산시스템의 장애 등으로 공탁관이 전자본인서명확인서를 확인할 수 없는 경우에는 청구인에게 인감증명서 또는 본인서명사실확인서를 제출할 것을 요구할 수 있다. 이 경우 청구인은 이미 제출된 청구서 등을 인감증명서 또는 본인서명사실확인서에 맞게 보정하여야 한다.

▶ 공탁에 관한 청구를 받은 공탁소 외의 기관·법인 또는 단체가 전자본인서명확인서 발급시스템에서 전자본인서명확인서를 열람한 사실이 확인된 경우 공탁관은 해당 공탁에 관한 청구를 수리하여서는 아니 된다.

④ 본인서명사실확인서 또는 전자본인서명확인서의 '그 외의 용도'란에는 법원의 명칭, 공탁번호, 해당 용도가 기재되어 있어야 한다(⑩ ○○지방법원 ○○○○년 금 제○○○호 공탁금 출급 청구). '그 외의 용도'란에 기재된 사항과 청구서 등에 기재된 사항이 일치하지 않는 공탁에 관한 청구는 수리하지 아니한다.

⑤ 대리인이 본인서명사실확인서 또는 전자본인서명확인서의 발급증을 첨부하여 공탁에 관한 청구를 대리하는 경우에는 본인서명사실확인서 또는 전자본인서명확인서의 '위임받은 사람'

란에 대리인의 성명과 주소가 기재되어 있어야 한다. 다만, 대리인이 변호사[법무법인·법무법인(유한) 및 법무조합을 포함한다]나 법무사[법무사법인·법무사법인(유한)을 포함한다]인 자격자대리인인 경우에는 자격자대리인의 자격명과 성명이 기재되어 있으면 자격자대리인의 주소는 기재되어 있지 않아도 된다. 본인서명사실확인서 또는 전자본인서명확인서의 '위임받은 사람'란에 기재된 사람과 위임장의 수임인은 같은 사람이어야 하며, 용도란의 기재와 위임장의 위임취지는 서로 부합하여야 한다.

⑥ 공탁에 관한 청구서에 첨부하는 본인서명사실확인서 또는 전자본인서명확인서는 발행일로부터 3개월 이내의 것이어야 한다.

3) 재외국민 및 외국인이 지급청구하는 경우

① 재외국민(대한민국의 국민으로서 외국의 영주권을 취득한 자 또는 영주할 목적으로 외국에 거주하고 있는 자)이 귀국하여 직접 공탁금 지급청구를 하는 때에는 국내 거주 내국인의 경우와 같으므로 우리나라의 인감증명서를 첨부하여야 한다. 재외국민이 귀국하지 않고 대리인에게 위임하는 경우 위임장에 찍힌 인영이 본인의 것임을 증명하기 위하여 본인의 인감증명(우리나라의 인감증명)을 제출하여야 한다. 다만, 재외국민이 거주하는 나라(외국)가 우리나라와 같이 인감증명제도가 있는 나라(예컨대, 일본)인 경우에는 그 나라 관공서가 발행한 인감증명서를 첨부할 수 있다. 이때에는 위임장에 거주국주재 대한민국 대사관이나 영사관의 확인을 반드시 받아야 한다. 다만, 재외국민의 상속재산분할협의서에 첨부할 인감증명은 상속재산분할협의서상의 서명 또는 날인이 본인의 것임을 증명하는 재외공관의 확인서 또는 이에 관한 공정증서(거주국 또는 대한민국 공증인)로 대신할 수 있다.

② 외국인의 경우 인감증명제도가 없는 나라의 국민은 지급청구서 또는 위임장에 한 서명에 관하여 본인이 직접 작성하였다는 취지의 본국 관공서(주한 본국 대사관이나 영사관 포함)의 증명이나 이에 관한 공증(본국 또는 대한민국 공증인)이 있어야 한다. 인감증명제도가 있는 나라(예컨대, 일본) 국민은 지급청구서 또는 위임장에 날인한 인감과 동일한 인감에 관하여 그 나라 관공서가 발행한 인감증명이 있어야 한다. 외국인도 출입국관리법에 따라 외국인등록을 하였다면 우리나라의 인감증명법에 따라 체류지를 관할하는 증명청에 인감신고를 한 후 인감증명을 발급받아 제출할 수 있다(인감증명법 제3조 제3항).

4) 인감증명서를 제출할 필요가 없는 경우(규칙 제37조 제3항)

(1) 출급·회수청구하는 금액이 1,000만 원 이하인 경우

① 본인이나 법정대리인, 지배인, 그 밖의 등기된 대리인, 법인·법인 아닌 사단이나 재단의 대표자 또는 관리인이 공탁금을 직접 출급·회수청구하는 경우로서, 그 금액이 1,000만 원 이하(유가증권의 총 액면금액이 1,000만 원 이하인 경우를 포함한다)이고, 공탁관이 신분에 관한 증명서(주민등록증·여권·운전면허증 등)에 의하여 본인이나 법정대리인 등임을 확인할 수 있는 경우에는 인감증명서를 첨부하지 않아도 된다.

② 공탁서상의 공탁금액이 1,000만 원 이하인 때에는 출급 또는 회수청구하는 금액이 이자를 포함하여 1,000만 원을 초과한 경우, 공탁서상의 공탁자 또는 피공탁자가 여러 사람인 때에는 공탁서상의 전체 공탁금액이 1,000만 원을 초과하더라도 해당 출급 또는 회수청구를 하는 공탁자 또는 피공탁자에 대한 공탁서상의 공탁금액이 1,000만 원 이하인 경우, 배당 등에 따라 공탁금액을 여러 사람에게 나누어 지급하는 때에는 그 지급권자의 청구금액이 1,000만 원 이하인 경우도 적용되지만, 1,000만 원을 초과하는 공탁금액을 1,000만 원 이하로 임의로 분할하여 출급 또는 회수청구하는 경우에는 적용되지 않는다.

③ 공탁물이 액면금액의 표시가 없는 유가증권인 경우와 공탁물이 물품인 경우에는 적용하지 아니하고, 대리인에 의하여 출급청구하는 경우에도 적용하지 않는다.

(2) 공탁물 출급 · 회수청구권자가 관공서인 경우

공탁물 출급 · 회수청구자가 관공서인 경우 그것만으로 출급 · 회수청구서 등의 성립의 진정을 인정할 수 있으므로 인감증명서를 제출하지 않아도 된다.

(3) 전자문서에 의하는 경우

전자문서에 의하여 공탁금의 출급 또는 회수를 청구하는 경우 인감증명서는 첨부하지 아니한다.

나. 자격증명서

① 공탁물의 출급 · 회수청구인이 법인인 경우에는 대표자 또는 관리인의 자격을 증명하는 서면을, 법인 아닌 사단 또는 재단일 경우에는 정관 기타 규약과 대표자 또는 관리인의 자격을 증명하는 서면을 공탁물 출급 · 회수청구서에 첨부하여야 한다.

▶ 대표자의 법인인감증명서에 법인의 대표자인 취지가 기재되어 있다고 하더라도 인감증명서는 대표자 자격증명서면이 아니기 때문에 별도로 법인등기사항증명서 등 자격증명서면을 첨부하여야 한다.

② 대리인에 의하여 공탁물을 출급 · 회수청구하는 경우에는 대리인의 권한을 증명하는 서면을 공탁물 출급 · 회수청구서에 첨부하여야 한다. 부재자 재산관리인이 공탁금 출급청구를 하는 경우 부재자 재산관리인의 자격 및 권한을 증명하는 서면(심판정본 및 그 확정증명)을 첨부하여야 한다.

③ 출급 · 회수청구인이 법인 아닌 사단이나 재단인 경우에는 대표자 또는 관리인의 자격을 증명하는 서면(회의록 등)에 그 사실을 확인하는 데 상당하다고 인정되는 2명 이상의 성년인 사람이 사실과 같다는 뜻과 성명을 적고 자필서명한 다음, 신분증 사본을 첨부하여야 한다 (종전에는 인감도장을 날인하고 인감증명서를 첨부하였으나, 인감요구사무 감축추진에 맞추어 공탁규칙을 개정하여 자필서명을 하고 신분증 사본을 첨부하는 것으로 하였다). 변호사나 법무사가 대리하여 청구하는 경우에는 자격자대리인이 대표자 또는 관리인의 자격을 증명하는 서면에 사실과 같다는 뜻을 적고 기명날인하는 것으로 갈음할 수 있다.

▶ 공탁신청 당시 제출한 위임장에 '회수청구 및 그 수령의 권한'이 명기되어 있는 경우에는 대리권의 효력이 공탁물 회수청구권에도 미친다고 볼 수 있으나, 공탁신청 이후에 대리권

이 소멸될 수도 있으므로 종전의 대리인이 공탁물 회수청구를 할 때에는 별도의 위임장을 제출하거나 종전에 위임한 대리권이 소멸되지 않았음을 증명하는 공탁자 본인 작성의 서면 (인감증명 첨부 또는 공증)을 제출하여야만 한다.

④ 청구자가 대한민국 내에 영업소설치등기가 되어 있지 않은 외국회사인 경우에는 회사의 등기 사항증명서에 의하여 그 대표자의 자격을 증명할 수 없으므로 외국회사 본국의 관할관청 또는 대한민국에 있는 그 외국의 영사의 인증을 받은 대표자의 자격을 증명하는 서면 및 그 번역문을 대신 제출하면 된다.

다. 주소 등 연결서면

공탁물 지급청구서에는 원칙적으로 주소를 소명하는 서면을 첨부할 필요가 없으나, 예외적으로 공탁서상 피공탁자의 주민등록번호 등이 기재되어 있지 않아 공탁관이 출급청구인과 피공탁자의 동일성 확인에 어려움이 있을 때에는 공탁관은 주소 등 연결서면을 그 소명자료로 제출하게 할 수 있다.

라. 승계사실 증명서면

출급·회수청구자가 피공탁자 또는 공탁자의 권리승계인인 때에는 출급·회수청구권 증명서면과 승계사실증명서면을 함께 첨부하여야 한다.

▶ 피공탁자로부터 공탁물 지급청구권을 양도받은 양수인은 그 양도를 증명하는 서면(채권양도증서 등)을 첨부하여야 하는 외에 양도인이 제3채무자인 국가에게 그 사실을 통지하여야 한다. 따라서 공탁물 지급청구권을 양도받은 사실을 이유로 국가를 상대로 공탁금수령권한이 있다는 확인판결을 받은 것만으로는 양도를 증명하는 서면은 갖추었으나 양도인의 적법한 통지가 있다고 볼 수 없으므로 공탁금을 출급할 수 없다. 공탁물 지급청구권의 양도통지서에 날인된 인영에 대하여 인감증명서가 첨부되지 않은 경우에는 양수인의 공탁물 지급청구 시 양도인의 인감증명서를 제출하여야 한다. 그러나 양도증서를 공증받은 경우에는 양도인의 인감증명서 제출 없이도 양수인은 공탁물을 지급청구할 수 있다.

▶ 공탁물 출급·회수청구권에 대하여 압류 및 전부명령을 한 전부채권자가 공탁물을 출급·회수청구하기 위해서는 승계사실증명서면으로 압류 및 전부명령정본과 확정증명서를 첨부하여야 하고, 공탁물 출급·회수청구권에 대하여 압류 및 추심명령을 한 추심채권자는 압류 및 추심명령정본과 송달증명서를 첨부하여 공탁금을 지급청구할 수 있다.

2. 공탁물 출급청구서의 첨부서면

가. 공탁통지서

1) 원칙(공탁규칙 제33조 제1호)

공탁물을 출급하려고 하는 사람은 공탁규칙 제29조에 따라 공탁관이 발송한 공탁통지서를 원칙적으로 첨부하여야 한다.

2) 공탁통지서를 첨부하지 않아도 되는 경우(공탁규칙 제33조 제1호 단서)

(1) 출급청구하는 공탁금액이 5,000만 원 이하인 경우 등

출급청구하는 공탁금액(공탁물이 유가증권인 경우에는 총 액면금을 말한다)이 5,000만 원 이하인 경우에는 공탁통지서를 첨부하지 않아도 된다. 다만, 청구인이 관공서이거나 법인 아닌 사단이나 재단인 때에는 그 금액이 1,000만 원 이하인 경우에 공탁통지서 첨부가 면제된다.

(2) 공탁서나 이해관계인의 승낙서를 첨부한 경우

① 피공탁자가 공탁서를 첨부한 경우에는 공탁통지서를 첨부하지 않아도 된다. 공탁서는 통상 공탁자가 소지하고 있는바, 그로부터 공탁서를 넘겨받아 공탁통지서 대신 첨부한 청구인은 피공탁자일 것임이 인정되기 때문이다.

② 또한 피공탁자가 이해관계인인 공탁자의 승낙서를 첨부한 경우에도 공탁통지서를 첨부하지 않아도 된다. 공탁자의 승낙서에는 공탁통지서의 첨부 없는 피공탁자의 출급청구에 대한 승낙의 취지를 기재하고 인감증명서를 첨부하여야 한다.

(3) 강제집행이나 체납처분(강제징수 포함)에 따라 공탁물 출급청구를 하는 경우

출급청구권에 대한 강제집행에 의하여 추심명령 또는 전부명령을 얻은 추심채권자 또는 전부채권자가 출급청구하는 경우에는 공탁통지서를 첨부하지 않아도 된다. 집행채무자인 피공탁자로부터 공탁통지서를 교부받는 것을 기대하기 어렵기 때문이다. 출급청구권에 대하여 국세징수법 등에 따른 강제징수 또는 지방세기본법 등에 따른 체납처분에 의한 압류를 한 세무서장 또는 지방 자치단체의 장이 출급청구하는 경우에도 같은 이유로 공탁통지서를 첨부하지 않아도 된다.

(4) 공탁통지서를 발송하지 않았음이 인정되는 경우

절대적 불확지공탁이나 사실상 수령불능 사유 중 피공탁자 주소불명의 경우와 같이 공탁서의 기재내용에 비추어 볼 때 공탁통지서를 발송하지 않았음이 명백하게 인정되는 경우 공탁통지서를 첨부하지 않아도 된다.

나. 출급청구권이 있음을 증명하는 서면

공탁물을 출급하려고 하는 사람은 출급청구권이 있음을 증명하는 서면을 공탁물 출급청구서에 첨부하여야 한다. 그러나 변제공탁의 피공탁자와 같이 공탁서의 내용에 의하여 그 사실이 명백한 경우와 피공탁자 동일인 확인 증명서가 공탁소에 송부된 경우에는 첨부할 필요가 없다(공탁규칙 제33조 제2호). 출급청구권 증명서면은 공탁의 종류에 따라 다르며 구체적인 경우에 따라 개별적으로 판단하여야 한다.

출급청구권이 있음을 증명하는 서면에 관한 자세한 내용은 후술하는 해당 공탁편에서 설명합니다.

3. 공탁물 회수청구서의 첨부서면

가. 공탁서

1) 원칙(공탁규칙 제34조 제1호)

공탁물을 회수하려고 하는 사람은 공탁물 회수청구서에 공탁서를 첨부하여야 한다.

2) 공탁서를 첨부하지 않아도 되는 경우(공탁규칙 제34조 제1호 단서)

(1) 공탁금액이 5,000만 원 이하인 경우 등

회수청구하는 공탁금액이 5,000만 원 이하인 경우(유가증권의 총 액면금이 5,000만 원 이하인 경우 포함)에는 공탁서를 첨부하지 않아도 된다. 다만, 청구인이 관공서이거나 법인 아닌 사단이나 재단인 때에는 그 금액이 1,000만 원 이하인 경우이다.

(2) 이해관계인의 승낙서를 첨부한 경우

공탁자가 이해관계인인 피공탁자의 승낙서를 첨부한 경우 공탁서를 첨부하지 않아도 된다. 공탁자의 승낙서에는 공탁서의 첨부 없는 공탁자의 회수청구에 대한 승낙의 취지를 기재하고 인감증명서를 첨부하여야 한다.

(3) 강제집행이나 체납처분(강제징수 포함)에 따라 공탁물 회수청구를 하는 경우

회수청구권에 대한 강제집행에 의하여 추심명령 또는 전부명령을 얻은 추심채권자 또는 전부채권자가 회수청구하는 경우에는 공탁서를 첨부하지 않아도 된다. 집행채무자인 공탁자로부터 공탁서를 교부받는 것을 기대하기 어렵기 때문이다. 회수청구권에 대하여 체납처분에 의한 압류를 한 세무서장 등이 회수청구하는 경우에도 강제집행에 의하는 경우와 마찬가지로 공탁서를 첨부하지 않아도 된다.

(4) 공탁서 보관사실 증명서면을 첨부한 경우

제3채무자가 압류 또는 가압류와 관련된 금전채권액 전액을 집행공탁한 경우 압류 또는 가압류의 효력이 미치지 않는 부분에 대하여는 회수청구할 수 있다. 이 경우 이미 공탁신고 시 공탁서가 압류명령을 발한 법원이나 가압류 발령법원에 제출되었으므로 공탁자인 제3채무자는 그 법원으로부터 공탁서를 보관하고 있다는 사실을 증명하는 서면을 교부받아 공탁금 회수청구서에 첨부하여야 한다.

나. 회수청구권을 갖는 것을 증명하는 서면

① 공탁물을 회수하려는 사람은 회수청구권을 갖는 것을 증명하는 서면을 첨부하여야 한다. 그러나 공탁서의 내용으로 그 사실이 명백한 경우에는 그러하지 아니하다.

② 회수청구권을 갖는 것을 증명하는 서면이 어떤 것인가는 구체적인 사안에 따라 개별적으로 결정할 수밖에 없는바, 회수청구권을 갖는 것을 증명하는 서면에 대한 자세한 설명은 '변제공탁' 이하 해당 공탁편에서 합니다.

③ 공탁물 회수청구권에 대한 압류 및 전부명령을 받은 자라도 원래의 공탁물 회수청구권자의 지위를 넘어서 공탁물을 회수할 수 없으므로 공탁물 회수청구 시 회수청구권을 갖는 것을 증명하는 서면을 첨부하여야 한다.

4. 첨부서면의 생략

① 같은 사람이 동시에 같은 법원에 여러 건의 공탁물 지급청구를 하는 경우에 첨부서면의 내용이 같을 때에는 그중 1건의 청구서에 1통만을 첨부하면 된다. 이 경우에 다른 청구서에는 그 뜻을 기재하여야 한다.

② 다만 전자신청에 의하여 공탁물 지급청구를 하는 경우에는 위 규정이 적용되지 아니하므로 첨부서면을 각각 첨부하여야 한다.

③ 인가받은 공탁물 출급·회수청구서를 분실한 청구인이 공탁물을 지급받고자 하는 경우 청구인은 사실증명신청서 2통을 공탁관에게 제출하여야 하고, 청구인이 발급받은 사실증명서를 제출하여 공탁물의 출급 또는 회수를 청구하는 경우 공탁물보관자는 분실한 공탁물 지급청구서에 의하여 이미 공탁물을 지급한 때 등과 같은 특별한 사정이 없는 한 그 청구에 따라 공탁물을 지급하여야 한다.

04 절 공탁금 이자의 지급

1. 의의

① 공탁금에는 대법원규칙이 정하는 이자를 붙일 수 있으며, 공탁금의 이자에 관하여는 '공탁금의 이자에 관한 규칙'이 정하는 바에 의하는데, 현재 공탁금의 이자는 연 1만분의 35이다.

② 공탁 시와 지급 시 사이에 이율이 변경된 경우에는 공탁 시의 이율을 지급 시까지 일률적으로 적용하거나 지급 시의 이율을 공탁 시까지 소급하여 적용하는 것이 아니고, 공탁 시부터 이율 변경 전일까지는 변경 전 이율을 적용하고 변경일부터는 변경된 이율을 적용하여 합산한다.

2. 이자의 청구권자

① 변제공탁의 경우 공탁금에 대한 이자는 공탁자가 공탁금을 회수하는 때에는 공탁자에게, 피공탁자가 공탁금을 출급하는 때에는 피공탁자에게 귀속하는 것이 원칙이다.

② 담보공탁의 경우에는, 담보공탁의 법정과실에 대하여는 피공탁자의 담보권이 미치지 않는다는 법 제7조 단서의 취지가 공탁물이 금전인 경우에도 적용된다면, 공탁금의 이자는 공탁자에게 귀속하며, 피공탁자인 담보권자에게는 이자청구권이 없다.

③ 집행공탁의 경우에는 압류의 효력이 미치는 공탁금의 이자까지 포함하여 집행채권자에게 배당하여 지급하게 된다. 그러나 회수하는 경우에는 공탁금의 이자는 공탁자에게 귀속한다.

④ 공탁금 지급청구권에 대하여 압류 및 추심명령이 있는 때에 그 명령에 공탁금의 이자에 대한 언급이 없을 때에는 추심채권자는 압류 전의 공탁금의 이자에 대한 추심권이 없으므로, 이 경우 이자채권에 대하여 추심권을 행사하려면 별도의 압류 및 추심명령을 받아야 한다. 즉, 공탁 당사자의 교체(추심명령·전부명령·양도 등)가 있는 경우에는 교체일을 기준으로 그 전일까지의 이자는 교체 전 당사자(공탁자 또는 피공탁자)에게, 그 이후부터는 교체 후 당사자(추심·전부채권자, 양수인 등)에게 각 귀속하는 것이 원칙이므로, 공탁금 지급청구권에 대하여 양도 또는 압류 및 추심명령이나 전부명령이 있는 등의 사유로 이자의 귀속주체가 달라지는 경우에는 지급청구서에 이자에 관한 지급청구기간을 반드시 명시하여 공탁물보관자(은행)가 공탁금에 대한 이자 전액을 지급하는 경우가 발생하지 않도록 주의하여야 한다.

3. 이자의 지급시기

공탁금의 이자는 원금과 같이 지급한다. 그러나 공탁금과 이자의 수령자가 다를 때는 원금을 지급한 후에 이자를 지급할 수 있다.

07 특수 지급절차

01 절 계좌입금에 의한 공탁금 출급·회수절차

1. 개설

① 공탁금 출급·회수청구인이 공탁금을 자기의 비용으로 자신의 예금계좌에 입금하여 줄 것을 신청한 경우 공탁관은 공탁금을 신고된 예금계좌에 입금하여 지급하여야 한다.

② 종래 시·군법원 공탁소에는 적용되지 아니하였으나 현재는 전국 모든 공탁사건에 대하여 예금계좌로 공탁금을 지급받을 수 있게 되었다.

2. 입금신청서 제출

1) 계좌입금 신청

① 계좌입금 신청은 특정 공탁사건에서 공탁금을 자신의 예금계좌에 입금하여 줄 것을 신청할 때 이용된다. 즉, 해당 예금계좌는 1회만 이용될 뿐이다.

② 공탁금 지급청구자가 계좌입금 신청을 하는 경우에는 행정예규가 정한 양식의 공탁금 계좌입금신청서를 공탁관에게 제출하여야 하는데, 신청인은 먼저 공탁물 보관은행을 경유하여 이자소득세 원천징수에 필요한 사항을 등록하고 공탁금계좌입금신청서 하단에 등록확인인을 받아야 하며, 입금계좌는 반드시 신청인 명의이어야 한다.

2) 포괄계좌입금 신청

① 포괄계좌입금 신청은 신청인과 관련된 해당 법원의 모든 공탁사건에 관하여 공탁금을 자신의 예금계좌에 입금하여 줄 것을 신청하는 것이다. 포괄계좌가 등록된 경우 그 신청이 해지되기 전까지는 해당 법원의 공탁사건에서 계속적으로 같은 예금계좌를 이용할 수 있다.

② 공탁금 지급청구자가 포괄계좌입금 신청을 하는 경우에는 행정예규가 정한 양식의 공탁금 포괄계좌입금 신청서를 공탁관에게 제출하여야 하고, 위 포괄계좌입금 신청을 해지하고자 하는 때에는 행정예규 양식의 해지신청서를 제출하여야 한다. 신청한 포괄계좌를 변경하고자 할 때에는 해지신청서와 포괄계좌입금 신청서를 동시에 제출하여야 한다.

3) 전국공통 포괄계좌입금 신청

① 전국공통 포괄계좌입금 신청은 일반 포괄계좌입금 신청의 범위를 확대한 것으로서 특정 법원의 공탁사건에서만 이용되는 것이 아니라, 전국 모든 법원의 공탁사건에서 이용할 수 있는 포괄계좌를 등록하는 것이다. 전국공통 포괄계좌가 등록될 경우 공탁금 지급절차가 간소화되는 이점이 있는 반면, 제도의 남용이나 혼선의 우려가 있으므로 우선 국가·지방자치단체에 한하여 적용하고, 향후 제도가 안정화되면 그 적용범위를 확대할 예정이다.

② 국가·지방자치단체가 전국공통 포괄계좌입금 신청을 하는 경우에는 행정예규가 정한 양식의 전국공통 포괄계좌입금 신청서를 공탁관에게 제출하여야 하고, 위 전국공통 포괄계좌입금 신청을 해지하고자 하는 때에는 행정예규가 정한 양식의 해지신청서를 제출하여야 한다. 신청한 전국공통 포괄계좌를 변경하고자 할 때에는 해지신청서와 전국공통 포괄계좌입금 신청서를 동시에 제출하여야 한다.

③ 전국공통 포괄계좌입금 신청은 전국 모든 공탁소에 할 수 있으나, 그 해지신청은 전국공통 포괄계좌입금 신청을 한 해당 공탁소에만 할 수 있다.

3. 공탁관의 처리 등

① 공탁관은 공탁금 출급 또는 회수청구자가 계좌입금 신청을 한 경우에는 공탁금 출급·회수청구서 1통만 제출하도록 한다.

② 계좌입금에 의해 공탁금의 출급·회수를 청구하는 자는 청구서의 비고란에 계좌입금을 신청한다는 취지와 입금계좌번호 및 실명번호를 기재하고 실명번호의 확인을 위해 주민등록번호(개인)나 사업자등록번호(법인)를 소명할 수 있는 자료를 제출하여야 한다. 단 이미 포괄계좌입금신청을 하였을 경우에는 실명번호 확인을 위한 소명자료를 제출하지 아니할 수 있다.

③ 공탁관이 공탁금의 출급·회수청구를 인가한 경우에는 공탁물보관자에게 출급·회수 인가의 취지와 계좌입금 지시를 전송하고, 청구자에게는 해당 청구서를 교부하지 아니한다.

④ 공탁관은 계좌입금 신청인이 출급지시 전에 계좌입금 신청을 철회하거나 포괄계좌입금 신청을 해지하지 아니하는 한 포괄계좌로 등록된 계좌에 입금하는 방식으로 공탁금을 지급하여야 하고, 신청인이나 그 대리인에게 직접 현금 또는 포괄계좌로 등록하지 않은 다른 계좌로 지급하여서는 아니 된다.

02 절 승낙지급·보증지급

1. 승낙지급

공탁통지서를 공탁물 출급청구서에 첨부할 수 없는 경우 공탁물 출급청구자는 공탁물 출급청구에 대하여 이해관계를 갖고 있는 자의 승낙서를 첨부하여 출급청구할 수 있으며, 공탁서를 공탁물 회수청구서에 첨부할 수 없는 경우 공탁물 회수청구자는 공탁물 회수청구에 대한 이해관계를 갖고 있는 자의 승낙서를 첨부하여 회수청구할 수 있다. 이와 같이 본래 첨부하여야 할 공탁통지서 또는 공탁서 대신 이해관계인의 승낙서를 첨부하여 출급 또는 회수하는 것을 승낙지급이라고 한다. 승낙서에는 작성자인 이해관계인의 인감을 날인하고 인감증명서를 첨부하여야 한다.

2. 보증지급

① 공탁물 출급·회수청구서에 공탁규칙 제33조 제1호 또는 제34조 제1호에 규정한 서류(공탁
통지서, 공탁서, 승낙서)를 제출할 수 없는 경우에 공탁관이 인정하는 두 사람 이상이 연대하
여 그 사건에 관하여 손해가 생기는 때에는 이를 배상한다는 보증에 의해 공탁물을 지급하는
것을 보증지급이라고 한다.

② 보증지급은 공탁통지서나 공탁서를 제출할 수 없는 경우에 하는 것이므로 공탁서상의 피공탁
자의 주소가 주소증명서면(또는 인감증명서)상의 주소와 불일치하는 경우 동일인임을 입증하
는 데까지 확대하여 적용할 수는 없으며(공탁선례 제2-50호), 수용보상공탁금 출급청구권을
갖는 것을 증명하는 서면인 소유권 입증서류를 보증서로 갈음할 수도 없다.

  ▶ 보증인의 자격 여부에 대하여는 구체적인 공탁사건을 심사하는 해당 공탁관이 공탁규칙 제
    41조 소정의 취지를 참작하여 판단하여야 한다.

③ 보증지급절차에 의할 때에는 그 뜻을 공탁물 출급·회수청구서에 기재하여야 하며, 공탁관이
인정하는 두 사람 이상이 연대하여 그 사건에 관하여 손해가 생기는 때에는 이를 배상한다는
자필서명한 보증서와 그 재산증명서(등기사항증명서 등) 및 신분증 사본을 첨부하여 제출하여
야 한다.

④ 보증지급 청구인이 관공서인 경우에는 청구하는 공무원의 공탁물 출급·회수용도의 재직증
명서를 보증서 대신 제출할 수 있고, 출급·회수청구를 변호사나 법무사(자격자대리인)가 대
리하는 경우에는 보증서 대신 손해가 생기는 때에는 이를 배상한다는 내용을 기재하고 자격
자대리인이 기명날인한 자격자대리인 명의의 보증서를 작성하여 제출할 수 있다. 재직증명서
또는 자격자대리인 명의의 보증서를 제출하는 경우에는 재산증명서나 신분증 사본을 제출할
필요가 없다.

03 절 일괄청구·일부지급·배당 등에 의한 지급

1. 일괄청구

1) 의의

같은 사람이 여러 건의 공탁에 관하여 공탁물의 출급·회수를 청구하려는 경우 그 사유가 같은
때에는 공탁종류에 따라 하나의 청구서로 할 수 있다. 이를 일괄청구라 한다.

2) 청구절차

일괄청구의 청구서는 출급·회수별, 공탁물별, 청구사유별(공탁수락, 담보권실행, 배당, 몰취
등)로 작성한다.

3) 일괄청구 승인기준
① 공탁관은 일괄청구요건을 갖추고 있는지를 구체적으로 심사하여 인가 여부를 결정한다. 일괄청구가 가능하기 위하여 청구자가 동일인이어야 하고 출급 또는 회수청구사유가 동일하여야 하며 공탁물이 동일 종류이어야 한다. 대공탁 및 부속공탁은 기본공탁에 포함시켜 1건으로 일괄출급 또는 회수할 수 있다.
② 그러나, 일부지급 또는 분할지급을 요하는 것이 있는 때, 사인이 복잡하여 즉시 처리가 곤란한 것이 있는 때, 청구이유가 없어 불수리처분을 할 것이 있는 때, 기타 일괄청구에 적합하지 않다고 인정되는 것이 있는 때에는 일괄청구를 허용하지 아니한다.

2. 일부지급
① 일부지급이란 1건의 공탁물 중 일부만 지급하는 것을 말한다.
② 청구서는 통상의 공탁물 출급·회수청구서를 사용하되 '청구내역'란에는 실제로 청구하는 공탁물을 표시한다.
③ 공탁물의 일부를 지급하는 경우에는 공탁관은 청구인이 제출한 공탁서 또는 공탁통지서에 지급을 인가한 공탁물의 내역을 기재하고 기명날인한 후 청구인에게 반환하여야 한다. 이 경우에는 출급·회수청구서의 여백에 공탁통지서나 공탁서를 반환한 취지를 기재하고 수령인을 받아야 한다.

3. 배당 등에 따른 지급
1) 의의
① 배당이나 그 밖의 관공서의 결정에 따라 공탁물을 지급하는 것을 배당 등에 의한 지급이라고 한다.
② 이 경우 해당 관공서는 공탁관에게 지급위탁서를 보내고 지급을 받을 자에게는 그 자격에 관한 증명서를 주어야 한다. 다만, 집행법원에서 전자소송시스템을 이용하여 지급위탁하는 경우에는 지급위탁서와 자격에 관한 증명서를 전자적으로 생성하여 공탁관에게 송부한다.
③ 강제집행절차에 있어 공탁된 배당액에 대하여 배당채권자에게 공탁물수령권자임을 증명하는 증명서를 교부할 경우 집행법원은 공탁규칙 제32조에서 정하는 공탁물 출급청구서 2통을 전산출력하여 함께 교부하여야 한다.
④ 집행법원이 공탁관에게 지급위탁서를 송부하고 채권자에게 자격증명서를 교부하는 사무는 공탁관의 공탁사무가 아니라 이때 공탁관은 집행법원의 보조자로서 공탁금출급사유 등을 심리함이 없이 집행법원의 공탁금 지급위탁서에 따라 채권자에게 공탁금을 출급하게 된다.
⑤ 집행법원이 공탁된 배당액의 출급을 위하여 집행절차에 부수하여 행하는 사무로 보아야 하므로 그 사무에 관한 집행법원의 처분에 대하여 불복하려면 법 제12조에서 정한 공탁관의 처분에 대한 이의신청을 할 것이 아니라 민사집행법 제16조에서 정한 집행에 관한 이의신청을 하여야 한다.

2) 청구절차 등

배당 등에 의한 공탁물의 지급을 받고자 하는 때에는 증명서를 첨부하여 공탁규칙 제32조에 따라 출급·회수청구를 하여야 한다. 배당 등에 의한 지급을 청구하는 경우에 공탁규칙 제43조 제2항은 제33조, 제34조에 대한 특칙이므로 공탁서나 공탁통지서 또는 출급·회수청구권 증명서면은 첨부할 필요가 없다. 그러나 공탁규칙 제37조와 공탁규칙 제21조 제1항·제2항 및 제22조를 준용하는 공탁규칙 제38조 제1항은 적용되므로 인감증명서와 자격증명서(법인 아닌 사단 또는 재단인 경우에는 정관 그 밖의 규약 포함)는 첨부하여야 한다.

04 절 장기미제 공탁사건 등의 공탁금 지급절차 특례

1. 용어의 정의 및 적용범위

① '장기미제 공탁사건'이라 함은 공탁 후 5년이 지나도록 출급 또는 회수청구가 없는 금전공탁 사건(유가증권 및 물품은 제외)을 말한다. 즉 직전 연도 말 기준 만 5년 이전에 수리된 금전 공탁사건, 예컨대 2020년에 출급 또는 회수청구가 있는 경우 2014.12.31. 이전에 수리된 금전공탁사건을 말한다. 또한, 분할지급이나 일부지급이 있더라도 남은 공탁금에 대한 출급 또는 회수 청구가 공탁 후 5년이 지난 경우도 포함된다.

② '고액공탁사건'이라 함은 공탁금이 10억 원 이상인 금전공탁사건을 말하고, '이자만 남아 있는 공탁사건'이라 함은 공탁금 이자의 귀속주체가 달라지는 등의 원인으로 공탁 원금 전액이 지급된 채 이자만 남아 있는 공탁사건(공탁유가증권의 이표는 제외함)을 말한다.

③ '토지수용보상금을 절대적 불확지 공탁한 경우, 공탁 당시 공탁금이 1천만 원 이상이고 공탁 일로부터 만 3년이 경과한 공탁사건'도 본 특례규정이 적용된다.

2. 공탁관의 철저한 확인

공탁관이 '장기미제 공탁사건 등'에 대한 출급 또는 회수청구를 받은 때에는 공탁기록, 출급·회수청구서 또는 이자청구서, 본인 또는 대리인의 신분에 관한 증명서(주민등록증, 여권, 운전면허증 등)상의 사진, 주소, 주민등록번호 등에 의하여 정당한 본인 또는 대리인인지 여부를 철저히 확인하고, 그 증명서의 사본을 해당 공탁기록에 편철하여야 한다.

3. 공탁관의 지급인가 전 결재

공탁관은 ① 장기미제 공탁사건 중 공탁 당시 공탁금이 1천만 원 이상인 공탁사건(규칙 제43조에 따라 지급하는 경우는 제외한다), ② 고액공탁사건(지급청구금액이 10억 원 이상인 경우에 한한다), ③ 토지수용보상금에 관한 절대적 불확지 공탁사건 중 공탁 당시 공탁금이 1천만 원

이상이고 공탁일로부터 만 3년이 경과한 사건에 대하여 출급·회수청구서를 접수한 경우, 이를 인가하기 전에 청구서의 여백에 결재란을 만들어 소속과장(시·군법원의 경우 시·군법원 판사)의 결재를 받아야 하고, 소속과장의 부재 시에는 사무국장의 결재를, 소속과장과 사무국장의 부재 시에는 법원장 또는 지원장의 결재를 받아야 한다. 다만, 법원서기관이 공탁관 또는 대리공탁관으로 공탁사무를 처리하는 경우와 공탁관의 불수리결정에 대한 이의신청에 대하여 법 제14조 제1항에 따라 공탁금을 지급하는 경우는 제외한다.

4. 공탁관의 지급인가 후 결재

공탁관은 일계표 결재 시 지급인가 전에 결재한 공탁사건을 포함한 '장기미제 공탁사건 등'(절대적 불확지공탁사건 제외)에 대하여 '장기미제 공탁사건 등 지급내역'을 공탁전산시스템으로 출력한 후, 출급·회수청구서 또는 이자청구서와 제출된 인감증명서, 위임장의 사본을 첨부하여 결재를 받고 이를 일계표와 함께 보관한다.

5. 열람 및 사실증명 청구 시 유의사항

공탁관은 '장기미제 공탁사건 등'의 열람 및 사실증명의 청구가 있는 경우에는 해당 공탁에 관하여 직접 법률상 이해관계인에 해당하는지 여부를 본인 또는 대리인의 신분에 관한 증명서 등에 의하여 철저히 확인하여야 한다.

6. 완결된 공탁기록의 철저한 보관·관리

공탁관은 '장기미제 공탁사건 등'의 지급으로 인하여 완결된 공탁기록이 멸실되거나, 훼손, 일부 서류의 누락 등이 없도록 공탁기록을 철저히 보관·관리하여야 한다.

공탁관의 처분에 대한 불복

1. 불복방법

공탁관의 처분에 대하여 불복이 있는 때에는 공탁법 소정의 이의신청을 할 수 있다. 이러한 절차를 거침이 없이 곧바로 국가를 상대로 민사소송으로 공탁금 지급청구를 함은 허용되지 않는다.

2. 불복대상

① 이의신청의 대상이 되는 공탁관의 처분이란 공탁신청이나 공탁물 지급청구권에 대한 공탁관의 불수리처분만을 의미하고 공탁관의 수리, 인가처분은 그 대상에 포함되지 않는다.

② 공탁관이 불수리할 수 있는 대상이 되는 것은 구체적인 명문의 규정은 없으나, 공탁신청이나 출급·회수청구 이외에도 대공탁·부속공탁신청, 공탁서 정정신청, 열람 및 사실증명신청 등 부수처분도 불수리의 대상이 된다고 해석된다.

3. 이의신청서의 제출

① 공탁관의 처분에 대하여 불복이 있는 자는 관할 지방법원공탁소에 이의신청서를 제출하는 방법으로 하여야 한다.

② 지방법원 본원 및 본원 소속 시·군 법원 공탁관의 처분에 대하여는 지방법원 본원이 관할법원이 되고, 지방법원 지원 및 지원 소속 시·군 법원 공탁관의 처분에 대하여 지방법원 지원이 관할법원이 된다.

③ 전자신청사건에서 공탁관의 처분에 대하여 불복이 있는 자는 전자공탁시스템을 이용하여 이의 신청을 할 수 있다.

4. 이의신청기간

① 이의신청기간에 관하여는 따로 정한 바 없으므로 실익이 있는 한 언제든지 이를 할 수 있다.

② 공탁사무의 처리와 관련한 공탁공무원의 처분에 대한 이의에 있어서는 즉시항고와 같은 신청기간의 제한은 없으나, 이의의 이익이 있고 또한 존속하고 있는 동안에 신청하여야 하므로, 공탁공무원의 처분에 대한 이의에 의하여 그 처분의 취소 등 상당한 처분을 명하여 줄 것을 구하는 경우, 공탁공무원이 해당 공탁사무와 관련하여 더 이상 어떠한 처분을 할 수 없게 된 경우에는 이미 그 이의의 이익이 없어 이의신청을 할 수 없다.

👤 관/련/판/례

공탁금 회수청구권에 대한 압류·전부채권자가 공탁공무원에게 전부금액에 해당하는 공탁금 회수청구를 하였으나 공탁공무원이 선행하는 가압류가 존재한다는 이유로 이를 불수리하고 (구)민사소송법 제581조, 공탁규칙 제58조에 따라 압류의 경합을 이유로 사유신고를 한 경우, 특단의 사정이 없는 한 집행법원은 배당절차를 개시하게 되고, 그 이후에는 공탁공무원으로서는 집행법원의 배당절차에 따라 공탁금을 각 채권자들에게 분할 지급할 수 있을 뿐 해당 공탁사건에 관하여 더 이상 어떠한 처분을 할 지위에 있지 않게 되는 것이므로 이 경우 공탁공무원의 처분에 대한 이의신청은 그 이익이 없어 부적법하게 된다.

5. 공탁관의 조치

1) 이유 있는 경우

공탁관은 이의신청이 이유 있다고 인정하면 신청의 취지에 따르는 처분을 하고 그 내용을 이의신청인에게 알려야 한다.

2) 이유 없는 경우

공탁관은 이의신청이 이유 없다고 인정하면 이의신청서를 받은 날부터 5일 이내에 이의신청서에 의견을 첨부하여 관할 지방법원에 송부하여야 한다. 실무상으로는 공탁기록 사본을 함께 송부하고 있다.

6. 이의신청에 대한 재판

① 공탁관의 의견서가 첨부된 이의신청서가 관할법원에 송부되면 법원은 서면에 의하여 심리하고 필요한 경우에는 이의신청인이나 이해관계인을 심문할 수 있다.
② 관할 지방법원의 재판은 이의신청에 대하여 이유를 붙인 결정으로써 하며, 공탁관과 이의신청인에게 결정문을 송부하여야 한다. 이 경우 이의가 이유 있다고 인정하면 공탁관에게 상당한 처분을 할 것을 명하여야 한다.
③ 공탁관의 불수리처분이 부당한 것인가의 여부는 공탁관의 형식적 심사권을 전제로 하여 불수리처분을 한 시점을 기준으로 판단하여야 한다. 따라서 공탁관이 처분을 할 때에 제출된 신청서류 등의 증거방법을 가지고 공탁관이 가지는 심사권한의 범위 안에서 처분이 제대로 이루어진 것인지를 판단하여야 하며 사후의 자료나 주장은 고려할 사항이 아니다.
④ 형식적 심사권밖에 없는 공탁관으로서는 그 전부명령의 유·무효를 심사할 수는 없는 것이므로 공탁물 회수청구채권이 이미 압류 및 전부되었다는 이유로 이 사건 공탁금 회수청구를 불수리한 공탁공무원의 처분은 정당하고, 공탁물 회수청구채권에 대한 실질적 권리관계의 확정은 관계당사자 간의 문제로서 별도로 해결되어야 할 것이다. 이러한 이치는 위 공탁관의 처분에 대하여 불복항고한 경우에 법원이 위 처분의 당부를 판단하는 경우에도 다를 바 없다.

7. 항고 및 재항고

① 이의신청에 대한 재판에 대하여는 비송사건절차법에 의하여 항고할 수 있다. 항고의 제기는 항고장을 원심법원에 제출함으로써 하고, 원심법원이 항고에 정당한 이유가 있다고 인정하는 때에는 그 재판을 경정하여야 한다.

② 항고법원의 재판에는 이유를 붙여야 한다.

③ 항고법원의 결정에 대하여는 재판에 영향을 미친 헌법, 법률, 명령 또는 규칙의 위반을 이유로 드는 때에만 대법원에 재항고할 수 있다.

공탁관계 법령 및 공탁관계서류 등

01 절 공탁관계 법령

① 공탁법은 법령의 규정에 의하여 행하는 공탁의 절차 및 공탁물을 효율적으로 관리·운용하기 위한 사항을 정함을 목적으로 하여 제정된 절차법으로, 다른 법률에 공탁절차에 관한 특별규정이 없는 경우에 원칙적으로 적용되는 일반법이고, 공익상의 목적을 위하여 제정되어 당사자의 의사에 의하여 좌우될 수 없는 강행법이며, 국가와 개인과의 관계를 규율하는 공법이다.

② 공탁금의 이자에 관한 규칙은 공탁법의 시행세칙으로서 공탁금의 이자에 관하여 규정하고 있다. 현재 공탁금의 이자는 연 1만분의 35로 한다.

02 절 공탁관계서류의 열람과 등사신청

1. 의의

① 당사자 및 이해관계인은 공탁관에게 공탁관계서류의 열람 및 사실증명을 청구할 수 있다.

② 공탁관계서류의 등사에 관하여는 법령의 근거가 없으므로 그 등·초본이나 인증된 사본을 교부할 수 없으나, 이해관계가 있는 자의 사본교부의 청구가 있으면 공탁규칙 제59조에 의한 열람청구의 연장으로 보아 공탁관의 인증이 없는 단순한 사본은 교부할 수 있다.

2. 청구할 수 있는 자

① 공탁관계서류의 열람 및 사실증명의 교부청구를 할 수 있는 자는 해당 공탁에 관하여 직접 법률상 이해관계를 가지는 자이어야 한다. 즉, 공탁당사자(공탁자, 피공탁자) 및 상속인 등 일반승계인, 양수인, 질권자, 가압류·압류채권자, 체납처분권자 등 공탁기록에 나타난 이해관계인이어야 한다.

② 민사재판 기록의 열람·복사는 이해관계를 소명한 제3자도 가능하지만, 공탁은 반드시 공탁 기록에 나타난 공탁당사자 또는 법률상 이해관계인이어야 열람이 가능함에 주의하여야 한다. 따라서 공탁자 또는 피공탁자의 공탁금 지급청구권에 대하여 압류하려는 자는 이해관계인에 포함되지 않는다. 또한 공탁의 일방 당사자인 피공탁자로부터 공탁에 관한 권리를 양수한 것이 아니고 본안소송에서 피고의 소송상의 권리만을 양수한 자는 위 규칙에서 규정하는 이해관계인에 해당하지 않고, 수용대상 부동산의 가등기권자는 토지보상법에 따라 공탁된 보상금에 대하여 따로 그 권리를 주장하는 처분금지가처분 또는 가압류 등의 조치를 취하지 않는 이상 이해관계인이라 할 수 없다.

3. 대상서류

열람의 대상이 되는 서류는 공탁관계서류이다(공탁규칙 제59조 제1항). 공탁관계서류라 함은 공탁서와 그 첨부서류, 공탁물 지급청구서와 첨부서류, 가압류·가처분·압류·양도 등에 관한 서류, 공탁금납입통지서, 공탁물 지급결과통지서 등 공탁기록상의 서류를 의미한다. 따라서 공탁관계장부 등은 공탁관계서류가 아니다.

4. 신청절차

1) 방문신청

① 위 청구를 하는 자는 열람신청서나 사실증명서를 제출하여야 한다. 사실증명신청의 경우에는 증명을 받고자 하는 신청서 수에 1통을 더 첨부하여 제출하여야 한다. 이해관계인 여부는 공탁기록상 인정되는 것이므로 별도의 이해관계인임을 증명하는 서면은 필요하지 않다.

② 본인(공탁당사자나 이해관계인)이 직접 청구하는 경우에는 신분증에 의해 본인임을 확인할 수 있으므로 인감증명서를 첨부할 필요가 없다. 위임에 따른 대리인이 청구하는 경우에는 대리인의 권한을 증명하는 서면에 인감도장을 찍고 인감증명서의 첨부가 필요하나, 자격자대리인 본인이 직접 열람 및 사실증명을 청구하는 경우에는 대리인의 권한을 증명하는 서면에 인감도장을 찍을 필요 없고, 인감증명서를 첨부하지 않아도 된다.

2) 전자신청

① 공탁당사자 및 이해관계인은 전자공탁시스템을 이용하여 전자문서로 제출된 공탁관계서류에 대한 열람청구, 전자공탁시스템으로 처리한 공탁사무에 대한 사실증명을 청구할 수 있다.

② 전자공탁시스템을 이용한 전자기록의 열람은 공탁관이 열람을 승인한 날부터 1주일 이내에 할 수 있다. 공탁관은 열람을 승인하거나 사실증명서를 발급하는 경우 그 뜻을 전산시스템에 등록하여야 한다.

5. 열람절차 및 증명절차

① 공탁관계서류의 열람신청 등이 있는 경우 공탁관계서류가 공탁소 밖에 반출되지 않아야 하고, 공탁관계서류의 오손 등을 막기 위하여 공탁담당직원의 감독하에 열람이 이루어져야 한다. 전산정보처리조직을 이용하여 열람하게 하거나 증명서를 발급해 줄 수 있다.

② 열람신청내역 및 사실증명열람을 완료한 후에는 열람신청서를 공탁기록에 편철한다. 재판기록의 열람·복사신청서를 소송기록에 편철하지 않고 별도로 신청서철에 철하여 두는 것과는 다르다.

③ 시효기간 중에 열람을 허용하거나 공탁사실 증명서를 교부한 경우에는 소멸시효가 중단되므로, 그 사실을 전산시스템에 입력하고 공탁기록표지 비고란에 그 취지를 기재하여야 한다.

6. 범죄수사 · 세무공무원의 열람청구 및 법원의 문서송부촉탁

① 검찰이나 경찰 등 수사기관으로부터 서면으로 범죄수사상 필요하다 하여 특정 공탁관계서류의 열람청구가 있는 경우에는 이를 허용하여도 무방하다.

② 세무공무원은 체납처분을 집행함에 있어서 압류재산 소재 또는 수량을 알고자 할 때에는 체납자와 채권채무관계가 있는 자에 대하여 장부나 서류 기타 물건을 검사할 수 있으므로, 세무공무원이 업무상 공탁관계서류의 열람을 청구해 오는 경우에는 그 대상서류가 특정되어 있는 한 열람을 허용하여도 무방하다.

③ 지급이 완결되지 않은 공탁에 관한 서류는 천재지변 등 긴급한 상황에서 서류의 보존을 위하여 필요한 경우가 아니면 사무실 밖으로 옮기지 못하므로, 민사소송과 관련하여 법원으로부터 공탁관계서류의 송부촉탁이 있는 경우에 미완결 공탁사건에 있어서는 송부촉탁에 응할 수 없으나, 완결공탁사건에 있어서는 사무처리상 지장이 없는 한 송부촉탁에 응하여도 무방하다.

PART

02

각론

변제공탁

01 절 변제공탁의 의의

① 변제공탁에 관한 공탁근거법규인 민법 제487조는 사법관계뿐만 아니라 공법관계에 있어서도 원칙적으로 유추적용되는 일반법적인 성질을 갖는다.

② 형사사건의 경우 민사와 달리 피공탁자가 범죄피해자라는 특성상 공탁자가 피공탁자의 인적사항을 확인하기 어려워 공탁절차상 여러 문제가 발생하고 있었는데, 공탁법을 개정하여 형사공탁의 특례 제도를 도입하였다(공탁법 제5조의2).

02 절 변제공탁의 신청

1. 관할공탁소

가. 원칙

① 민법 제488조 제1항의 규정에 의하면 변제공탁은 채무이행지의 공탁소에 하여야 한다. 채무이행지라 함은 채무가 현실적으로 행하여져야 할 장소를 말하는 것으로 1차적으로는 당사자의 의사표시 또는 채무의 성질에 의해 정해지나, 법률에서 채무이행지에 관해 특별히 규정하고 있는 경우에는 그 법률의 규정에서 정한 장소가 채무이행지이다. 따라서 매매목적물의 인도와 동시에 매매대금을 지급할 경우 그 매매대금의 채무이행지는 목적물의 인도장소이고 임치물반환의 채무이행지는 그 임치물의 보관장소이다.

② 또한 민법은 위 기준에 의해 채무이행지를 정할 수 없는 경우를 위하여 보충적인 규정을 두어 특정물인도채무는 채권이 성립하였을 당시에 그 물건이 있었던 장소를 채무이행지로 보고, 특정물인도 이외의 채무는 지참채무, 즉 채권자의 현주소(영업에 관한 채무는 채권자의 현영업소)를 채무이행지로 보고 있다.

③ 한편 형사사건의 피고인(피의자 아님)이 법령 등에 따라 피해자의 인적사항을 알 수 없는 경우에 그 피해자를 위하여 하는 '형사공탁'은 해당 형사사건이 계속 중인 법원 소재지의 공탁소에 할 수 있다. 그리고 형사공탁의 특례 제도는 공소가 제기된 피고인에 대해서만 적용되고 수사단계에 있는 피의자에 대해서는 적용되지 않는다.

나. 구체적 사례

1) 채권자가 다수이거나 상대적 불확지 변제공탁의 경우

① 동일 채무에 대하여 채권자가 2인 이상일 경우에 그 채권이 가분채권이면 각 채권자별로 그

채무이행지 소재 공탁소에 공탁함이 원칙이다. 예컨대, 채권자의 사망으로 수인의 상속인에게 법정상속비율로 변제공탁하는 것은 그 채권의 성질이 가분채권이므로 채권자인 상속인들의 주소지가 다를 때에는 특약이 없는 한 각 채권자의 주소지를 관할하는 공탁소에 상속인별로 나누어서 공탁하여야 하고, 교통사고 등 불법행위로 인하여 다수인 피해자가 손해를 입어 그 손해배상금 등을 공탁하는 경우에도 이와 같다. 그러나 상속인들 및 피해자의 주소가 같은 공탁소 관할이라면 1건의 공탁사건으로 신청할 수 있고, 이 경우 각 채권자별 공탁금액은 공탁서상의 공탁원인사실란 등에 기재한다.

② 공탁의 목적이 되는 채권이 불가분채권이라면 수인의 채권자 중 1인의 채무이행지 소재 공탁소에 공탁할 수 있다. 상대적 불확지 변제공탁의 경우에도 피공탁자들의 주소가 서로 달라 채무이행지가 달라지는 경우에는 피공탁자들 중 1인의 채무이행지 소재 공탁소에 공탁할 수 있다.

2) 외국인 등 공탁사건의 특례

국내에 주소나 거소가 없는 외국인이나 재외국민을 위한 변제공탁은 지참채무의 경우에 다른 법령의 규정이나 당사자의 특약이 없는 한 서울중앙지방법원의 공탁관에게 할 수 있다.

3) 관할위반 공탁의 효력

① 변제공탁은 채무의 내용에 따른 것이어야 하므로 토지관할 없는 공탁소에 한 변제공탁은 설사 수리되었더라도 원칙적으로 무효이고, 따라서 공탁자는 착오에 의한 공탁으로 회수할 수 있으며, 다시 관할공탁소에 변제공탁하여야 할 것이다.

② 그러나 변제공탁의 토지관할은 피공탁자(채권자)의 이익을 위한 것이므로 관할위반의 공탁이 절대적으로 무효인 것은 아니고, 피공탁자가 공탁을 수락하거나 공탁물의 출급을 받은 때에는 그 흠결이 치유되어 그 공탁은 처음부터 유효한 공탁이 된다.

다. 관할공탁소 이외의 공탁소에서의 공탁사건처리 지침(행정예규 제1167호)

1) 적용범위

① 위 지침은 공탁신청의 경우는 금전변제공탁을 하는 경우에 한하여 적용하고, 공탁금 지급청구의 경우에는 공탁의 종류를 불문하고 모든 금전공탁(유가증권·물품 제외)에 적용하되 공탁규칙 제37조 제3항 각 호(인감증명서의 제출의 예외) 및 법인의 위임을 받은 대리인이 1,000만 원 이하의 공탁금 지급청구를 하는 경우에 한하여 적용한다.

② 또한, 위 지침은 접수공탁소 및 관할공탁소가 모두 지방법원 본원 또는 지원인 경우에 한하여(시·군법원 제외) 적용한다.

③ 그러나 접수공탁소와 관할공탁소가 같은 특별시 또는 광역시에 소재한 경우 및 토지수용·사용과 관련한 보상금공탁신청의 경우에는 위 예규가 적용되지 아니한다.

2) 접수공탁소에서의 공탁신청 또는 공탁금지급청구

① 종전에는 공탁자의 주소지를 관할하는 공탁소, 또는 형사사건이 계류되어 있는 경찰서·검

찰청(지청)·법원(지원) 소재지를 관할하는 공탁소에 한하여 관할공탁소 이외의 공탁소에 공탁신청을 할 수 있었으나, 이제는 이러한 제한을 받지 않게 되었다.

② 공탁자와 공탁금지급청구인은 공탁서 등(공탁서 1부와 첨부서류)나 청구서 등(공탁금 출급·회수청구서 1부와 첨부서류)을 제출하면서 우표를 붙인 봉투(원본서류를 관할공탁소에 등기속달우편으로 송부하기 위함)를 함께 제출하여야 하고, 지연처리로 인해 공탁서나 불수리결정서 등을 배달증명 우편으로 송부받기 위한 경우에는 추가로 우표를 붙인 봉투를 제출하여야 한다.

3) 공탁처리절차

(1) 접수공탁소의 처리

① 접수공탁소의 공탁관은 공탁서 또는 청구서의 기재사항과 첨부서류를 통해 형식적인 사항을 조사한 후(흠결이 있으면 이를 보정하게 하고, 보정을 거부하는 경우에는 그러한 사정을 메모 등을 통해 관할공탁소에 알림), 공탁서 또는 청구서에 접수공탁소의 접수인을 찍고 '관할공탁소로 송부한 공탁사건 접수부(공탁신청)' 또는 '관할공탁소로 송부한 공탁사건 접수부(공탁금지급)'에 등재한다.

② 접수공탁소의 공탁관은 접수인이 찍힌 공탁서 또는 청구서 등을 스캔하여 관할공탁소에 전송하고, 전화 등으로 이 사실을 관할공탁소에 통지한다.

③ 공탁금의 납입 및 납입증명 : 관할공탁소로부터 공탁수리의 취지를 기재한 공탁서를 전송받으면 이를 출력하여 그 공탁서상단 여백에 '대법원 행정예규 제○○호에 의함'이라는 주인을 한 후, 공탁시스템에서 출력한공탁금 계좌납입 안내문과 함께 공탁자에게 교부하여 납입기한 내 안내문에 기재된 가상계좌로 공탁금을 납입하도록 하고(※ 관할공탁소 이외의 공탁소에서 공탁을 신청하는 경우, 가상계좌입금에 의한 공탁금 납입을 원칙으로 함), 납입영수증을 가지고 오거나 시스템상 납입사실이 확인되면 공탁서 하단 납입증명란에 기명날인 후 공탁자에게 교부한다.

④ 공탁서 등의 원본은 관할공탁소로부터 수리 또는 불수리결정을 받은 다음 날까지 관할공탁소에 등기속달 우편으로 송부한다.

(2) 접수공탁소와 관할공탁소 간의 서류전송방법

접수공탁소와 관할공탁소 간의 서류전송방법은 스캐너를 이용하여 스캔한 후 공탁시스템을 이용하여 전송을 하는 것을 원칙으로 하고, 스캔을 할 수 없는 특이한 경우(스캐너 고장 등)에 한하여 팩스를 이용할 수 있다.

(3) 관할공탁소의 처리

① 접수공탁소로부터 공탁서 또는 청구서 등이 전송되어 오면 이를 일반사건과 같이 접수하되 기록표지에 '접수공탁소로부터 송부된 사건'이라고 표시하고, 지체 없이 조사하여 그 수리 및 인가여부를 결정한다.

② 서류에 보정할 사항이 있으면 전화 등으로 접수공탁소 또는 공탁자(공탁금지급청구인)에게

연락을 취해 보정하도록 한 후 처리하고, 불수리결정을 하는 경우에는 불수리결정등본을 접수공탁소로 전송하여 공탁자(공탁금지급청구인)에게 교부하도록 하고, 영수증을 전송받아 해당 기록에 철한다.

③ 공탁수리결정을 하는 경우에는 공탁금보관은행에 가상계좌번호 부여를 요청하여 번호를 전송받은 후, 공탁수리의 취지를 기재한 공탁서를 접수공탁소로 전송한다.

(4) 공탁금보관은행의 처리

① 접수공탁소 공탁금보관은행의 처리

㉠ 공탁신청의 경우 : 공탁자가 공탁금을 무통장입금 등의 방법으로 납입하고자 할 때 한도금액을 초과하는 경우에는 공탁금보관은행 사이의 영업망을 이용하는 등의 방법으로 송금한다. 공탁자로부터 공탁금을 납입받은 때에는 공탁자가 지참한 공탁서상에 공탁물을 납입받았다는 취지를 기재하고 공탁자에게 교부한다.

㉡ 공탁금지급청구의 경우 : 이자소득세 원천징수에 필요한 사항을 등록하고 '공탁금(포괄)계좌입금신청서' 하단에 등록확인인을 날인한다.

② 관할공탁소 공탁금보관은행의 처리

㉠ 공탁신청의 경우 : 공탁금보관은행은 공탁관으로부터 가상계좌번호 부여를 지시받은 즉시 가상계좌를 채번하여 공탁관에게 전송하여야 한다. 공탁금보관은행은 가상계좌로 공탁금 납입 시 공탁소에서 전송된 납입기한 및 공탁금액과 대조하여 확인한 후 납입처리하고, 그 처리결과를 공탁관에게 전송하여야 한다.

㉡ 공탁금지급청구의 경우 : 관할공탁소 공탁관의 지급인가 및 계좌입금지시에 따라 계좌입금 처리 후 그 처리결과를 정상처리와 처리불능(불능 시에는 사유를 명시함)으로 구분하여 관할공탁소 공탁관에게 즉시 전송해야 한다.

(5) 관할공탁소 공탁관의 보통예금계좌를 통한 공탁금 납입절차

가상계좌 채번이 안 되거나 가상계좌 입금이 안 되는 등 부득이한 경우에는 관할공탁소 공탁관의 보통예금계좌를 통해 공탁금을 납입받을 수 있다.

2. 공탁당사자 및 공탁통지서

가. 공탁자

① 채무의 변제는 제3자도 할 수 있으므로 제3자도 변제공탁을 할 수 있으나, 채무의 성질 또는 당사자의 의사표시로 제3자의 변제를 허용하지 아니하는 때에는 제3자가 변제공탁하지 못한다.

② 이해관계 없는 제3자는 채무자의 의사에 반하여 변제공탁하지 못하나, 이해관계 있는 제3자(물상보증인, 담보부동산의 제3취득자, 연대채무자, 보증인 등)는 채무자의 의사에 반하여서도 변제공탁할 수 있다.

③ 공동저당의 목적인 물상보증인 소유의 부동산에 후순위로 소유권이전청구권 가등기가 설정되어 있는데 그 부동산에 대하여 먼저 경매가 실행되어 공동저당권자가 매각대금 전액을 배

당받고 채무의 일부가 남은 경우 위 가등기권리자는 그 채무 잔액의 변제에 관하여 '이해관계 있는 제3자' 또는 '변제할 정당한 이익이 있는 자'에 해당하지 않는다.

나. 피공탁자

① 채권자의 수령불능 또는 수령거절을 원인으로 한 변제공탁의 피공탁자는 채권자이고, 채무자가 과실 없이 甲 또는 乙 중 누가 진정한 채권자인지 알 수 없음을 원인으로 한 상대적 불확지 변제공탁의 피공탁자는 甲 또는 乙이다.

② 피공탁자의 지정과 그 소명은 전적으로 공탁자의 행위에 의존할 수밖에 없는 것으로 형식적 심사권만을 가지는 공탁관으로서는 공탁서 및 첨부서류를 심사하여 그 수리 여부를 결정하는 것이다.

③ 형사공탁의 경우 공탁서에는 공탁물의 수령인(피공탁자)의 인적사항(성명, 주소, 주민등록번호)을 대신하여 해당 형사사건의 재판이 계속 중인 법원과 사건번호, 사건명, 조서, 진술서, 공소장 등에 기재된 피해자를 특정할 수 있는 명칭을 기재하고, 공탁원인사실을 피해 발생시점과 채무의 성질을 특정하는 방식으로 기재할 수 있다.

다. 공탁의 목적물

① 변제공탁은 '주는 채무'에 한해서만 가능하고, '하는 채무'는 그 성질상 변제공탁이 불가능하다.

② 변제공탁의 공탁물은 채무의 목적물이므로 무엇이 공탁물로 될 수 있는지는 채무의 내용에 따라서 정해진다. 금전, 유가증권, 그 밖의 물품이 공탁물로 될 수 있고, 공탁물보관자의 영업범위에 속하지 않는 물품에 관하여는 채무이행지 관할 지방법원에 공탁물보관자의 선임신청을 하여 그 지정을 받아 공탁할 수 있다.

1) 부동산

부동산 변제공탁은 법원으로부터 공탁물보관자의 선임을 받아 그자에게 공탁을 한다고 하더라도 앞으로 공탁자의 협력 없이 공탁물보관자가 부동산에 관한 일체의 본권 및 점유를 피공탁자에게 이전할 수 있게 한다는 것이 법 기술상 곤란하고, 또 목적 부동산의 점유를 공탁물보관자에게 이전한다고 하면 그 보관료와 보관자의 사용료와의 문제도 매우 곤란하게 되기 때문에 부동산은 공탁에 적당하지 아니하다. 후술하는 민법 제490조 자조매각금의 공탁절차에 의하여야 할 것이다.

2) 자조매각금의 공탁

① 변제공탁은 변제 목적물 그 자체를 공탁물로 제공함이 원칙이나 변제의 목적물이 폭발물 등과 같이 공탁에 적합하지 않거나 채소, 어육 등과 같이 멸실 또는 훼손될 염려가 있거나 소, 말 등과 같이 보관비용이 과다한 경우에는 예외적으로 변제자는 채무이행지를 관할하는 지방법원의 허가를 얻어 그 물건을 경매하거나 시가로 방매(賣)하여 그 대금을 공탁할 수 있는데, 이를 자조매각이라고 한다.

② 자조매각절차의 비용은 채권자가 부담하므로, 변제자는 법원허가절차의 비용 및 목적물의 경매 또는 방매비용을 목적물의 환가대금으로부터 공제하고 그 잔액을 공탁하면 된다. 이 경우 '공탁원인사실'란에 공제사실을 기재한다.

라. 공탁통지서

1) 의의

① 변제공탁에 특유한 제도로 공탁통지제도가 있다. 즉 변제공탁의 피공탁자에게 변제공탁사실을 알려 공탁물출급청구권을 행사하도록 하기 위하여 변제공탁자는 공탁성립(공탁납입) 후 지체 없이 피공탁자에게 공탁통지를 하도록 하고 있다.

② 실무상으로는 공탁신청 시에 공탁자로 하여금 공탁통지서를 공탁소에 제출하게 하고, 공탁물이 납입된 후에 공탁관이 공탁자 대신 피공탁자에게 공탁통지서를 발송하도록 하고 있다. 따라서 공탁자가 피공탁자에게 공탁통지를 하여야 할 경우에는 공탁통지서를 제출하고, 배달증명을 할 수 있는 우편료를 납입하여야 한다. 공탁자는 배달증명을 할 수 있는 우표를 제출하는 것이 아니라 일반 소송사건의 송달료와 같이 우편료를 현금으로 납입한다.

2) 공탁통지를 하여야 할 경우

① 민법 제487조에 의한 변제공탁뿐만 아니라 기타 법령에 의한 변제공탁의 경우에도 원칙적으로 공탁통지서를 제출하여야 하고, 상대적 불확지 변제공탁의 경우에도 피공탁자의 수에 따른 공탁통지서를 제출하여야 한다.

② 절대적 불확지 변제공탁이나 피공탁자의 주소불명에 따른 수령불능을 원인으로 한 변제공탁의 경우에는 공탁신청 당시에는 공탁통지가 불가능하므로 공탁통지서를 제출할 필요가 없고, 다만 나중에 피공탁자를 알게 되거나 피공탁자의 주소를 알게 되어 공탁서 정정신청을 하는 경우에 공탁통지서를 제출하여야 한다.

③ 제3채무자가 금전채권에 대한 가압류를 원인으로 공탁을 하거나 금전채권의 일부에 대한 압류를 원인으로 압류와 관련된 금전채권액 전액을 공탁하는 경우에도 피공탁자에게 공탁사실을 알려줄 필요가 있으므로 공탁통지서를 제출하도록 하고 있다.

④ 형사공탁의 경우 피공탁자에 대한 공탁통지는 공탁신청 연월일, 공탁소, 공탁번호, 공탁물, 공탁근거 법령조항, 공탁물 수령·회수와 관련된 사항과 그 밖에 대법원규칙으로 정한 사항을 인터넷 홈페이지 등에 공고하는 방법으로 갈음할 수 있다.

3) 공탁통지서의 발송절차

① 공탁관은 공탁물보관자로부터 납입결과의 전송이나 공탁물품납입통지서를 받은 때에는 공탁통지서를 피공탁자에게 발송하여야 한다.

② 공탁자는 피공탁자가 공탁통지서의 내용을 보고 출급청구권을 행사할 것인지 여부를 결정할 수 있도록 공탁통지서에 공탁서의 기재사항과 동일한 내용을 기재한 후 기명날인한다. 공탁관은 피공탁자에게 발송한 공탁통지서임을 명백히 하기 위하여 공탁번호와 그 발송연월일 및 공탁관의 성명을 공탁통지서에 기재한 후 직인을 찍어야 한다.

③ 공탁통지서의 발송은 배달증명에 의한 우편발송의 방법에 의하여야 하므로, 법원이 직권으로 소송상의 서류를 소송당사자 기타 이해관계인에게 송달하는 경우에 적용되는 민사소송법상의 송달에 관한 규정은 적용될 수 없고, 따라서 민사소송법 제190조에 규정되어 있는 휴일 또는 일출 전이나 일몰 후의 집행관 등에 의한 송달방법이나 공시송달의 방법에 의해서 공탁통지서를 발송할 수는 없다.

④ 공탁자가 피공탁자의 외국주소로 공탁통지를 하여야 할 경우에는 수신인란에 로마문자(영문)와 아라비아 숫자로 피공탁자의 성명과 주소를 기재한 국제특급우편봉투 및 우편요금을 첨부하여야 한다. 공탁관은 위 봉투 발신인란 및 배달통지서의 반송인란에 로마문자(영문)와 아라비아 숫자로 공탁소의 명칭과 그 소재지 및 공탁관의 성명을 기재하여야 한다.

⑤ 국가를 피공탁자로 하는 변제공탁의 경우에는 공탁서의 피공탁자란에 '대한민국(소관청 : ○○○)'과 같이 소관청을 첨기하므로, 공탁통지서는 소관청의 장에게 발송한다.

4) 공탁통지가 되지 않은 경우의 효과

공탁통지는 공탁이 성립된 경우에 공탁자가 피공탁자에게 출급청구권이 발생하였음을 알려 주어 피공탁자가 출급청구권을 행사하는 데 편의를 제공하기 위한 것일 뿐 공탁의 유효요건은 아니므로 공탁통지가 되지 않은 변제공탁도 원칙적으로 그 효력에 영향이 없다. 따라서 공탁통지서를 피공탁자의 주소로 발송한 이상 그 통지서가 수취인 부재로 반송된 경우라 하더라도 채무소멸이라는 변제공탁의 효력은 발생하는 것이다.

5) 공탁통지서가 반송된 경우의 업무처리지침

공탁통지서가 반송된 경우 이를 피공탁자에게 직접 교부할 수 있는 근거규정을 마련하여 피공탁자의 편의를 도모할 필요성 및 국고귀속 공탁금의 감소화 방안의 일환으로 공탁서에 피공탁자의 전화번호가 기재되어 있는 경우 공탁통지서 반송사실을 전화로 알려줌으로써 피공탁자의 권리 보호를 충실히 할 필요성에 의하여 행정예규 제1309호 '공탁통지서가 반송된 경우의 업무처리지침'이 제정되었다.

(1) 전화에 의한 반송 사실의 안내

공탁관은 공탁통지서가 반송된 경우 공탁서에 피공탁자의 전화번호가 기재되어 있는 때에는 피공탁자에게 공탁통지서가 반송된 사실을 전화로 안내해 주어야 한다.

(2) 반송된 공탁통지서 교부 절차

① 피공탁자 본인이 교부청구를 한 경우에는 공탁관은 신분에 관한 증명서(주민등록증·여권·운전면허증 등을 말한다. 이하 '신분증'이라 한다)에 의하여 피공탁자의 신분을 확인한 다음 피공탁자로부터 공탁통지서 수령사실 및 수령일시가 기재된 영수증을 제출받고 공탁통지서를 교부한다.

② 대리인이 교부청구를 하는 경우에는 피공탁자 본인의 인감도장이 찍힌 위임장과 그 인감증명서를 공탁관에게 제출하여야 한다.

③ '①' 및 '②'는 공탁통지서를 발송하기 전에 피공탁자 또는 그 대리인이 법원에 출석하여 직접 교부청구를 한 경우에도 준용한다.

④ 위 경우 본인 또는 그 대리인이 제출하는 신분에 관한 증명서가 이동통신단말장치에 암호화된 형태로 설치되는 등 사본화가 적합하지 않은 경우에는 신분확인서(「공탁사무 문서양식에 관한 예규」 별지 제20호 양식)를 해당 공탁기록에 철한다.

6) 공탁통지서의 재송달

공탁통지서가 피공탁자의 주소불명으로 공탁소에 반송된 경우에 공탁자는 피공탁자의 주소에 대한 공탁서의 정정을 신청할 수 있고, 이 경우에는 공탁통지서 등을 새로 첨부하도록 하여 피공탁자의 새로운 주소로 공탁통지서를 발송하여야 한다. 또한, 폐문부재 등의 사유로 공탁통지서의 재발송을 신청할 수 있고, 이 경우 공탁관은 공탁통지서를 재발송할 수 있다.

7) 전자신청의 경우

전자공탁시스템에서 출력하여 발송한 공탁통지서가 반송된 경우 공탁관은 이를 폐기할 수 있다. 이 경우 공탁자가 피공탁자에게 공탁통지서를 다시 발송하여 줄 것을 신청하면 전자공탁시스템에서 다시 출력하여 발송한다.

03 절 변제공탁의 요건

1. 변제공탁의 목적인 채무

1) 현존하는 확정채무

(1) 의의

변제공탁의 목적인 채무는 현존하는 확정채무임을 요하므로, 장래의 채무나 불확정채무는 원칙적으로 변제공탁의 목적이 되지 못한다. 따라서 정지조건부 채무나 시기부 채무는 그 조건이 성취되거나 기한이 도래하여 채무가 현실적으로 발생하여야만 공탁할 수 있을 것이나, 금전소비대차 등과 같이 채무가 이미 발생되어 있고 단지 채무이행에 관해서만 기한을 붙인 경우에는 변제기 전이라도 채무자가 기한의 이익을 포기하고 변제기까지의 이자를 붙여서 공탁할 수 있다.

(2) 구체적 사례

① 가옥 등 임대차의 경우 장래 발생할 차임은 나중에 목적물을 사용·수익함으로써 구체적으로 발생하는 채무이므로, 임차인은 원칙적으로 사용·수익 전에 기한의 이익을 포기하고 미리 공탁할 수는 없다. 다만, 차임선불특약이 있는 경우에는 그 약정기한의 도래 시에 변제공탁이 가능하다. 따라서 주위토지통행권자가 통행지 소유자에게 매월 정기적으로 지급하기로 판결이 확정된 손해보상금에 관해서 통행지 소유자가 수령을 거절하는 경우에는 과거 수개월분의

손해보상금을 모아서 공탁할 수는 있으나 장래의 손해보상금 수개월분까지 일괄공탁할 수는 없다.

② 불법행위로 인한 손해배상채무, 부당이득반환채무, 지상권 당사자의 지료증감청구로 인한 지료의 금액처럼 나중에 재판을 통하여 구체적인 금액이 확정될 수 있는 채무도 이론적으로 는 이미 객관적으로 채무금액이 확정되어 있다고 볼 수 있으므로 확정채무로 보아 공탁할 수 있다. 따라서 불법행위 채무자 등은 스스로 주장하는 채무액 전액에 불법행위일로부터 변 제제공일까지의 지연손해금을 합해서 변제공탁을 할 수 있다.

③ 채권자와 채무자 사이에 손해배상채무액에 대해 다툼이 있어 소송이 진행되는 경우, 그 판결 이 확정되기 전이라도 채무자가 가집행선고부 판결의 주문에 표시된 금액을 변제제공하였으 나 채권자가 수령거절하는 등의 변제공탁사유가 있으면 채무자는 변제공탁할 수 있다.

2) 공법상의 채무

① 변제공탁의 목적인 채무의 발생원인에는 제한이 없으므로 공법상의 채무라도 변제공탁의 대 상이 될 수 있다. 따라서 조세채무나 국민연금법에 의한 연금보험료채무도 민법 제487조에 의한 변제공탁의 목적인 채무가 될 수 있다.

② 그러나 벌금납부 의무는 본질상 공법상의 채권채무라 할 수 없고, 만약 국가(검사)가 벌금의 수납을 거부하는 경우에는 벌금집행에 관한 검사의 처분에 대한 이의신청을 하여 구제를 받 을 수 있으므로, 벌금납부 의무는 변제공탁의 목적인 채무에 포함되지 않는다.

2. 공탁원인

가. 채권자의 수령거절

1) 의의

채무이행에 채권자의 협력을 필요로 하는 경우 변제자가 채무의 내용에 좇은 변제의 제공을 하 였는데도 채권자가 이를 수령하지 아니할 때에는 그 주관적 이유를 묻지 않고 변제자는 변제공 탁을 할 수 있다. 여기서 '채무의 내용에 좇은 변제의 제공'이란 변제자가 변제수령권자에게 본래 채무의 목적물을 정해진 기일에 정해진 장소에서 제공하는 것을 의미한다.

2) 유효한 변제제공의 요건

① 제3자가 변제공탁을 하는 경우에 변제제공자와 공탁자는 동일인임을 요한다.

② 이해관계 없는 제3자의 대위변제가 채무자의 의사에 반하는지의 여부를 가림에 있어서 채무 자의 의사는 제3자가 변제할 당시의 객관적인 제반사정에 비추어 명확하게 인식될 수 있는 것이어야 하며 함부로 채무자의 반대의사를 추정함으로써 제3자의 변제효과를 무효화시키는 일은 피하여야 한다.

③ 변제제공의 상대방은 원칙적으로 채권자 본인이지만, 채권자 이외에 변제수령을 할 수 있는 권한이 주어진 자에 대한 변제제공도 유효한 변제제공이 된다. 채권자로부터 변제수령의 권 한을 부여받은 자의 예로는 추심위임을 받은 수임인, 임의대리인, 부재자가 선임한 부재자의

재산관리인 등을 들 수 있고, 법률의 규정 또는 법원의 선임에 의하여 변제수령의 권한이 주어진 자의 예로는 제한능력자의 법정대리인, 대항요건을 갖춘 채권질권자, 파산관재인, 압류 및 추심명령을 얻은 압류채권자, 법원이 선임한 부재자의 재산관리인, 채권자대위권을 행사하는 자 등을 들 수 있다.

▶ 매수인 甲이, 매도인 乙을 대리하여 매매잔대금을 수령할 권한을 가지고 있는 丙에게 잔대금의 수령을 최고하고, 丙을 공탁물 수령자로 지정하여 한 잔대금 변제공탁은 매도인 乙에 대한 잔대금 지급의 효력이 있고, 또 매수인 甲이 위 공탁을 함에 있어서 반대급부로서 소유권이전등기절차에 필요한 서류 등의 교부를 요구하였다고 하여도 위 반대급부의 이행을 요구받은 상대방은 매도인 乙이라고 할 것이며, 위 반대급부조건을 붙여서 한 위 공탁은 유효하다.

④ 기한은 일반적으로 채무자의 이익을 위한 것으로 추정되지만 이자부금전소비대차의 경우에는 채권자도 기한의 이익을 가지므로, 채무자가 기한의 이익을 포기하고 기한 전에 변제하고자 하는 경우에는 약정변제기까지의 이자도 포함하여 변제제공을 하여야 한다.

⑤ 예금채무 등은 원칙적으로 추심채무이므로 채무자의 현주소 또는 현영업소가 변제장소이다.

⑥ 채권의 전액에 관하여 공탁이 있었다 하더라도 그 전제로 되는 변제제공이 일부에 관하여서만 행하여진 경우에는 공탁원인의 흠결로 그 공탁이 무효로 된다.

나. 채권자의 수령불능

① 채권자가 변제를 받을 수 없는 경우에는 사실상의 불능이든 법률상의 불능이든 관계없이 채무자는 변제공탁을 할 수 있다. 다만 이 경우에도 채권자지체의 요건은 갖출 필요가 없으므로 채권자의 귀책사유를 필요로 하지 않는다.

② 지참채무의 경우 변제기일에 채권자 등 변제수령권자가 변제장소에 부재중이어서 채무자가 변제할 수 없는 경우는 수령불능의 사유에 해당된다. 채권자의 주소가 불명이어서 채무자가 변제를 할 수 없는 경우 등도 수령불능의 사유가 된다. 채권자의 일시적 부재의 경우에도 수령불능 사유에 해당된다 할 것이나 구체적 사안에 따라 수령불능 여부를 판단하여야 한다.

③ 제한능력자인 채권자가 채무의 변제를 단독으로 수령할 수 있는가 여부에 관해 통설은 변제의 수령은 이익을 얻는 동시에 채권을 상실하는 불이익을 받기 때문에 단독으로 할 수 없다고 보고 있다. 따라서 제한능력자인 채권자에게 법정대리인이 없는 경우에는 법률상의 수령불능에 해당되고, 이 경우 제한능력자일지라도 피공탁자는 될 수 있으므로 채무자는 수령불능을 원인으로 변제공탁을 할 수 있다.

다. 채권자 불확지

1) 의의

① 민법상 변제공탁 사유 중 하나인 '채권자 불확지'는 객관적으로 채권자 또는 변제수령권자가 존재하고 있으나 채무자가 선량한 관리자의 주의를 다하여도 채권자가 누구인지를 알 수 없는 경우를 말한다.

② '채권자 불확지'의 원인은 사실상의 이유(채권자가 사망하였으나 그 상속인을 알 수 없는 경우 등)나 법률상의 이유(채권양도의 효력에 대해 양도인과 양수인이 다투는 경우 등)를 모두 포함한다.

③ 변제공탁제도는 채무자가 채권자(피공탁자)를 지정할 의무를 지고, 형식적 심사권을 갖는 공탁관은 채무자가 지정해 준 채권자(피공탁자)에게 공탁금을 출급하는 등의 업무를 처리하는 것을 그 기본원리로 삼고 있다. 따라서 우리 공탁제도상 채권자가 특정되거나 적어도 채권자가 상대적으로나 특정되는 상대적 불확지의 공탁만이 허용될 수 있는 것이고, 채권자가 누구인지 전혀 알 수 없는 절대적 불확지의 공탁은 원칙적으로 허용되지 않는다. 다만 토지보상법 제40조 제2항 제2호와 같이 특별규정이 있는 경우는 예외의 것으로 허용된다.

④ 한편 채권자를 알 수 없는 데 대하여 채무자의 과실이 없어야 하므로 채무자가 피공탁자를 특정하는 데 시간이 걸려 절차가 지연된다는 등의 이유로 채권자 불확지 변제공탁을 할 수는 없다.

⑤ 매매계약의 중도금 지급기일을 앞두고 사망한 매도인에게 상속인들이 여러 명 있고 그중에는 출가한 딸들도 있을 뿐만 아니라 출가하였다가 자식만 남기고 사망한 딸들도 있는 등 매수인인 원고들로서는 매도인의 공동상속인들이나 그 상속인들의 상속지분을 구체적으로 알기 어렵다면, 원고들이 중도금 지급기일에 사망한 매도인을 피공탁자로 하여 중도금의 변제공탁을 한 것은 민법 제487조 후문에 해당하여 유효하다.

⑥ 채무자가 누가 진정한 채권자인지를 알 수 없어 상대적 불확지의 변제공탁을 하여 피공탁자 중 1인이 다른 피공탁자들을 상대로 자기에게 공탁금 출급청구권이 있다는 확인을 구한 경우에 피공탁자들 사이에서 누가 진정한 채권자로서 공탁금 출급청구권을 가지는지와, 피공탁자들과 공탁자인 채무자 사이의 법률관계에서 누가 본래의 채권을 행사할 수 있는 진정한 채권자인지를 기준으로 판단하여야 한다.

2) 구체적 사례

(1) 채권양도의 효력에 관하여 사실상 또는 법률상 의문이 있는 경우

① 채권양도금지특약에 반하여 채권양도가 이루어진 경우에 양수인이 양도금지특약이 있음을 알았거나 중대한 과실로 알지 못하였던 경우에는 채권양도는 효력이 없게 되고, 반면 양수인이 중대한 과실 없이 양도금지특약의 존재를 알지 못하였다면 채권양도는 유효하게 되어 채무자로서는 양수인에게 양도금지특약을 가지고 그 채무이행을 거절할 수 없게 되므로 양수인의 선의, 악의 등에 따라 양수채권의 채권자가 결정된다. 이 경우 채무자로서는 채권양도금지특약에 대한 양수인의 선의 등의 여부를 알 수 없어 과연 채권이 적법하게 양도된 것인지 의문이 제기될 여지가 충분히 있으므로 특별한 사정이 없는 한 채권자 불확지에 해당된다. 그러나 채권양도금지의 특약 있는 채권에 대한 전부명령이 확정된 경우에는 양도금지의 특약 있는 채권이라도 전부채권자의 선의 여부를 불문하고 전부채권자에게 이전되므로 채무자는 채권자 불확지 변제공탁을 할 수 없다.

② 채권이 이중으로 양도된 경우의 양수인 상호 간의 우열은 통지 또는 승낙에 붙여진 확정일자의 선후에 의하여 결정되는 것이 아니라 채권양도에 대한 채무자의 인식, 즉 확정일자 있는 양도통지가 채무자에게 도달한 일시 또는 확정일자 있는 승낙의 도달 일시의 선후에 의하여 결정하여야 하므로, 확정일자 있는 양도통지가 도달한 일시에 선후가 있는 경우는 채권자 불확지에 해당되지 않는다. 다만 확정일자 있는 증서에 의한 채권양도통지가 동시에 이루어졌거나 그 도달의 선후가 불분명하다면 채무자는 이중변제의 위험이 있으므로 채권자 불확지에 해당된다.

③ 특정 채권에 대하여 채권양도의 통지가 있었으나 그 후 통지가 철회되는 등으로 채권이 적법하게 양도되었는지 여부에 관하여 의문이 있는 경우도 채권자 불확지에 해당된다.

(2) 채권에 대하여 처분금지가처분이 있는 경우

① 채권에 대하여 처분금지가처분이 있고 가처분채권자와 가처분채무자 사이에 채권의 귀속에 관해 다툼이 있는 경우 그 종국적 확정은 본안소송에 달려 있으므로 채권자 불확지에 해당하고 피공탁자를 가처분채무자 또는 가처분채권자로 하는 상대적 불확지 변제공탁을 할 수 있다.

② 한편 사해행위취소에 따른 원상회복청구권을 피보전권리로 한 채권처분금지가처분결정이 제3채무자에게 송달된 경우 그 가처분권자는 채무자에 대한 채권자의 지위에 있을 뿐 채권이 가처분권자 자신에게 귀속한다고 다투는 경우가 아니므로 제3채무자는 수령불능을 공탁원인으로 하여 피공탁자를 가처분채무자로 하는 확지공탁을 하되, 위 가처분에 관한 사항을 공탁원인사실란에 기재하여야 할 것이며, 이때 가처분의 효력은 가처분채무자의 공탁금 출급청구권에 대하여 존속한다. 따라서 채권양도가 사해행위임을 이유로 채권자취소소송이 제기 중이거나 사해행위취소로 인한 원상회복청구권을 피보전권리로 하는 가처분이 있다는 사정은 양도된 채권에 대하여 권리의 귀속을 다투는 경우에 해당하지 않으므로 민법 제487조 후단 채권자 불확지 사유에 해당하지 않는다.

(3) 그 밖의 경우

① 공탁자가 지급하여야 할 보상금의 총액은 확정되어 있으나 보상금수령권자가 불분명할 뿐만 아니라 그 배분 금액도 다투는 경우에는 다투는 자 전원을 피공탁자로 지정하여 채권자 불확지공탁을 할 수 있다.

② 금융실명거래 및 비밀보장에 관한 법률 제3조 제5항에 의하면 실명이 확인된 계좌에 보유하고 있는 금융자산은 명의자의 소유로 추정한다고 규정하고 있다. 따라서 예금계약의 출연자와 예금명의자가 서로 다르고 금융실명거래 및 비밀보장에 관한 법률에 따라 실명확인 절차를 거쳐 예금계약을 체결하고 그 실명확인 사실이 예금계약서 등에 명확히 기재되어 있는 경우에는 금융기관과 출연자 등의 사이에서 예금명의자와의 예금계약을 부정하여 예금명의자의 예금반환청구권을 배제하고 출연자 등과 예금계약을 체결하여 출연자 등에게 예금반환청구권을 귀속시키겠다는 명확한 의사의 합치가 있는 극히 예외적인 경우가 아닌 한 예금명의자를 예금계약의 당사자, 즉 예금반환청구권자로 보아야 한다. 한편 양자 모두 예금채권에 관한 권리를 적극 주장하고 있는 경우로써 금융기관이 그 예금의 지급 시는 물론 예금계약

성립 시의 사정까지 모두 고려하여 선량한 관리자로서의 주의의무를 다하여도 어느 쪽이 진정한 예금주인지에 관하여 사실상 혹은 법률상 의문이 제기될 여지가 충분히 있다고 인정되는 예외적인 경우에 채권자 불확지가 인정될 수도 있다.

③ 예금주가 사망했을 때 금융기관이 그 상속인을 확인하기 위하여 선량한 관리자로서의 주의의무를 다하여도 상속인의 전부 또는 일부를 알 수 없는 경우에는 채권자 불확지에 해당된다.

④ 채권자인 예금주가 사망한 후 상속인 중의 일부가 은행을 상대로 자신의 상속지분에 상당하는 돈의 지급을 구하는 소를 제기한 데 대하여 다른 상속인이 '자신에게 기여분이 있고, 망인이 상속인 중 망인의 처와 자신에게 대부분의 재산을 상속시킨다는 취지의 유언공정증서를 남겼다'는 등의 이유로 위 돈의 지급을 하지 말 것을 은행에 요구하고 있는 경우, 채무자인 은행은 상속인들을 피공탁자로 지정하고 그 상속지분을 알 수 없는 이유를 공탁원인사실에 구체적으로 기재하여 채권자 불확지 변제공탁을 할 수 있다.

3. 변제공탁의 내용

가. 일부 공탁

1) 의의

① 채무자가 변제공탁에 의하여 그 채무를 면하려면 채무액 전부를 공탁하여야 하므로 일부의 공탁은 일부의 채무이행이 유효하다고 인정될 수 있는 특별한 사정이 있는 경우를 제외하고는 채권자가 이를 수락하지 않는 한 그에 상응하는 효력을 발생할 수 없다. 따라서 채무자는 채무의 일부소멸의 효과도 주장할 수 없다. 그러나 채권자에 대한 변제자의 공탁금액이 채무의 총액에 비하여 아주 근소하게 부족한 경우에는 해당 변제공탁은 신의칙상 유효한 것이라고 보아야 한다.

② 일부 공탁이 유효한 경우에는 공탁서상의 공탁원인사실란에 그 일부 공탁이 유효할 수 있는 근거를 기재하여야 하나 그에 대한 소명자료까지 첨부할 필요는 없다.

③ 채무금액에 다툼이 있는 채권에 관하여 채무자가 채무 전액의 변제임을 공탁원인 중에 밝히고 공탁한 경우에 채권자가 그 공탁금을 수령할 때 채권의 일부로써 수령한다는 등 별단의 이의유보 의사표시를 하지 않은 이상 채권 전액에 대한 변제공탁의 효력이 인정된다. 그러나 채권자가 공탁금을 채권의 일부에 충당한다는 이의유보의 의사표시를 하고 이를 수령한 때에는 그 공탁금은 채권의 일부의 변제에 충당된다.

④ 한편 부동산강제경매절차 진행 중 채무자가 집행권원상 대여금부를 변제공탁을 하고 채권자가 대여금 원금이 아닌 이자의 일부 변제에 충당한다는 취지의 이의를 유보하고 공탁금을 수령한 경우 위 공탁금은 법정충당의 순서에 따라 부동산강제경매절차의 진행으로 발생한 집행비용과 대여금의 이자의 일부 변제에 충당되었다고 할 것이고, 집행권원상 대여금 원금 채권은 위 변제공탁으로 인하여 소멸하였다고 볼 수 없다.

⑤ 채무자가 채무액의 일부만을 변제공탁하였으나 그 후 부족분을 추가로 공탁하였다면 그때부터는 채무액 전액에 대하여 유효한 공탁이 이루어진 것으로 볼 수 있다. 이 경우 채권자가

공탁물 수령의 의사표시를 하기 전이라면 추가공탁을 하면서 제1차 공탁 시에 지정된 공탁의 목적인 채무의 내용을 변경하는 것도 허용된다.

2) 구체적 사례

① 원금 이외에 이자, 지연손해금, 비용 등이 발생한 경우에는 이들 모두를 포함한 금액을 공탁하여야 유효한 공탁이 된다. 이 경우 지연손해금은 변제기 다음 날부터 유효한 변제제공일까지 계산한 금액으로 한다.

② 임대차보증금은 임료채무, 목적물의 멸실·훼손 등으로 인한 손해배상채무 등 임대차관계에 따른 임차인의 모든 채무를 담보하는 것으로써 그 피담보채무 상당액은 임대차관계의 종료 후 목적물이 반환될 때에 특별한 사정이 없는 한 별도의 의사표시 없이 보증금에서 당연히 공제된다. 임대차관계가 종료되는 경우에 그 임대차보증금 중에서 목적물을 반환받을 때까지 생긴 연체차임 등 임대차관계에서 당연히 발생하는 모든 채무를 공제한 나머지 금액에 대한 변제공탁은 유효하다.

③ 매월 말에 차임을 지급하기로 약정한 경우에 비록 수개월분의 차임이 연체되어 있더라도 차임지급채무는 매월 사용·수익의 대가로 부담하는 것이므로 그중 1개월분의 차임 및 지연손해금의 변제공탁은 채무의 내용에 따른 변제공탁으로써 유효하다.

④ 경매부동산을 매수한 제3취득자가 그 부동산으로 담보하는 채권최고액과 경매비용을 변제공탁한 경우 그 변제공탁은 유효하다.

⑤ 근저당권의 피담보채무에 관하여 전액이 아닌 일부에 대하여 공탁한 이상 그 피담보채무가 계속적인 금전거래에서 발생하는 다수 채무의 집합체라고 하더라도 공탁금액에 상응하는 범위에서 채무소멸의 효과가 발생하는 것은 아니다.

⑥ 채무자의 채무액이 근저당 채권최고액을 초과하는 경우에 채무자 겸 근저당권설정자가 그 채무의 일부인 채권최고액과 지연손해금 및 집행비용만을 변제공탁하였다면 일부 공탁에 해당되어 그 변제공탁은 원칙적으로 무효이다.

⑦ 법정해제의 경우 당사자 일방이 그 수령한 금전을 반환함에 있어 그 받은 때로부터 법정이자를 부가함을 요하는 것은 민법 제548조 제2항이 규정하는 바로써, 이는 원상회복의 범위에 속하는 것이므로 부동산 매매계약이 해제된 경우 매도인의 매매대금 반환의무와 매수인의 소유권이전등기말소등기절차 이행의무가 동시이행의 관계에 있는지 여부와는 관계없이 매도인이 반환하여야 할 매매대금에 대하여는 그 받은 날로부터 민법이 정한 법정이율인 연 5푼의 비율에 의한 법정이자를 부가하여 지급하여야 한다.

나. 반대급부 조건부 공탁

1) 의의

① 변제공탁의 목적인 채무가 조건 없는 채무인 경우에는 그 변제공탁도 무조건적으로 하여야 한다. 채무자(공탁자)가 채권자(피공탁자)에 대하여 선이행 또는 동시이행의 항변권을 가지는 경우에만 채권자의 반대급부의 이행을 공탁물 수령의 조건으로 하여 공탁을 할 수 있다.

이 경우 채무자인 공탁자는 공탁서에 반대급부의 내용을 기재하여야 한다. 이에 반해 본래의 채권에 부착하고 있지 않은 조건을 붙여서 한 공탁은 채권자가 이를 수락하지 않는 한 조건뿐만 아니라 공탁 그 자체가 무효로 된다.

② 그러나 반대급부 조건부 변제공탁이 부적법하다 할지라도 공탁자가 그 부적법한 조건을 철회하는 공탁서 정정신청을 하고 공탁관이 이를 인가하여 공탁물수령자가 이와 같은 사실을 알았다면 적법한 공탁이라 할 수 있다. 다만 이 경우 그 변제공탁은 인가결정 시부터 반대급부 조건이 없는 변제공탁으로서의 효력을 갖는 것으로써 그 효력이 당초의 변제공탁 시로 소급하는 것은 아니다.

③ 또한 부당한 반대급부 조건을 붙여서 한 변제공탁이라 할지라도 그 반대급부 조건이 이미 성취되어 공탁물 수령에 아무런 지장이 없으면 그 공탁은 유효한 것으로 된다.

④ 한편 공탁서 공탁원인사실란의 말미에 '공탁물수령자는 민법 제482조에 의하여 공탁자에게 별지 목록 부동산에 대한 1번 근저당권에 대한 대위의 부기등기를 해 주시고, 아울러 민법 제484조에 의한 채권에 관한 증서를 교부하여 주시기 바랍니다.'라고 기재하고 있을 뿐이고, 공탁서의 반대급부내용란에는 아무런 기재도 하지 아니한 사안에서 공탁서의 기재 내용으로 보아 채권자가 공탁물을 수령함에 있어 반대급부로써 이행할 조건을 기재한 것이 아니라 단지 채권자가 공탁물을 수령한 후 변제자에게 이행하여야 할 의무의 내용을 미리 환기시키면서 그 협조를 구하는 내용에 불과하므로 조건부 변제공탁이 아니므로 유효한 변제공탁이 된다.

⑤ 부당한 반대급부 조건을 붙여 한 공탁신청이 수리되어 공탁금이 납입된 상태에서 공탁관은 공탁자로 하여금 공탁물을 회수하여 조건 없는 공탁을 하거나 반대급부 조건을 철회하는 공탁서정정신청을 하도록 할 권한이나 의무는 없다.

2) 반대급부 조건부 공탁이 유효한 경우

① 부동산매매 시 매수인의 잔대금지급채무와 매도인의 소유권이전등기절차이행채무는 특약이 없는 한 동시이행관계에 있으므로 매수인이 잔대금을 변제공탁하면서 소유권이전등기에 필요한 일체 서류의 교부를 반대급부 조건으로 한 것은 유효하다.

② 소유권 이외의 권리관계가 없는 부동산에 대하여 매매계약을 체결하고 계약금과 중도금까지 이행된 후 잔대금 지급기일 전에 목적 부동산 위에 근저당권설정등기 및 압류등기가 이루어진 경우에는 특약이 없는 한 매수인의 잔대금 지급의무와 매도인의 기타권리등기의 말소의무와는 동시이행관계에 있으므로 매수인이 잔대금을 변제공탁하면서 소유권 이외의 권리 일체를 말소할 것을 반대급부 조건으로 하는 것은 유효하다.

③ 채무의 이행확보를 위하여 어음을 발행한 경우 그 채무의 이행과 어음의 반환은 동시이행관계에 있으므로 그 채무를 변제공탁하면서 어음의 반환을 반대급부 조건으로 한 것은 유효하다.

④ 전세권자의 전세목적물 인도의무 및 전세권설정등기말소 이행의무와 전세설정권자의 전세금 반환의무는 서로 동시이행의 관계에 있기 때문에 전세권설정자가 전세금을 공탁하면서 전세권말소를 반대급부 조건으로 한 것은 유효하다.

3) 반대급부 조건부 공탁이 무효인 경우

① 근저당권의 피담보채무를 변제공탁하면서 근저당권설정등기의 말소에 필요한 일체 서류의 교부를 반대급부 조건으로 한 경우 특약이 없는 한 그 공탁은 무효이다.

② 채무의 담보를 위하여 가등기 및 그 가등기에 기한 본등기가 경료된 경우에 채무자가 변제공탁을 하면서 가등기 및 본등기의 말소를 반대급부 조건으로 하였다면 그 공탁은 무효이다.

③ 사업시행자가 토지보상법 제40조 제2항에 의하여 수용보상금의 공탁을 하면서 매매계약서, 등기필증 또는 등기필정보, 인감증명서, 주민등록표초본, 부동산등기사항증명서(소유권이 사업시행자 앞으로 이전되고 소유권 이외의 권리 일체가 말소된 것)를 반대급부 조건으로 한 경우 그 공탁은 무효이다.

④ 채무자가 근저당권의 피담보채무의 변제공탁을 하면서 경매신청취하와 근저당권설정등기 말소의 선이행을 반대급부 조건으로 한 경우 그 공탁은 무효이다.

⑤ 건물명도와 동시이행관계에 있는 임차보증금의 변제공탁을 하면서 건물을 명도하였다는 확인서를 첨부할 것을 반대급부 조건으로 붙인 경우 그 변제공탁은 명도의 선이행을 조건으로 한 것이라고 볼 수밖에 없으므로 무효이다. 다만 건물명도와 임차보증금반환채무는 동시이행관계에 있으므로 '건물을 명도하였다는 확인서'만을 반대급부 조건으로 하여 변제공탁하는 것은 불가능하지만, '건물명도'를 반대급부 조건으로 한 변제공탁은 할 수 있다.

⑥ 임대인의 임대차보증금 반환의무와 임차인의 주택임대차보호법 제3조의3에 의한 임차권등기말소의무가 동시이행관계에 있는 것은 아니므로, 임차보증금을 변제공탁하면서 주택임대차보호법 제3조의3에 의한 임차권등기말소를 반대급부 조건으로 공탁할 수 없다.

⑦ 채무자가 채권 전부를 변제한 때에는 채권자에게 채권증서의 반환을 청구할 수 있으나(민법 제475조) 영수증 교부와는 달리 변제와 동시이행의 관계에 있는 것이 아니므로 채권증서의 반환을 반대급부 조건으로 공탁할 수는 없다.

04 절 변제공탁의 효과

1. 채무의 소멸

① 변제공탁을 하면 변제가 있었던 것처럼 채무가 소멸되고 그 이자의 발생도 정지된다. 이러한 채무소멸의 효과는 공탁관이 공탁을 수리하고 공탁자가 공탁물보관자에게 공탁물을 납입한 때에 발생하는 것이지 피공탁자에 대한 공탁통지나 피공탁자의 수익의 의사표시가 있는 때에 공탁의 효력이 생기는 것은 아니다.

② 변제공탁의 성립에 의하여 채권은 소멸하지만 공탁자가 공탁물을 회수하면 공탁 시에 소급해서 채무소멸의 효과가 발생하지 않는 것으로 본다[해제조건설(판례)].

③ 변제공탁이 적법한 경우에는 채권자가 출급청구를 하였는지 여부와는 관계없이 그 공탁을 한 때에 변제의 효력이 발생한다고 할 것이고, 그 후 채권자인 공탁자가 공탁물 출급청구권에 대하여 가압류 집행을 하였더라도 그 변제의 효력에 영향을 미치지 아니한다.

2. 담보의 소멸

변제공탁이 성립하면 채무가 소멸하므로 그 채무에 수반된 물적담보(질권, 저당권 등)나 인적담보(보증채무 등)도 변제공탁의 성립으로 당연히 소멸한다. 그리고 변제공탁으로 인하여 질권·저당권이 소멸하는 때에는 공탁자는 민법 제489조에 의한 공탁물 회수청구를 할 수 없다.

3. 공탁물 지급청구권의 발생

① 변제공탁으로 피공탁자는 공탁소에 대하여 공탁물 출급청구권을 취득하고, 공탁자는 공탁물 회수청구권을 취득한다.

② 피공탁자의 공탁물 출급청구권은 본래의 채권에 갈음하는 권리로서 그 권리의 성질과 범위는 본래의 채권과 동일한 것이라고 할 것이므로, 본래의 채권이 압류금지채권이라면 그 공탁물 출급청구권도 압류금지채권으로 된다.

4. 공탁물 소유권의 이전

① 공탁물이 금전 기타 소비물인 경우에는 소비임치가 성립하므로, 공탁물의 소유권은 공탁 성립 시에는 일단 공탁소가 취득하였다가 그 후에 피공탁자가 공탁소로부터 동종, 동질, 동량의 물건을 수령한 때에 비로소 피공탁자가 공탁물의 소유권을 취득한다.

② 그러나 공탁물이 특정물(동산)인 경우에는 공탁소가 공탁물의 소유권을 취득하는 것이 아니라 공탁자로부터 피공탁자에게로 직접 공탁물의 소유권이 이전된다고 보아야 하므로, 그 소유권의 이전시기는 물권변동의 효력발생시기에 관한 일반원칙에 따라야 한다는 것이 통설이다. 즉 공탁소로부터 피공탁자가 목적물을 인도받은 때에 소유권이 이전된다고 본다.

③ 그리고 공탁물이 부동산인 경우에는 등기를 갖춘 때에 소유권이 이전되지만, 실무는 부동산 공탁을 인정하지 않고 있다.

05 절 변제공탁의 지급

1. 변제공탁물의 출급

가. 출급청구권자

1) 피공탁자

① 채무자가 확정판결에 따라 갑과 을을 피공탁자(지분 각 1/2)로 하여 판결에서 명한 금액을 변제공탁한 경우 갑과 을은 각자의 위 공탁금 1/2 지분에 해당하는 공탁금을 출급청구할 수 있을 뿐이고, 각자의 지분을 초과하는 지분에 대하여는 갑과 을이 피공탁자로 지정되어 있지 않으므로 초과지분에 대하여는 상대방을 상대로 공탁금 출급청구권의 확인을 구할 수 없다. 이 경우 실체법상의 채권자는 피공탁자로부터 공탁물 출급청구권을 양도받아야 공탁물을 출급청구할 수 있다.

② 가분채권은 원칙적으로 각 채권자별로 그 채무이행지 공탁소에 공탁하여야 하나, 공탁원인과 공탁소가 동일한 경우에는 1건의 공탁으로 할 수 있고, 이 경우에는 각 채권자가 자기 지분만을 출급청구할 수 있다. 따라서 수용보상금을 공탁하면서 수용대상토지의 공유자 전원을 피공탁자로 한 경우 그 수용보상금을 가분채권으로 보아 공유자 각자가 자기의 등기부상 지분에 해당하는 공탁금을 출급청구할 수 있다.

③ 그러나 불가분채권의 목적물은 채권자 전원을 위하여 채무이행지 중 한 곳에 공탁하고, 공탁된 후에는 수인의 피공탁자 전원이 함께 공탁물을 출급청구해야 한다.

▶ 실체법상 불가분채권자 1인이 모든 채권자를 위하여 단독으로 이행을 청구할 수 있더라도 채무자인 공탁자가 변제공탁을 하면서 공탁서에 불가분채권자 2인을 피공탁자로 기재하였다면 비록 피공탁자 중 1인이 공탁자의 출급동의서를 첨부하였더라도 단독으로 공탁금 출급청구를 할 수 없고, 피공탁자 전원이 함께 청구하거나 피공탁자 1인이 나머지 피공탁자의 위임을 받아 청구해야 한다.

▶ 조합재산을 토지보상법에 의하여 수용하고 그 보상금을 공탁하면서 합유자인 조합원 전체를 피공탁자로 한 경우에는 조합원의 지분을 특정하였더라도 그 보상금은 조합원 전체의 합유이므로, 위 공탁금을 출급청구함에 있어서는 조합원 전원의 청구에 의하여야 한다.

▶ 채권자가 사망하고 과실 없이 상속인을 알 수 없는 경우 채무자는 민법 제487조 후문에 따라 변제공탁을 할 수 있다. 그런데 공탁관이 가족관계증명서, 제적등본 등 첨부서류만으로는 출급청구인이 진정한 상속인인지 심사할 수 없다는 이유로 공탁물 출급청구를 불수리한 경우 정당한 공탁물 수령권자는 공탁자를 상대방(피고)으로 하여 공탁물 출급청구권의 확인을 구하는 소송을 제기할 이익이 있다.

2) 피공탁자의 승계인

피공탁자로부터 출급청구권을 상속, 양도 전부명령 기타 원인으로 승계받은 자는 그 승계사실을 증명하는 서면을 첨부하여 피공탁자의 승계인으로서 공탁물 출급청구권을 행사할 수 있다.

▶ 추심채권자가 집행채권을 제3자에게 양도한 경우 해당 추심채권자로서의 지위도 집행채권의 양도에 수반하여 양수인에게 이전되므로, 집행채권의 양수인은 다시 국가를 제3채무자로 하여 압류 및 추심명령을 받을 필요가 없다.

▶ 채권자가 집행권원에 기하여 채권압류 및 추심명령을 받은 후 그 집행권원상의 채권을 양도하였다고 하더라도 양수인은 승계집행문을 부여받음으로써 비로소 집행채권자로 확정되는 것이므로, 양수인이 기존집행권원에 대하여 승계집행문을 부여받지 않았다면, 양도인이 여전히 집행채권자의 지위에서 압류채권을 추심하거나 압류명령 신청을 취하할 수 있다.

나. 출급청구권의 행사

1) 출급청구권 증명서면

① 공탁물을 출급하기 위해서는 출급청구권 증명서면을 첨부하여야 하지만, 공탁서의 기재에 의하여 출급청구권이 있는 사실이 명백한 경우에는 출급청구권 증명서면의 제출이 면제된다.

② 한편 형사공탁의 경우 피공탁자가 공탁물을 출급청구하기 위해서는 동일인 확인에 필요한 증명서 제출을 요한다. 구체적으로 공탁물 수령을 위한 피공탁자 동일인 확인은 사건번호, 공탁소, 공탁번호, 공탁물, 피공탁자의 성명·주민등록번호, 그 밖에 동일인 확인을 위하여 필요한 사항이 기재된 법원이나 검찰이 발급한 증명서에 의한다.

(1) 확지 변제공탁

피공탁자를 확정적으로 지정한 일반적인 변제공탁의 경우에는 공탁서나 공탁통지서의 기재 자체에 의하여 출급청구권자와 출급청구권의 발생 및 그 범위를 대부분 알 수 있으므로 원칙적으로 별도의 출급청구권 증명서면은 제출할 필요가 없다.

(2) 상대적 불확지 변제공탁

① 상대적 불확지 변제공탁의 경우에는 공탁서만으로는 피공탁자가 특정되지 않으므로, 출급청구를 하려는 자는 자기가 피공탁자임을 증명하는 서면을 첨부하여야 한다.

② 피공탁자 전원이 공동으로 출급청구하는 경우에는 출급청구서의 기재에 의하여 상호승낙이 있는 것으로 볼 수 있으므로, 별도의 출급청구권 증명서면을 제출할 필요가 없다.

③ 사해행위취소 및 가액배상을 구하는 소송을 제기한 수인의 취소채권자들 중 누구에게 가액배상금을 지급하여야 하는지 알 수 없다는 이유로 채권자들의 청구금액 중 판결 또는 화해권고결정 등에 의하여 가장 다액으로 확정된 금액 상당을 공탁금액으로 하고 그 취소채권자 전부를 피공탁자로 하여 수익자가 공탁자로서 상대적 불확지공탁을 한 경우 피공탁자 각자는 공탁서의 기재에 따라 각자의 소송에서 확정된 판결 등에서 인정된 가액배상금의 비율에 따라 공탁금을 출급청구할 수 있다.

④ 피공탁자 사이에 권리의 귀속에 관하여 분쟁이 없는 경우에는 다른 피공탁자의 승낙서 또는 협의성립서(모두 인감증명서 첨부)를 첨부하여 출급청구할 수 있다.

⑤ 피공탁자들 사이에 권리의 귀속에 관하여 분쟁이 있는 경우에는 일방의 피공탁자가 다른 피공탁자 전원을 상대로 한 공탁물 출급청구권 확인판결정본 및 확정증명(조정조서, 화해조서 포함)을 첨부하여 출급청구할 수 있다.

⑥ 공탁자의 승낙서나 공탁자 또는 국가를 상대로 한 공탁물출급청구권 확인판결 등은 출급청구권 증명서면으로 볼 수 없다.

  ▶ 상대적 불확지 변제공탁의 피공탁자 중 1인을 채무자로 하여 그의 공탁물 출급청구권에 대하여 채권압류 및 추심명령을 받은 추심채권자는 공탁물을 출급하기 위하여 자기의 이름으로 다른 피공탁자를 상대로 공탁물 출급청구권이 추심채권자의 채무자에게 있음을 확인한다는 확인의 소를 제기할 수 있다.

  ▶ 피공탁자가 아닌 제3자가 피공탁자를 상대로 하여 공탁물 출급청구권 확인판결을 받았더라도 그 확인판결을 받은 제3자가 직접 공탁물 출급청구를 할 수 없으므로, 피공탁자 중 1인을 채무자로 하여 그의 공탁물 출급청구권에 대하여 채권압류 및 추심명령을 받은 추심채권자라는 등의 특별한 사정이 없는 한 피공탁자가 아닌 제3자는 피공탁자를 상대로 하여 공탁물 출급청구권의 확인을 구할 이익이 없다.

⑦ 수용대상토지에 소유권등기말소청구권을 피보전권리로 한 처분금지가처분등기가 되어 있어 사업시행자가 피공탁자를 '가처분채권자 또는 토지소유자'로 하는 상대적 불확지공탁을 한 경우 가처분채권자가 토지소유자를 상대로 제기한 소유권이전등기말소청구의 소에서 패소확정의 본안판결을 받았거나 상속회복청구권의 제척기간 도과를 이유로 소각하판결이 확정되었다면 토지소유자는 그 확정판결을 출급청구권 증명서면으로 하여 공탁금 출급청구를 할 수 있다.

⑧ 수용보상금을 공탁하면서 피공탁자를 甲과 乙로 하였는데, 甲이 수용대상토지가 甲의 단독 소유임을 증명하는 서류를 첨부하여 단독으로 공탁물 출급청구를 할 수는 없다.

(3) 절대적 불확지 변제공탁

채권자가 누구인지 전혀 알 수 없어 절대적 불확지 변제공탁을 한 경우에 공탁자가 나중에 피공탁자를 알게 된 때에는 그를 피공탁자로 지정하는 공탁서 정정신청을 하도록 하여 피공탁자로 하여금 공탁물을 출급청구하게 할 수 있다. 공탁자가 이에 응하지 않을 경우에는 공탁자를 상대로 하여 공탁물에 대한 출급청구권이 자기에게 있다는 확인판결(화해, 조정조서 등)을 받은 자가 그 판결정본 및 확정증명서를 출급청구권을 증명하는 서면으로 첨부하여 공탁물을 직접 출급청구할 수 있다.

2) 반대급부이행 증명서면

(1) 의의

① 반대급부의 내용이 공탁서에 기재된 때는 피공탁자는 반대급부가 있었음을 증명하는 서면을 첨부해야 공탁물을 수령할 수 있게 된다.

② 부당한 반대급부조건을 붙인 변제공탁은 채권자가 이를 수락하지 않는 한 무효의 공탁이지만, 피공탁자가 위 조건을 수락하여 공탁물의 출급을 받으려고 한다면 먼저 반대급부조건을 이행하고 반대급부조건을 이행하였음을 증명하는 서면을 첨부하여야 한다.

③ 또한, 반대급부의 이행은 공탁서에 기재된 내용대로 이행하여야지(공탁자에게 '검인계약서'를 교부 또는 공탁) 그 사본으로 대신할 수는 없다.

(2) 반대급부이행의 상대방

① 반대급부이행의 상대방은 채무자(공탁자)이고, 공탁물 출급청구서에 반대급부이행 증명서면을 첨부하도록 되어 있으므로 반대급부의 목적물을 직접 공탁관에게 이행할 수는 없다.

② 다만, 공탁물을 수령하려고 하는 사람이 공탁자에게 공탁서에 기재된 반대급부의 이행을 제공하였으나 공탁자가 그 수령을 거절하는 때에는 그 반대급부를 변제공탁하고 공탁관으로부터 교부받은 공탁서를 반대급부가 있었음을 증명하는 공증서면으로 첨부하여 공탁물 출급청구를 할 수 있다.

(3) 반대급부이행 증명서면

① 반대급부이행 증명서면으로 공탁자의 서면, 판결문, 공정증서, 그 밖의 관공서에서 작성한 공문서 등을 들 수 있다.

② 공탁자의 서면이란 반대급부를 수령하였다는 공탁자 작성의 반대급부 영수증 또는 반대급부 채권 포기서·면제서 등을 말한다. 인감을 찍고 인감증명서를 첨부하여야 한다.

③ 판결문이란 반대급부의 이행사실이나 반대급부채권의 포기 또는 면제가 판결의 주문 또는 이유 중에 명백히 기재된 재판서 등을 말한다. 확인판결, 이행판결, 형성판결을 불문하나 확정되었음을 요하므로 미확정의 가집행선고부 판결은 해당되지 않는다.

　▶ 공탁자가 공탁물수령자로부터 공탁자 앞으로의 소유권이전등기에 필요한 서류인 등기필증, 매매계약서, 인감증명서 등의 서류를 공탁자에게 교부하라는 반대급부조건을 붙여 변제공탁한 후, 이와는 별도로 같은 부동산에 관한 소유권이전등기절차이행의 소를 제기하여 승소확정판결을 받은 경우 비록 위 판결에 기하여 앞서 반대급부조건으로 요구한 각 서류 없이 강제집행의 방법으로 그 부동산에 관한 공탁자 명의의 소유권이전등기를 필할 수 있게 되었다 하더라도 위 판결을 반대급부이행 증명서면으로 볼 수는 없다. 그러나 공탁자가 위 판결에 기하여 그 부동산에 대하여 이미 소유권이전등기를 마친 경우에는 그 소유권이전등기가 경료된 부동산 등기사항증명서는 반대급부이행 증명서면으로 볼 수 있을 것이다.

④ 공정증서란 반대급부의 이행사실이나 반대급부채권의 포기 또는 면제 등이 기재된 공증인이나 공증인가 합동법률사무소 또는 법무법인에서 작성한 문서를 말한다.

⑤ 그 밖의 관공서에서 작성한 공문서 등이란 공문서 또는 관공서가 사문서에 내용의 진정을 증명한 서면을 말한다. 반대급부 목적물을 내용증명 및 배달증명 우편으로 발송한 경우의 내용증명 및 배달증명, 반대급부 목적물을 변제공탁한 경우의 물품공탁서 등이 이에 해당된다. 또한, 건물명도나 철거 등을 반대급부내용으로 하여 공탁한 경우 공탁자의 강제집행신청으로 건물명도나 철거 등의 사실이 기재된 집행관 작성의 부동산명도집행조서도 기타 공증서면에 해당된다.

⑥ 그러나 공탁서에 기재된 공탁으로 인하여 소멸할 질권, 저당권, 전세권의 표시는 반대급부조건이 아니므로 그 등기의 말소를 증명하는 서면을 첨부할 필요는 없다.

3) 이의유보부 출급(이의유보 의사표시)

(1) 의의

① 공탁물의 수령에 관한 이의유보의 의사표시는 변제공탁의 피공탁자가 공탁물 출급청구 시 공탁원인에 승복하여 공탁물을 수령하는 것이 아님을 분명히 함으로써 공탁한 취지대로 채무소멸의 효과가 발생함을 방지하고자 하는 의사표시이다.

② 그러나 이의유보의 의사표시는 채권의 성질에 다툼이 있는 경우에는 할 수 없으므로, 차임으로 변제공탁한 것을 손해배상금으로 출급한다는 이의를 유보하고 공탁물을 출급하는 것은 허용되지 않는다. 예컨대, 채권자가 채무액뿐만 아니라 공탁원인인 부당이득반환채무금과 다른 손해배상채무금으로서 공탁금을 수령한다는 이의를 유보하고 공탁물을 수령한 경우에는 채무자의 공탁원인인 부당이득반환채무의 일부소멸의 효과는 발생하지 않고, 또한 이의유보의 취지대로 손해배상채무의 일부변제로서 유효하다고 할 수도 없다. 따라서 채권자의 공탁금 수령은 법률상 원인 없는 것이 되고 이로 인하여 채무자는 위 공탁금을 회수할 수도 없게 됨으로써 동액상당의 손해를 입었다 할 것이므로 채권자는 채무자에게 출급한 공탁금을 반환하여야 한다.

(2) 당사자

① 이의유보의 의사표시를 할 수 있는 자는 원칙적으로 변제공탁의 피공탁자나, 공탁물 출급청구권에 대한 양수인, 전부채권자, 추심채권자, 채권자대위권을 행사하는 일반채권자도 이의유보의 의사표시를 할 수 있다. 그러나 공탁물 출급청구권의 압류 또는 가압류채권자는 해당 공탁물 출급청구권의 처분권한을 갖지 못하므로 채권자대위에 의하지 않는 한 이의유보의 의사표시를 할 수는 없다.

② 이의유보 의사표시의 상대방은 반드시 공탁관에 국한할 필요가 없고 공탁자에 대하여도 할 수 있다.

③ 한국토지주택공사의 사장이 정관으로 정한 바에 따라 선임하는 직원은 공사의 대리인으로서 공사의 공무수행에 필요한 재판상 또는 재판 외의 모든 행위를 할 수 있는 권한을 갖고 있으므로 이의유보 의사표시의 상대방이 될 수 있으나, 보훈병원의 토지수용담당 주무과장은 원칙적으로 이의유보 의사표시의 상대방이 될 수 없다.

(3) 이의유보 의사표시의 방법

공탁관에게 이의유보 의사표시를 하려면 공탁물 출급청구서의 '청구 및 이의유보사유'란에 이의유보의 취지를 기재하면 되고, 공탁자에게 이의유보 의사표시를 하려면 공탁자에게 이의유보의 취지를 통지한 후 그 서면을 공탁물 출급청구서에 첨부하면 된다.

(4) 이의유보 의사표시의 효과

① 채권액에 다툼이 있는 채권에 대하여 채무자가 채무 전액의 변제임을 공탁원인 중에 밝히고 공탁한 경우 피공탁자가 그 공탁금을 수령할 때 채권의 일부로서 수령한다는 이의를 유보하고 공탁물을 출급받는다면 이러한 이의유보부 출급으로 채권자는 그 나머지 잔액에 대하여도

다시 청구할 수 있으나, 피공탁자가 아무런 이의유보의 의사표시 없이 공탁물을 출급받은 때에는 공탁서에 기재된 공탁원인을 승낙하는 효과가 발생하여 채무 전액에 대한 변제의 효과가 발생한다.

② 따라서 채권자가 아무런 이의 없이 공탁금을 수령하였다면 이는 공탁의 취지에 의하여 수령한 것이 되어 그에 따른 법률효과가 발생하는 것이므로, 채무자가 변제충당할 채무를 지정하여 공탁한 것을 채권자가 아무런 이의 없이 수령하였다면 그 공탁의 취지에 따라 변제충당된다.

③ 또한, 공탁자가 공탁원인으로 들고 있는 사유가 법률상 효력이 없는 것이어서 공탁이 부적법하다고 하더라도, 피공탁자가 그 공탁물을 수령하면서 아무런 이의도 유보하지 아니하였다면, 특별한 사정이 없는 한 공탁자가 주장한 공탁원인을 수락한 것으로 보아 공탁자가 공탁원인으로 주장하는 대로 법률효과(매매계약 해제)가 발생한다.

④ 매도인이 매수인의 채무불이행을 이유로 매매계약을 해제하면서 그가 받은 중도금을 변제공탁하였고 매수인이 이를 아무 이의 없이 수령하였다면 실제로 매수인의 채무불이행이 있었는지 여부를 불문하고 위 공탁사유취지, 즉 매수인의 잔대금채무불이행으로 인한 매도인의 해제의 법률효과가 발생한다.

(5) 묵시적 이의유보 의사표시

① 피공탁자가 그 공탁금을 수령하면서 공탁관이나 공탁자에게 채권의 일부로 수령한다는 등 이의유보의 의사표시를 한 바 없다면 피공탁자는 그 공탁의 취지에 따라 이를 수령하였다고 보아야 한다. 공탁금 수령 시 공탁자에 대한 이의유보의 의사표시는 반드시 명시적으로 해야 하는 것은 아니라고 해석되므로, 일정한 사정 아래서는 피공탁자가 위 공탁금을 수령함에 있어 이의 유보의 의사표시를 명시적으로 하지 않았다 하더라도 공탁자에 대하여 채권의 일부로 수령한다는 묵시적인 이의유보의 의사표시가 있었다고 보아야 한다.

② 묵시적 이의유보 의사표시를 부정한 사례

▶ 사업시행자가 토지보상법 제40조 제2항 제1호에 의하여 토지수용위원회가 재결한 토지수용보상금을 공탁한 경우에, 피공탁자인 토지소유자가 위 재결에 대하여 이의신청을 제기하거나 소송을 제기하고 있는 중이라고 할지라도 그 쟁송 중에 보상금 일부의 수령이라는 등 이의유보의 의사표시를 함이 없이 공탁금을 수령하였다면, 이는 종전의 수령거절 의사를 철회하고 재결에 승복하여 공탁한 취지대로 보상금 전액을 수령한 것이라고 볼 수밖에 없으며, 공탁금 수령 당시 이의신청이나 소송이 계속 중이라는 사실만으로 공탁금의 수령에 관한 이의유보의 의사표시가 있는 것과 같이 볼 수는 없다.

▶ 사업시행자가 토지보상법 제40조 제2항 제1호에 따라서 토지수용위원회가 재결한 토지수용보상금을 공탁한 경우, 피공탁자가 아무런 이의도 유보하지 아니한 채 공탁금을 수령하였다면 원재결에서 정한 보상금을 증액하기로 원재결을 변경한 이의신청의 재결에 대하여 피공탁자가 제기한 행정소송이 공탁금 수령 시 계속 중이었다는 사실만으로는 공탁금 수령에 관해 묵시적 이의유보 의사표시가 있었다고 볼 수 없다.

▶ 피공탁자가 수용재결에서 정한 손실보상금을 수령할 당시 이의유보의 뜻을 표시하였다 하더라도 이의재결에서 증액된 손실보상금을 수령하면서 이의유보의 뜻을 표시하지 아니한 이상 이의재결의 결과에 승복하여 수령한 것으로 보아야 하고, 추가보상금을 수령할 당시 이의재결을 다투는 행정소송이 계속 중이라는 사실만으로는 추가보상금의 수령에 관하여 이의유보의 의사표시가 있는 것과 같이 볼 수 없다.

③ 묵시적 이의유보 의사표시를 긍정한 사례

▶ 채권자가 제기한 대여금 청구소송에서 채무자와 채권자 사이에 이자의 약정 여부에 관하여 다툼이 있던 중 채무자가 채권자를 피공탁자로 하여 원금과 법정이율에 의한 이자를 변제 공탁하자 채권자가 그 공탁금을 원금과 약정이율에 따른 이자에 충당하는 방법으로 계산한 뒤 남은 금액을 청구금액으로 하여 청구취지를 감축하고 그 청구취지감축 및 원인변경신청 서가 채무자에게 송달된 후에 공탁금을 수령한 경우, 위 공탁금 수령 시 채권의 일부로 수령한다는 채권자의 묵시적인 이의유보의 의사표시가 있었다고 볼 것이다.

▶ 채권자가 1심에서 금 13,523,461원의 손해를 입었다고 주장하여 그중 금 9,697,704원을 인용하는 가집행선고부 일부승소판결이 선고되었는데, 채무자의 불복 항소로 사건이 3심에 계속 중일 때 채권자가 채무자가 공탁한 금 2,838,000원을 아무런 이의유보 의사표시를 하지 않은 채 수령하였고, 그 수령에 앞서 변호사를 선임하여 채무자의 항소를 다투어 왔으며, 공탁금 수령 즉시 제1심 판결에 기하여 금 9,697,704원을 청구금액으로 한 부동산 강제경 매신청을 하여 그 강제경매개시결정이 그 무렵 채무자에게 송달된 경우와 같은 사정 아래서 는 채권자가 위 공탁금을 수령함에 있어서 채무자에 대하여 채권의 일부로 수령한다는 묵시 적인 이의유보의 의사표시가 있었다고 보아야 한다.

2. 변제공탁의 회수

가. 의의

① 공탁자는 민법 제489조 제1항에 의한 경우 또는 착오로 공탁을 한 경우 및 공탁원인이 소멸한 경우에 공탁물을 회수할 수 있다.

② 민법 제489조 제1항에 의한 공탁물회수는 변제공탁의 특유한 회수사유이고, 착오나 공탁원 인소멸을 원인으로 한 공탁물회수는 공탁법상의 회수사유로서 제한규정이 없는 한 원칙적으로 모든 공탁의 회수사유이다.

나. 민법상의 회수

1) 의의

① 변제공탁자는 공탁으로 인하여 질권, 저당권 등이 소멸하지 않는 경우에 피공탁자가 공탁을 승인하거나 공탁소에 대하여 공탁물을 받기를 통고하거나 공탁유효판결이 확정되기까지는 공탁물을 회수할 수 있다. 별도 소명자료를 첨부하지 않아도 된다.

② 변제공탁의 자유로운 회수를 인정하는 이유가 공탁자에 의하여 공탁이 자발적으로 행하여진 다는 데 있으므로, 수용보상금 공탁의 경우처럼 토지보상법 제42조에 따라 공탁이 간접 강제 되는 경우에는 민법 제489조 제1항에 의한 자유로운 회수는 인정되지 아니한다.

2) 회수권의 제한
(1) 공탁금회수제한의 신고
① 공탁자는 공탁소에 대한 의사표시로 민법 제489조 제1항의 공탁물 회수청구권을 포기하거 나 제한할 수 있다.

② 공탁금회수제한신고를 하는 경우는 공탁자가 형사사건과 관련하여 손해배상 채무를 공탁할 때 이다. 불법행위로 인한 손해배상채무를 공탁할 때 공탁금회수제한신고가 강제되는 것은 아니 지만 채무자가 공탁사실을 형사재판에서 양형사유로 이용한 후 민법 제489조에 따라 자유롭게 공탁물을 회수함으로써 변제공탁제도를 악용하는 것을 방지하기 위하여 형사재판에서 공탁사 실을 양형에 참작함에 있어서는 공탁금회수제한신고가 되었는지 여부를 확인하고 있다.

③ 구체적인 방법은 공탁신청과 동시에 또는 공탁을 한 후에 '피공탁자의 동의가 없으면 특정 형사사건에 대하여, 불기소결정(단, 기소유예는 제외)이 있거나 무죄판결이 확정될 때까지, 회수청구권을 행사하지 않겠다'는 뜻을 기재한 금전공탁서(형사사건용) 또는 공탁금회수제한 신고서를 제출하는 방법에 의한다. 현재 시행 중인 행정예규 제1326호의 [제1-9호 양식] '금전 공탁서(형사사건용)'에는 회수제한신고에 관한 내용이 부동문자로 인쇄되어 있다.

④ 위 공탁금회수제한의 신고 서면이 제출된 경우에는 공탁자의 회수청구권에 관하여 압류통지 서가 접수된 경우에 준하여 처리한다.

(2) 공탁금회수제한신고서가 제출된 경우의 공탁금 회수청구
① 공탁금회수제한신고서가 제출된 경우 공탁자 또는 그 승계인이 공탁금의 회수를 청구하기 위해서는 그 회수제한신고서에 기재된 대로 회수청구의 조건이 구비되었음을 증명하는 서면 을 첨부하여야 한다.

② '특정 형사사건에 대하여 불기소결정이 있거나 무죄재판이 확정될 때까지 공탁금 회수청구권 을 행사하지 않겠다'는 취지의 공탁금 회수제한신고는 만약 유죄판결이 확정된다면 공탁금 회 수청구권을 행사하지 않겠다는, 즉 공탁금 회수청구권의 조건부 포기의 의사표시로 해석된다.

③ 형사재판과정에서 피공탁자가 한 공탁금수령거절의 의사표시는 공탁금 회수청구에 대한 동 의로 볼 수 없으므로, 공탁자는 피공탁자의 동의서를 첨부하지 않는 한 공탁금 회수청구를 할 수 없다고 할 것이다.

④ 또한, 형사사건과 관련하여 보상금이 변제공탁된 후 피공탁자가 공탁금회수동의서를 공탁소 에 제출한 경우에도 피공탁자의 공탁금 출급청구권에는 영향이 없으므로 공탁금이 회수되지 않은 상태라면 피공탁자는 출급청구할 수 있다.

⑤ 공탁자가 공탁소에 회수제한신고서를 제출하였으나, 변제공탁 후 공탁서 및 회수제한신고서 를 재판부에 제출하지 못한 경우라고 하더라도 가해자가 형사재판으로 유죄판결을 받아 확정 되었다면 피공탁자의 동의서를 첨부하지 않는 한 공탁금 회수청구를 할 수 없다.

⑥ 단지 착오로 공탁을 하거나 공탁원인이 소멸된 때에 한하여 공탁법 제9조 제2항의 규정에 의한 공탁금 회수청구를 할 수 있을 뿐이다. 공탁자는 유죄판결이 확정되더라도 착오로 공탁하거나 공탁원인이 소멸된 사실을 증명하면 공탁법 제9조 제2항의 규정에 의한 공탁금 회수청구를 할 수 있다. 그리고 피공탁자의 동의가 있다면 형사사건의 종결이나 결과 여부에 관계없이 공탁금의 회수가 가능하다.

3) 회수권의 소멸

(1) 공탁수락의 의사표시를 한 경우

① 의의
  ㉠ 공탁수락이란 변제공탁에 있어서 피공탁자가 공탁물의 출급청구 이전에 공탁물 출급청구권을 행사할 의사가 있음을 미리 표시하는 것을 말한다. 따라서 피공탁자가 변제공탁의 출급청구를 할 때 공탁물 출급청구서에 출급청구사유로써 기재하는 공탁수락('공탁을 수락하고 출급함')과는 구별된다. 그리고 민법 제489조 제1항은 '공탁을 승인한다' 또는 공탁소에 대하여 '공탁물을 받기를 통고한다'고 규정하고 있는데, 공탁법은 이를 '공탁수락'이라고 규정하고 있는 것이다.
  ㉡ 변제공탁의 공탁원인사실에 대하여 당사자 간에 다툼이 있다든지 또는 공탁물 출급청구 시 반대급부의 이행을 증명하여야 한다든지 하여 피공탁자가 바로 공탁물 출급청구권을 행사할 수 없는 사정이 있는 경우에 공탁물 출급청구권을 행사할 의사가 있음을 미리 표시함으로써 공탁자의 공탁물 회수청구권을 소멸시키는 데에 공탁수락을 인정하는 실익이 있다.

② 공탁수락의 의사표시를 할 수 있는 자
  ㉠ 공탁수락의 의사표시를 할 수 있는 자는 원칙적으로 피공탁자이다. 그러나 공탁물 출급청구권은 민법상 지명채권과 같이 채권양도의 목적이 되고 채권자대위의 목적이 되며 또 압류·가압류의 대상이 되기도 하므로, 이 경우에 공탁수락의 의사표시를 할 수 있는 자는 출급청구권의 양수인, 전부채권자, 추심채권자 및 채권자대위권을 행사하는 일반채권자이다.
  ㉡ 그러나 압류가압류채권자는 전부 또는 추심명령을 받지 않는 한 해당 청구권의 처분권한을 가지지 아니하므로 채권자대위에 의한 경우가 아니면 공탁수락의 의사표시를 할 수 없다.

③ 공탁수락의 의사표시의 상대방
  공탁수락의 의사표시는 공탁소 또는 공탁자에 대하여 할 수 있으나, 공탁수락의 의사표시를 공탁자에게 한 후 그 취지를 기재한 서면을 공탁소에 제출하지 않는다면 공탁관은 이 사실을 알 수 없으므로, 그 후에 공탁관이 공탁물 회수청구를 인가하여 공탁물을 지급한 경우에도 공탁관은 아무런 과실이 없게 되고, 단지 공탁절차 외에서 공탁자와 피공탁자 사이에 부당이득반환 등의 방법으로 분쟁을 해결하는 수밖에 없다.

④ 공탁수락의 방법
  ㉠ 공탁자에 대한 공탁수락의 의사표시는 제한 규정이 없으므로 구두나 서면으로 할 수 있으나, 공탁소에 대한 공탁수락의 의사표시는 공탁을 수락한다는 뜻을 적은 서면을 공탁관에게 제출하는 방법으로 하여야 한다(공탁규칙 제49조 제1항).

ⓛ 공탁물 출급청구권의 양도는 피공탁자의 자유의사에 의한 것이므로 특별한 사정이 없는 한 양도행위 자체에 공탁수락의 의사표시가 포함되어 있다고 해석할 수 있다. 따라서 공탁관에게 도달된 공탁물 출급청구권의 양도통지서에 공탁수락의 의사표시가 명시적으로 기재되어 있지 않더라도 적극적인 불수락의 의사표시가 기재되어 있지 않는 한 그 양도통지서의 도달과 동시에 공탁수락의 의사표시가 있는 것으로 보아 공탁자의 민법 제489조 제1항에 의한 회수청구권은 소멸된다.

⑤ 공탁수락의 시기

공탁수락서의 제출은 공탁자가 적법한 공탁물 회수청구서를 공탁소에 제출하여 수리될 때까지 하면 된다. 변제공탁물의 회수청구가 제출되었으나 서류 '미비'로 수리되기 전이라면 적법한 회수청구가 없는 것과 같으므로 이때에 공탁수락서가 제출되면 그 후에 회수청구서가 보완되더라도 이를 인가하여 지급해 줄 수는 없다.

ⓐ 유보부 출급청구를 인정하는 것과의 균형상 유보부 수락도 허용하는 것이 타당하다. 따라서 공탁수락은 전부가 아닌 일부만 할 수도 있으나 채권의 성질을 달리하는 유보부 공탁수락은 허용되지 않는다. 또한, 현재 소송 계속 중이어서 공탁물을 수령할 수 없으나 소송이 끝나는 대로 수령할 예정이니 공탁자의 회수청구를 인가하지 말아 달라는 취지의 조건부 수락도 허용된다.

ⓛ 변제공탁의 피공탁자가 공탁된 금원 중 일부금을 이의를 유보하고 출급한 경우, 미출급된 공탁금에 대해서는 공탁수락의 의사표시가 미치지 않는다고 보아 공탁자의 공탁금 회수청구권은 소멸되지 않는다(공탁선례 제2-331호).

⑥ 공탁수락의 철회

공탁수락의 의사표시는 공탁자 기타 이해관계인의 권리에 영향이 크므로 원칙적으로 그 철회는 인정할 수 없다. 다만 착오 또는 사기·강박을 이유로 한 취소의 경우에만 허용된다.

⑦ 공탁수락의 효과

ⓐ 피공탁자의 공탁수락으로 민법 제489조에 의한 공탁물 회수청구권은 소멸되고, 원칙적으로 공탁자가 공탁서에 공탁원인으로 기재한 대로 그 법률효과가 발생한다. 즉, 공탁자가 공탁원인으로 들고 있는 사유가 법률상 효력이 없는 것이어서 공탁이 부적법하다고 하더라도, 피공탁자가 그 공탁물을 수령하면서 아무런 이의도 유보하지 아니하였다면, 특별한 사정이 없는 한 공탁자가 주장한 공탁원인을 수락한 것으로 보아 공탁자가 공탁원인으로 주장한 대로 법률효과가 발생한다.

ⓛ 변제공탁의 피공탁자가 공탁소에 대하여 공탁수락서면을 제출한 경우에 공탁자의 민법 제489조에 따른 공탁물 회수청구권은 소멸하지만 착오로 공탁을 하였거나 공탁원인이 소멸한 경우에는 공탁물을 회수할 수 있다. 그러므로 가집행선고부 판결에 기한 공탁은 채무를 확정적으로 소멸시키는 원래의 변제공탁이 아니기 때문에 가집행선고부 제1심판결의 채무액이 항소심판결에서 일부 취소되었다면 그 차액에 대해서는 공탁원인이 소멸하였다 할 것이므로 공탁자가 회수할 수 있다.

⑧ 공탁불수락

피공탁자가 공탁불수락의 의사표시를 하더라도 그 공탁물 출급청구권의 존부에는 영향을 미친다고 볼 수 없으므로, 피공탁자의 채권자가 공탁물 출급청구권에 대하여 강제집행을 함에 아무런 지장이 없다.

(2) 공탁유효판결이 확정된 경우

① 공탁유효판결이 확정되면 민법 제489조 제1항에 의한 공탁물 회수청구권은 소멸한다. 공탁 유효판결은 확인판결에 한하지 않고 이행판결도 포함되며, 공탁의 유효에 대한 판단이 판결 주문이 아닌 판결이유 중에서 공탁유효가 판단된 판결도 공탁유효판결에 포함된다(통설). 예 컨대 채무이행의 소에서 채무자가 공탁을 하였다는 항변이 인정되어 원고의 청구를 기각한 판결도 공탁유효판결이다. 화해, 인낙, 포기조서는 소송법상 확정판결과 동일한 효력을 가지 므로, 그 조서 중에 공탁의 유효를 인정한 사실이 있는 경우에는 그 조서를 공탁유효판결과 동일하게 취급하여야 한다.

② 그러나 공탁의 유효 여부에 대하여 법적 판단을 할 수 없는 형사판결은 공탁유효판결로 볼 수 없으므로, 비록 형사사건에서 공탁에 기한 정상참작을 받은 사실이 판결이유 중에 나타나 더라도 그 형사판결은 공탁유효판결에 포함되지 않는다.

③ 공탁유효의 확정판결이 있는 경우 공탁자의 회수를 제한하기 위해서는 피공탁자는 그 판결등 본을 공탁관에게 제출하여야 한다(공탁규칙 제49조 제2항). 공탁유효의 확정판결이 공탁관 에게 제출되기 전에 공탁자가 공탁물 회수청구를 하면 공탁관은 공탁유효판결의 확정 여부를 알 수 없으므로 공탁물을 지급할 수밖에 없다. 이 경우 공탁법상으로는 적법한 지급이라는 점에서 피공탁자는 공탁절차 외에서 공탁자를 상대로 부당이득반환청구 등을 하는 방법밖에 는 없다.

(3) 공탁으로 인하여 질권, 저당권이 소멸한 경우

① 공탁으로 인하여 질권 또는 저당권이 소멸한 경우에는 공탁자가 공탁물을 회수할 수 없다(민법 제489조 제2항). 이 경우 질권과 저당권은 변제공탁의 성립으로 당연히 소멸되므로, 공탁 후에 질물이 반환되었는지 또는 저당권 설정등기가 말소되었는지 여부는 전혀 고려할 필요 없이 변 제공탁의 성립과 동시에 민법 제489조에 의한 공탁물 회수청구권은 확정적으로 소멸된다.

② 그러나 민법 제489조 제2항의 규정은 가등기 및 본등기에 의하여 담보된 채무의 변제공탁으 로 인하여 가등기담보권이나 양도담보권이 소멸하는 경우에도 변제자가 공탁물을 회수할 수 없다는 취지를 포함하는 것은 아니므로, 양도담보권·가등기담보권 등이 변제공탁으로 소멸 된 경우에는 공탁자는 공탁물을 회수할 수 있다.

③ 공탁규칙 제20조 제2항 제6호는 '공탁으로 인하여 질권, 전세권 또는 저당권이 소멸하는 때 는 그 질권, 전세권 또는 저당권의 표시를 공탁서에 기재하여야 한다'고 규정하고 있으나, 전세권의 소멸사유는 민법에 규정되어 있고 전세권이 소멸되어야 전세금반환의무가 발생할 뿐 전세금을 지급하여야 전세권이 소멸되는 경우란 있을 수 없으므로, 전세권 설정자가 전세 금을 공탁한 후 다시 이를 회수한 경우에도 그 공탁물회수를 이유로 소멸되었던 전세권이

부활되는 경우는 없다 할 것이고, 따라서 전세권 설정자는 전세금을 변제공탁한 이후에도 민법 제489조에 의한 공탁물 회수청구를 할 수 있다고 보는 것이 타당하다.

다. 공탁법상의 회수

1) 의의 및 성질

① 공탁자는 착오로 공탁을 한 때나 공탁 후 공탁원인이 소멸한 경우에는 그 사실을 증명하여 공탁물을 회수할 수 있다(공탁법 제9조 제2항). 이를 공탁법상의 회수라고 한다.

② 민법 제489조에 의한 공탁물 회수 시에는 회수청구권 증명서면을 첨부하지 않아도 되나, 착오 또는 공탁원인의 소멸로 인한 회수 시에는 그 증명서면을 첨부하여야 하는 점에서 구별된다.

2) 착오를 이유로 한 공탁물 회수청구

① 공탁자가 착오로 공탁을 한 때에는 비록 그 공탁이 수리되고 공탁물이 납입되었다 하더라도 그 공탁은 무효이다. 따라서 피공탁자가 공탁물을 출급하기 전까지는 실체관계에 부응하지 않는 공탁관계를 바로잡을 필요가 있으므로 공탁법은 착오공탁 시에 그 착오사실 증명서면을 첨부하여 공탁을 회수할 수 있도록 한 것이다.

② 여기서 '착오로 공탁한 때'란 공탁으로써 필요한 유효요건을 갖추고 있지 아니한 경우를 말한다. 공탁요건을 갖추고 있는지 여부는 어디까지나 공탁서에 기재된 공탁원인사실을 기준으로 하여 객관적으로 판단하여야 한다. 즉, 착오공탁이란 공탁 성립 시를 기준으로 공탁서상에 기재된 공탁원인사실에 비추어 해당 공탁에 필요한 유효요건(실체적 또는 형식적 요건)이 객관적으로 결여되어 해당 공탁이 무효로 되는 경우를 말한다.

③ 한편 착오공탁임을 이유로 공탁자가 회수청구하는 경우에는 그 착오사실 증명서면이 필요하다. 어떤 것이 착오사실 증명서면에 해당하는가는 구체적 사안에 따라 결정할 수밖에 없다. 예컨대 공탁무효판결을 받은 경우에는 그 판결문이, 채권양도 후 양도인을 피공탁자로 한 경우에는 그 양도통지서 등이 착오사실을 증명하는 서면이 될 수 있다.

3) 공탁원인소멸로 인한 공탁물 회수청구

① 공탁이 성립된 후에 공탁원인이 소멸하면 공탁을 지속시킬 이유가 없으므로 공탁자는 공탁원인소멸 증명서면을 첨부하여 공탁물을 회수할 수 있다(공탁법 제9조 제2항).

② 여기서 '공탁원인의 소멸'이란 공탁이 유효하게 성립된 이후의 사정변경으로 더 이상 공탁을 지속시킬 필요가 없게 된 경우를 의미한다. 예컨대 가집행선고부 판결에 기한 공탁은 채무를 확정적으로 소멸시키는 원래의 변제공탁이 아니고, 상소심에서 그 가집행의 선고 또는 본안판결이 취소되는 것을 해제조건으로 하는 것이므로 가집행선고부 제1심판결의 채무액이 항소심판결에서 일부 취소되었다면 그 차액에 대해서는 공탁원인이 소멸되었다고 할 수 있다.

③ 공탁원인의 소멸을 이유로 공탁자가 회수청구하는 경우에도 그 공탁원인이 소멸되었음을 증명하는 서면이 필요하다. 어떤 것이 공탁원인소멸 증명서면에 해당되는지는 구체적 사안에 따라 결정할 수밖에 없다. 예컨대 변제공탁 후 채권자가 채권을 포기한 경우에는 그 채권포기를 증명하는 서면이 공탁원인의 소멸을 증명하는 서면이 된다.

공탁자가 착오로 공탁한 때 또는 공탁의 원인이 소멸한 때에는 공탁자가 공탁을 회수할 수 있을 뿐 피공탁자의 공탁물 출급청구권은 존재하지 않으므로, 이러한 경우 공탁자가 공탁물을 회수하기 전에 위 공탁물 출급청구권에 대한 전부명령을 받아 공탁물을 수령한 자는 법률상 원인 없이 공탁물을 수령한 것이 되어 공탁자에 대하여 부당이득반환의무를 부담한다.

라. 회수의 효과

1) 공탁의 소급적 실효

① 변제자가 공탁물을 회수한 때에는 공탁하지 아니한 것으로 본다. 공탁물의 회수에 의하여 공탁은 소급적으로 효력을 상실하고 채권은 소멸하지 아니한 것으로 된다.

② 이와 같이 채권소멸의 효력을 소급적으로 소멸시키는 공탁물의 회수에는 공탁자에 의하여 이루어진 경우뿐만 아니라, 제3자가 공탁자에 대하여 가지는 별도 채권의 집행권원으로써 공탁자의 공탁물 회수청구권에 대하여 압류 및 추심명령을 받아 그 집행으로 공탁물을 회수한 경우도 포함된다.

3. 질권, 저당권 이외의 담보권의 부활

공탁으로 인하여 질권 또는 저당권이 소멸한 경우에는 공탁자가 공탁물을 회수할 수 없으므로, 원칙적으로 질권과 저당권 이외의 담보권만이 공탁물의 회수 시에 부활된다고 할 수 있다. 또한, 공탁물의 회수로 공동채무자와 보증인의 채무도 부활한다.

4. 이자의 부활 및 공탁물의 소유권 귀속

① 공탁으로 인하여 정지되었던 이자는 공탁의 소급적 실효로 약정이율이나 법정이율은 그대로 공탁 당시부터 다시 이자를 계산하여 지급하여야 한다.

② 공탁물이 금전 기타 소비물인 경우에는 소비임치가 성립하므로 공탁물의 소유권은 공탁 성립 시에 일단 공탁소에 귀속되나, 공탁물이 회수되면 그 소유권은 다시 공탁자에게 복귀하게 된다.

③ 공탁물이 특정물인 경우 그 공탁물의 소유권 이전시기에 대하여는 앞에서 본 바와 같이, 통설은 특정물인 동산의 공탁물 소유권은 '공탁물의 인도 시'에 공탁자로부터 직접 피공탁자에게 이전한다고 보므로 '공탁물의 회수 시'에는 아직 공탁물의 소유권이 공탁자에게 남아 있다. 따라서 공탁물의 회수로 인한 공탁물 소유권의 복귀 문제는 발생할 여지가 없다.

06 절 형사공탁 – 묻고 답하기(Q&A) 일부내용[1]

공탁규칙(형사공탁의 특례 등)(일부개정 2023.12.29.)

(개정이유)

- 「공탁법」 제5조의2(형사공탁의 특례) 형사공탁의 공탁서에는 피공탁자의 인적사항을 대신하여 해당 형사사건의 사건번호, 사건명 등이 기재되고 그에 따라 형사공탁절차에서 공탁물 수령을 위한 피공탁자 확인은 법원이나 검찰이 발급한 피공탁자 동일인 확인 증명서에 의하게 되는데, 이 경우 피공탁자 동일인 확인 증명서의 발급 절차를 공탁물을 수령하려는 사람이 법원 또는 검찰로부터 피공탁자 동일인 확인 증명서를 발급받아 제출하는 방식에서 공탁관으로부터 공탁사실통지를 받은 법원과 검찰이 피해자 인적사항을 확인한 후 직권으로 피공탁자 동일인 확인 증명서를 발급하여 공탁소에 송부하는 것으로 증명서 발급절차를 간소화함으로써 피공탁자가 공탁금에 관한 권리(출급, 회수동의)를 신속히 행사할 수 있도록 하기 위함
- 공탁관계 서류 및 전자기록에 대하여 열람 및 사실증명 청구가 있는 경우 피공탁자의 인적사항뿐만 아니라 그 포괄승계인 또는 이들의 법정대리인의 인적 사항도 개인정보 보호를 위한 비실명 처리를 한 후 열람하게 하거나 증명서를 발급함으로써 형사공탁절차에서 피공탁자의 개인정보 및 사생활 보호를 강화하고자 함

제33조(공탁물 출급청구서의 첨부서류)

공탁물을 출급하려는 사람은 공탁물 출급청구서에 다음 각 호의 서류를 첨부하여야 한다. 〈개정 2023.12.29.〉

1. 제29조에 따라 공탁관이 발송한 공탁통지서. 다만, 다음 중 어느 하나의 사유가 있는 경우에는 그러하지 아니하다.
   가. 출급청구하는 공탁금액이 5,000만원 이하인 경우(유가증권의 총 액면금액이 5,000만원 이하인 경우를 포함한다). 다만, 청구인이 관공서이거나 법인 아닌 사단이나 재단인 때에는 그 금액이 1,000만원 이하인 경우
   나. 공탁서나 이해관계인의 승낙서를 첨부한 경우
   다. 강제집행이나 체납처분에 따라 공탁물 출급청구를 하는 경우
   라. 공탁통지서를 발송하지 않았음이 인정되는 경우
2. 출급청구권이 있음을 증명하는 서면. 다만, 다음 중 어느 하나의 사유가 있는 경우에는 그러하지 아니하다.
   가. 공탁서의 내용으로 출급청구권이 있는 사실이 명백한 경우
   나. 제86조 제1항에 따른 피공탁자 동일인 확인 증명서가 공탁소에 송부된 경우
3. 공탁물 출급을 위하여 반대급부를 하여야 할 때는 법 제10조에 따른 증명서류

---

[1] 40페이지가 넘는 분량이라 일부만 소개를 하며, 2023년 법원공무원교육원 교재를 참고해서 문제풀이나 최종정리 시 관련된 내용을 추가 보충할 예정입니다.

제81조(용어의 정의)

이 장에서 사용하는 용어의 뜻은 다음과 같다.

1. "형사공탁"이란 공탁법 제5조의2에 따라 이루어지는 변제공탁을 말한다.
2. "법령 등에 따라 피해자의 인적사항을 알 수 없음을 확인할 수 있는 서면"이란 피해자의 개인정보보호를 위하여 법령 등에서 피해자의 인적사항 공개를 금지하고 있거나 형사사건의 피고인이 재판기록·수사기록 중 피해자의 인적사항에 대한 열람·복사를 할 수 없는 등의 사정으로 피해자의 인적사항을 알 수 없음을 확인할 수 있는 서면을 말한다.
3. 법 제5조의2 제2항의 "피해자를 특정할 수 있는 명칭"이란 공소장, 조서, 진술서, 판결서에 기재된 피해자의 성명(성·가명을 포함한다)을 말한다.
4. "피공탁자 동일인 확인 증명서(이하, "동일인 증명서"라 한다)"란 법 제5조의2 제4항에 따라 공탁서에 기재된 피공탁자가 형사사건의 피해자와 동일인임을 법원 또는 검찰이 증명하는 서면을 말한다.
5. "비실명 처리"란 공탁관계 서류 및 전자기록에 나타난 정보 중 그대로 공개될 경우 개인의 사생활이 침해될 수 있는 사항에 관하여 비실명으로 표시하거나 그 밖의 적절한 방법으로 제3자가 인식하지 못하도록 처리하는 것을 말한다.

제82조(공탁서 기재의 특칙)

제20조 제2항 제5호에도 불구하고 형사공탁의 공탁서에는 공소장, 조서, 진술서, 판결서에 기재된 피해자의 성명(성·가명을 포함한다)과 해당 형사사건이 계속 중인 법원과 사건번호 및 사건명, 공소장에 기재된 검찰청과 사건번호를 기재하여야 한다. 다만, 피공탁자의 주소와 주민등록번호는 기재하지 아니한다.

제83조(첨부서면의 특칙)

공탁서에는 제21조 제1항과 제2항에 따른 서면 외에 다음 각 호의 서류를 첨부하여야 한다.

1. 해당 형사사건이 계속 중인 법원을 확인할 수 있는 서면
2. 피해자를 특정할 수 있는 명칭이 기재된 공소장 부본이나 조서·진술서·판결서 사본
3. 법령 등에 따라 피해자의 인적사항을 알 수 없음을 확인할 수 있는 서면

제84조(형사공탁의 공고)

① 피공탁자에 대한 공탁통지는 공탁관이 전자공탁홈페이지에 공고하는 방법으로 할 수 있다.
② 공탁관은 공탁물보관자로부터 공탁물 납입사실의 전송이나 공탁물품납입통지서를 받은 때에는 특별한 사정이 없는 한 다음 날까지 다음 각 호의 사항을 공고하여야 한다.
  1. 법 제5조의2 제3항에 규정된 사항
  2. 해당 형사사건이 계속 중인 법원과 사건번호 및 공소장에 기재된 검찰청과 사건번호
  3. 그 밖에 대법원예규로 정한 사항

제85조(형사공탁 사실 통지)

① 공탁관은 제27조에 따라 공탁물보관자로부터 공탁물 납입사실을 전송받거나 공탁물품납입통지서를 받은 때에는 해당 형사사건이 계속 중인 법원과 검찰에 형사공탁에 관한 내용을 통지하여야 한다.
② 피해자에게 변호사가 선임 또는 선정되어 있는 경우 대법원예규에서 정한 바에 따라 법원은 제1항에 의하여 통지받은 내용을 그 변호사에게 고지한다.

제86조(피공탁자 동일인 확인 증명서 발급 등)

① 법 제5조의2 제4항에 따른 공탁물 수령을 위한 피공탁자 동일인 확인은 형사공탁에 관한 내용을 통지 받은 법원 또는 검찰이 특별한 사정이 없는 한 지체 없이 동일인 증명서를 발급하여 공탁소에 송부하는 방식으로 한다.

② 제1항에 따른 동일인 증명서 발급·송부는 공탁의 원인이 된 형사사건이 계속 중인 법원(판결선고 후 기록 송부 전인 경우를 포함한다)이 담당한다. 다만, 「특정범죄신고자 등 보호법」 제7조 및 이를 준용 하는 법률 등에 따라 피해자의 인적사항을 범죄신고자등 신원관리카드에 등재·관리하는 사건 및 이미 확정되어 기록이 검찰로 인계된 사건의 경우에는 검찰이 담당한다. 〈개정 2023.12.29.〉

③ 형사공탁에 관한 내용을 통지받은 법원은 피해자의 인적사항이 기재된 증거서류가 검찰로부터 제출되 지 아니하는 등의 사정으로 피해자의 인적사항을 알 수 없는 경우 해당 사건의 재판절차에서 공판검사 에게 인적사항의 제공을 요구할 수 있다. 〈신설 2023.12.29.〉

④ 제3항의 요구를 받은 검찰은 특별한 사정이 없는 한 지체 없이 법원에 피해자의 인적사항을 제공하여 야 한다. 만약 피해자 인적사항이 제공되지 않거나 그 제공이 지체되는 경우 공탁물을 출급하려는 사람 은 검찰에 동일인 증명서 발급·송부를 요청할 수 있다. 〈신설 2023.12.29.〉

⑤ 공탁소에 동일인 증명서가 발급·송부되지 않은 경우 공탁물을 출급하려는 사람은 제2항의 구분에 따 라 동일인 증명서 발급·송부를 담당하는 법원 또는 검찰에 동일인 증명서의 발급·송부를 요청할 수 있다. 〈신설 2023.12.29.〉

⑥ 제4항 후문 및 제5항의 요청을 받은 법원 또는 검찰은 피공탁자 인적사항을 확인할 수 없는 경우가 아닌 한 지체 없이 동일인 증명서를 발급하여 공탁소에 송부하여야 한다. 〈신설 2023.12.29.〉

제87조(열람 및 증명청구의 특칙)

피공탁자나 그 포괄승계인 또는 법정대리인(이하, "피공탁자등"이라 한다)의 인적사항이 기재되어 있는 공 탁관계 서류 및 전자기록에 대하여 열람 및 사실증명의 청구가 있는 경우 공탁관은 피공탁자등의 인적사 항이 공개되지 않도록 개인정보 보호를 위한 비실명 처리 후 이를 열람하게 하거나 증명서를 발급하여야 한다. [전문개정 2023.12.29.]

제88조(군사법원에 계속 중인 사건)

군사법원에 계속 중인 형사사건에 관하여도 이 장의 규정을 적용한다. 이 경우 법원은 군사법원으로, 검찰 은 군검찰로 본다.

제89조(대법원예규에의 위임)

형사공탁 절차와 관련하여 필요한 사항 중 이 장에서 정하고 있지 아니한 사항은 대법원예규로 정할 수 있다.

형사공탁에 관한 업무처리지침(개정 2024.1.23.)

1. 개정이유
- 「공탁규칙」의 개정(대법원규칙 제3119호, 2024.1.26. 시행)으로 피공탁자의 공탁금에 대한 신속한 권리행사를 위하여 피공탁자 동일인 확인 증명서 발급절차가 간소화됨에 따라 형사공탁 관련 사무를 처리하는 데 필요한 절차 등을 마련하기 위함

2. 주요내용
- 형사공탁사실통지서에 문서확인번호가 포함되도록 함(제9조 제1항 제4호)
- 발급담당자가 형사공탁사실을 통지받은 경우 지체 없이 피공탁자 동일인 확인 증명서를 발급하여 공탁소에 송부하도록 함(제11조)
- 피공탁자 정보 제공 요구에 관한 구체적 절차를 정함(제12조)
- 피공탁자 동일인 확인 증명서 발급 요청에 따른 구체적인 발급 절차 및 발급 불가 사유를 명시함(제13조)
- 피공탁자 동일인 확인 증명서의 진위 확인 방법을 정함(제16조)
- 피공탁자뿐만 아니라 포괄승계인이나 법정대리인의 개인정보도 비실명 처리대상으로 정함(제17조)
- 공탁물 회수동의서 제출 방식 등을 정함(제20조)

제1장 총칙

제1조(목적)
이 예규는 「공탁법」 제5조의2 형사공탁과 그와 관련된 재판업무처리에 관하여 「공탁규칙」(이하 "규칙"이라 한다) 제89조에서 위임한 사항과 형사공탁의 구체적인 절차와 방법 및 그 시행에 필요한 세부적인 사항을 규정함을 목적으로 한다.

제2장 공탁신청

제2조(군사법원 사건의 공탁)
군사법원에 계속 중인 사건의 형사공탁은 별표 2 기재 군사법원 소재지의 지방법원 본원 공탁소에 할 수 있다.

제3조(법령조항의 기재)
공탁자는 공탁서에 법령조항으로 공탁법 제5조의2를 기재한다.

제4조(피공탁자 성명의 기재)

공탁자는 공소장·조서·진술서·판결서(이하 "공소장 등"이라 한다)에 피해자의 성명이 기재되어 있는 경우에는 공탁서에 그 성명을 기재하고, 공소장 등에 피해자의 성명 중 일부가 비실명 처리되어 있거나 가명으로 기재되어 있는 경우에는 공탁서에도 그대로 기재하되, 가명으로 기재되어 있는 경우에는 괄호하여 가명임을 표시한다.

제5조(공탁원인사실의 기재)

① 공탁자는 공탁원인사실로서 피해 발생시점, 피해 장소, 채무의 성질을 특정하여 기재하여야 한다.
② 공탁자는 공탁서에 피해자의 인적사항을 알 수 없는 사유를 구체적으로 기재하여야 한다.
[예시 : 공탁자는 0000. 0. 0. 00:00경 O시 OO구 OO로 O길 O, OO식당 앞에서 피해자 홍길O을 폭행한 사실과 관련하여 손해배상금(피해보상금, 형사위로금, 위자료 등)을 홍길O에게 지급하려 하였으나 재판기록·수사기록 중 피해자의 인적사항에 대한 열람·복사 불허가 등의 사유로 인하여(또는 성폭력범죄의 처벌 등에 관한 특례법 등에서 피해자의 인적사항 공개를 금지하고 있어) 피해자의 인적사항을 알 수 없으므로 이를 공탁함]

제6조(공탁원인서면)

규칙 제83조 제3호 "법령 등에 따라 피해자의 인적사항을 알 수 없음을 확인할 수 있는 서면"이란 다음 각 호의 서면을 말한다.

1. 해당 형사사건에 적용되는 법령 등에서 피해자의 인적사항 공개를 금지하거나 피해자의 인적사항에 대한 열람·복사를 할 수 없는 등의 사정으로 피해자의 인적사항을 알 수 없음을 확인할 수 있는 서면 (공소장, 재판장에 의하여 불허가된 재판기록 열람·복사 신청서 사본 등)
2. 그 밖의 규칙 제83조 제3호에 해당함을 공탁관이 확인할 수 있는 서면

제7조(피공탁자 성명의 비실명 처리)

공탁관은 피공탁자의 개인정보 보호를 위하여 공탁서에 기재된 피공탁자의 성명 등을 전산정보처리조직(이하 "전산시스템"이라 한다)에 아래 각 호의 방식으로 비실명 처리하여 입력한다.

1. 공탁서에 피공탁자의 성명이 기재되어 있는 경우 공탁관은 전산시스템에 성만 입력하고 이름은 입력하지 아니한다.
2. 공탁서의 피공탁자 성명 중 일부가 기호처리 방식(O, ㅁ, △, ◇ 등으로 변환하여 표시하는 방식)으로 비실명 처리된 경우 공탁관은 전산시스템에 공탁서에 기재된 대로 입력한다.
3. 공탁서에 피공탁자 성명 대신 가명이 기재된 경우에 괄호하여 가명임을 표시하여 입력한다.

제3장 형사공탁 공고 등

제8조(형사공탁 공고)

① 공탁관은 전자공탁홈페이지에 다음 각 호의 사항을 공고하여야 한다.
1. 공탁소 및 공탁번호
2. 공탁신청 연월일
3. 공탁물
4. 공탁서에 기재된 피공탁자의 성명. 다만, 피공탁자의 성명이 비실명 처리되어 있지 않거나 가명이 아닌 경우에는 성을 제외한 이름은 비실명 처리한다.
5. 해당 형사사건이 계속 중인 법원과 사건번호 및 공소장에 기재된 검찰청과 사건번호
② 제1항 제4호에도 불구하고 피공탁자의 성이 별표 3 기재 이외의 성일 경우 공탁관은 피공탁자의 사생활을 보호하기 위해 피공탁자의 성명을 공고하지 아니할 수 있다.
③ 규칙 제84조 제2항에 따른 공고 내용 중 명백한 착오가 있는 경우 공탁관은 이를 수정한 후 정정공고를 하여야 한다. 규칙 제30조 제4항에 따른 공탁서 정정신청이 수리된 때에도 이와 같다.

제9조 (형사공탁사실의 통지 등)

① 공탁관은 공탁물납입사실의 전송이나 공탁물품납입통지서를 받은 때에 지체 없이 다음 각 호의 내용이 포함된 별지 제4호 양식의 형사공탁사실통지서를 피공탁자별로 작성하여 규칙 제85조 제1항의 법원 및 검찰에 통지서 원본을 우편 또는 사송의 방법으로 송부한 후 통지서 사본은 공탁기록에 편철한다.
1. 공탁사건 정보 : 공탁번호, 해당 형사사건이 계속 중인 법원과 사건번호 및 사건명, 공소장에 기재된 검찰청과 사건번호, 공탁물, 공탁 연월일
2. 공탁당사자 정보 : 공탁자 성명, 피공탁자 성명
3. 규칙 제83조 제2호 서면의 명칭
4. 문서확인번호(전산시스템에 의하여 공탁사실통지서의 문서확인번호란에 피공탁자별로 자동 채번되어 기록되는 16자리의 숫자 또는 숫자와 알파벳 조합을 말한다. 이하 같다)
② 규칙 제85조 제1항에 따른 통지의 내용 중 명백한 착오가 있는 경우 공탁관은 이를 수정한 후 제9조 제1항에 따라 정정통지를 하여야 한다. 규칙 제30조 제4항에 따른 공탁서 정정신청이 수리된 때에도 이와 같다.
③ 제1항, 제2항의 형사공탁사실통지서 또는 형사공탁정정사실통지서 원본은 해당 형사사건의 공판기록에 편철한다.
④ 재판장은 제1항, 제2항의 형사공탁사실통지 또는 형사공탁정정사실통지를 받은 경우 피해자 또는 그 법정대리인이 변호사를 선임하거나 검사가 피해자를 위하여 국선변호사를 선정하였고 그 변호사(이하 "피해자 변호사"라 한다)의 선임 등을 증명할 수 있는 서류가 제출된 때에는 피해자 변호사에게 형사공탁 사실을 고지한다. 이 경우 피해자가 형사공탁 사실을 고지받는 데에 동의한 때에는 피해자에게도 형사공탁 사실을 고지한다.
⑤ 제4항의 고지는 서면, 전화, 전자우편, 팩스, 휴대전화 문자전송 그 밖에 적당한 방법으로 할 수 있다.
⑥ 형사공탁이 이루어진 경우 피해자와 피해자 변호사는 해당 형사사건에서 이에 관한 의견을 제출할 수 있다.

제4장 피공탁자 동일인 확인 증명서 발급 절차

제10조(피공탁자 동일인 확인 증명서 발급담당자)

피공탁자 동일인 확인 증명서(이하, "동일인 증명서"라 한다)의 발급 사무는 형사공탁의 원인된 형사사건(상소 등으로 다른 법원에서 사건이 계속 중인 경우에는 그 사건을 의미한다. 이하 "형사본안사건"이라 한다) 담당재판부의 법원서기관·법원사무관·법원주사·법원주사보(이하 "발급담당자"라 한다)가 처리한다.

제11조(동일인 증명서 발급 등)

① 공탁관으로부터 형사공탁사실 통지를 받은 발급담당자는 지체 없이 다음 각 호의 내용이 포함된 별지 제10호 양식의 동일인 증명서를 발급하여 공탁관에게 우편 또는 사송의 방법으로 송부하고, 증명서 사본을 공판기록에 편철하여야 한다.

1. 형사본안사건 : 사건번호, 재판부, 사건명
2. 공탁사건정보 : 공탁번호, 공탁물, 공탁서 기재 형사사건, 공탁서 기재 피공탁자 성명
3. 피공탁자 : 성명, 주민등록번호, 연락처(휴대전화번호)
4. 형사공탁사실통지서에 기재된 문서확인번호

② 제1항의 경우 발급담당자는 제13조 제2항 각 호를 제외하고 해당 형사사건이 상소되어 사건기록이 상소법원에 송부되기 전에 동일인 증명서 발급 여부를 확인한다. 해당 형사사건이 확정되어 사건기록이 검찰에 인계되는 경우에도 또한 같다.

제12조(피공탁자 정보 제공 요구)

① 규칙 제86조 제3항의 경우 발급담당자는 별지 제11호 양식의 피공탁자 정보 제공 요구서를 공판검사에게 직접 교부하거나, 우편 또는 사송의 방법으로 송부하고, 그 사본을 공판기록에 편철한다.

② 공판검사로부터 피공탁자 정보 회신서가 제출된 경우 발급담당자는 제11조에 따라 동일인 증명서 발급 등의 절차를 처리한다.

제13조(피공탁자 동일인 확인 증명서 발급 요청)

① 동일인 증명서가 발급·송부되지 않은 경우 공탁물을 출급하거나 공탁물 회수동의서를 제출하려는 사람은 규칙 제86조 제2항의 구분에 따른 법원 또는 검찰을 방문하거나 우편이나 팩스, 전화 등 간이한 방법으로 동일인 증명서 발급·송부를 요청할 수 있다.

② 발급담당자는 동일인 증명서 발급·송부 요청이 있는 경우 다음 각 호의 사유에 해당하지 아니하는 한 지체 없이 동일인 증명서를 발급하여 공탁소에 송부하여야 한다.

1. 특정범죄신고자 등 보호법 제7조 및 이를 준용하는 법률 등에 따라 피해자의 인적사항이 신원관리카드에 등재·관리되어 조서 등을 통해 피해자 인적사항을 확인할 수 없는 경우
2. 규칙 제86조 제3항에 따라 공판검사에게 피공탁자 인적사항의 제공을 요구하였으나 이를 제공받지 못한 경우
3. 검사가 제출한 증거서류에도 불구하고 피공탁자 인적사항을 확인할 수 없는 경우
4. 그 밖의 사유로 피해자의 인적사항을 법원이 보유하고 있지 않은 경우

제5장 지급절차 등

제14조(동일인 증명서 접수)

동일인 증명서를 송부받은 공탁관은 그 서면에 접수인을 날인하고, 수령일자 및 발급기관을 해당 기록표지에 기재한 다음 공탁기록에 편철한다.

제15조(피공탁자 개인정보 전산등록)

① 공탁관은 동일인 증명서가 접수된 때 그 서면의 기재사항을 피공탁자 개인정보관리에 전산등록하여, 피공탁자의 인적사항이 공개되지 않도록 한다.

② 공탁관은 동일인 증명서 외에 피공탁자 인적사항이 기재된 서면이 제출된 때 제7조에 따라 입력된 피공탁자 성명을 불러오기 방식으로 전산등록하고, 나머지 인적사항은 전산등록 하지 아니한다.

제16조(동일인 증명서의 진위여부 확인)

① 공탁관은 동일인 증명서와 공탁서 등 공탁기록을 대조하여야 하고, 특히 형사공탁사실 통지서 기재 문서확인번호와 동일인 증명서 기재 문서확인번호가 일치하는지 확인하여야 한다.

② 검찰이 발급한 동일인 증명서가 송부된 경우 공탁관은 제1항의 방법 및 형사사법포털을 이용하여 위·변조방지바코드를 검증하는 방법으로 그 진위 여부를 확인한다.

제6장 열람·복사절차

제17조(비실명 처리의 범위)

규칙 제87조에 따라 비실명 처리할 피공탁자, 그 포괄승계인 또는 이들의 법정대리인의 인적사항(이하 "비실명처리대상정보"라 한다)은 다음 각 호와 같다.

1. 성명과 그에 준하는 것(호, 아이디, 닉네임 등)
2. 주소 등 연락처(거주지, 전화번호, 이메일 주소 등)
3. 금융정보(계좌번호, 신용카드 번호, 수표번호 등)
4. 기타 개인을 특정할 수 있는 정보(주민등록번호, 여권번호, 운전면허번호, 외국인등록번호 등)

제18조(열람·복사 제공의 방식)

공탁관계서류에 대한 열람·복사의 청구가 있는 경우 공탁관은 제17조 기재 비실명처리대상정보에 접착식메모지, 접착식메모테이프, 라벨지 등을 부착하여 복사한 사본 또는 비실명처리대상정보의 내용을 알아볼 수 없도록 검은색으로 칠한 사본을 열람·복사의 청구에 제공한다.

제19조(사실증명 제공의 방식)

공탁관은 공탁관계서류 및 전자기록에 나타난 정보에 대하여 사실증명 청구가 있는 경우 비실명처리대상정보의 내용을 전산 또는 수작업으로 가리거나('○, * 등' 처리) 기재하지 않고 제공한다.

제7장 공탁물 회수동의서 제출 절차

제20조(공탁물 회수동의서 제출)

① 피공탁자는 해당 공탁소에 공탁물 회수동의서(이하 "회수동의서"라 한다)를 제출할 수 있다.

② 공탁관은 출석한 피공탁자에 대하여 그 신분증명서(주민등록증·운전면허증·여권 등을 말한다)를 제시받아 신분을 확인하여야 한다.

③ 우편으로 회수동의서가 제출된 경우에는 다음 각 호의 서류에 의하여 그 신분 확인을 갈음할 수 있다.

  1. 회수동의서에 인감도장이 날인된 경우 : 발급일로부터 3개월 내의 인감증명서

  2. 회수동의서에 서명한 경우 : 발급일로부터 3개월 내의 본인서명사실확인서 또는 전자본인서명확인서 발급증

Q 형사공탁 특례 제도를 도입하게 된 취지와 이유가 궁금합니다.

- 형사사건과 관련하여 피고인이 변제공탁을 하기 위해서는 피해자의 성명, 주민등록번호, 주소 등의 인적사항을 알아야 하는데, 형사사건은 민사와 달리 피공탁자가 범죄피해자라는 특성상 피공탁자의 인적사항을 확인하기 어려운 경우가 많아 피고인이 불법적인 수단을 동원하여 피해자의 인적사항을 알아내고 해당 피해자를 찾아가 합의를 종용하고 협박하는 등 2차 피해가 많이 발생하였습니다.
- 형사공탁특례 제도를 도입하여 형사사건에 있어서 피고인은 공탁서에 피해자의 인적사항 대신 공소장 등에 기재된 피해자를 특정할 수 있는 명칭이나 사건번호 등을 기재하는 방법으로 공탁을 할 수 있게 함으로써 피해자의 사생활 보호와 피해회복을 위하는 동시에 피해자의 인적사항을 모르는 경우에도 공탁할 수 있는 기회를 부여하고자 함에 형사공탁특례 제도의 목적이 있습니다.

Q 형사공탁의 절차는 어떻게 진행되나요?

- 형사사건의 피고인이 해당 형사사건이 계속 중인 법원(이하 "법원"이라 한다)소재지 공탁소에 신청을 할 수 있습니다.
- 법령 등에 따라 피해자 인적사항을 알 수 없다는 사실을 소명할 수 있는 서면 등을 첨부하셔야 합니다.
- 공탁서의 피공탁자란에는 공소장 등에 기재된 피해자를 특정할 수 있는 명칭과 사건번호 등을 기재합니다.
- 공탁금이 납입되면, 공탁관은 법원과 검찰에 공탁사실통지를, 전자공탁홈페이지 등에 형사공탁 공고를 하게 됩니다.

[개정 공탁법 제5조의2 주요내용]

관련 조문	상세 내용
토지관할(제1항)	해당 사건이 계속 중인 법원 소재지 공탁소
공탁자(제1항)	형사 피고인으로 한정
공탁원인(제1항)	법령 등에 따라 피해자의 인적 사항을 알 수 없는 경우
피공탁자 기재(제2항)	해당 형사 사건의 재판이 계속 중인 법원, 사건번호, 사건명, 조서 · 진술서 · 공소장 등에 기재된 피해자를 특정할 수 있는 명칭을 기재
공탁원인사실 기재(제2항)	피해발생 시점, 채무의 성질을 특정하는 방식으로 기재
공탁통지 방식(제3항)	인터넷 홈페이지 공고로 갈음
공탁물 수령 시 피공탁자 동일인 확인서면(제4항)	법원이나 검찰이 발급한 증명서에 의함

Q 형사공탁이 기존 형사변제공탁과 다른 점은 무엇인가요?

- 형사변제공탁은 민법 제487조 변제공탁으로서 "수령거절, 수령불능, 과실 없이 채권자를 알 수 없음"이라는 공탁원인이 있어야 하고, 공탁자는 공탁서에 피공탁자의 인적사항(성명, 주민등록번호, 주소)을 기재하는 방식으로 피공탁자를 특정하여야 합니다.
- 공탁법 제5조의2 형사공탁 특례는 민법 제487조 변제공탁의 특칙으로서 "법령 등에 따라 피해자의 인적사항을 알 수 없음"이라는 공탁원인이 있어야 하고, 피공탁자의 인적사항(성명, 주민등록번호, 주소)을 대신하여 "공소장 등에 기재된 피해자를 특정할 수 있는 명칭" 등을 기재하는 방식으로 피공탁자를 특정할 수 있습니다.
- 따라서 해당 형사사건의 적용법령 등에 피해자 인적사항 공개를 금지하고 있지 않고, 피고인이 피해자의 인적사항을 알고 있는 경우에는 민법 제487조 형사변제공탁을 할 수 있습니다.

[기존 변제공탁과의 차이점 개괄]

구분	형사변제공탁	형사공탁
피공탁자 기재사항	성명, 주민등록번호, 주소	성명(성 · 가명), 형사사건번호
공탁통지 방법	피공탁자 주소지에 배달증명	인터넷 공고
형사공탁사실 통지	-	공탁관 → 법원 및 검찰
피공탁자 동일인 확인증명서 발급	-	법원 또는 검찰 → 피공탁자
피공탁자 동일인 확인증명서 발급사실 통지	-	법원 또는 검찰 → 공탁관
출급청구 시 첨부서류	공탁통지서, 신분증(인감증명서 등)	피공탁자 동일인 확인증명서, 신분증(인감증명서 등)

Q 피내사자나 형사피의자의 경우에도 형사공탁을 할 수 있나요?

- 공탁법 제5조의2(형사공탁의 특례)에서는 "형사사건의 피고인"이 형사공탁을 할 수 있다고 규정하고 있기 때문에 공소가 제기되기 전 단계인 형사피의자나 피내사자는 공탁법 제5조의2(형사공탁의 특례)에 근거한 형사공탁신청을 할 수 없고, 민법 제487조에 따른 형사변제공탁 절차에 의하여야 합니다.

Q 형사공탁 신청절차와 그 심사는 어떻게 이루어지나요?

- 형사공탁서를 작성한 후 공탁소를 방문하여 첨부서면과 함께 제출합니다.
- 공탁서에는 피공탁자, 공탁원인사실, 법령조항을 기재합니다.
- 첨부서면으로 형사재판이 계속 중인 법원을 확인할 수 있는 서면·법령 등에 따라 피해자 인적사항을 알 수 없음을 소명하는 서면을 첨부하여야 합니다.
- 공탁관은 형사공탁 특례법령에서 정하고 있는 공탁사유가 존재하는지 여부, 서식, 기재사항, 첨부서류 등의 적식을 갖춘 신청인지 여부 등을 공탁서와 첨부서면에 의하여 형식적으로 심사하게 됩니다.
- 공탁관의 심사결과 적법한 공탁신청인 경우 공탁신청을 수리하여 공탁서를 공탁자에게 내주고, 공탁자는 공탁금을 공탁금 보관은행에 납입하게 되고(가상계좌에 의한 납입 가능) 공탁자가 공탁금을 보관은행에 납입한 때 공탁의 효력이 발생합니다.
- 형사공탁 사실을 전자공탁 홈페이지, 대법원 홈페이지에 형사 공탁 사실을 공고하고 법원과 검찰청에 형사공탁 사실을 통지하게 됩니다.

Q 부산지방법원에서 재판을 받고 있는 피고인이 피해자의 주소지인 서울중앙지방법원 공탁소에 형사공탁 신청을 할 수 있나요?

- 공탁법 제5조의2 제1항에서 형사공탁은 해당 형사사건이 계속 중인 법원 소재지 공탁소에 할 수 있다고 규정함으로써 "형사법원이 계속 중인 법원 소재지 공탁소"에 토지관할을 인정하고 있습니다.
- 또한 형사공탁은 민법 제487조 변제공탁의 특례로서 변제공탁의 성질을 가집니다. 따라서 민법 488조에 따라 채무이행지인 피공탁자의 주소지를 관할하는 공탁소에도 공탁할 수 있다고 볼 수도 있습니다.
- 하지만 형사공탁 특례의 요건이 피해자의 주소 등 인적사항을 알 수 없는 경우라는 점과 피공탁자의 주소지를 관할하는 공탁소에 해당하는지 그 주소를 소명하는 서면을 첨부하여야 하는데, 주소소명서면이 첨부된 경우 민법 제487조 형사변제공탁절차에 의한다는 점에서 피공탁자 주소지 관할공탁소에 대한 형사공탁신청은 어려울 것으로 보입니다.

Q 서울중앙지방법 공탁소에 형사공탁이 되었는데 부산지방법원 공탁소에서 출급이 가능한가요?

- 금전변제공탁신청이나 금전 지급청구하는 경우에 관할 공탁소가 아닌 공탁소에 공탁신청이나 지급청구서를 접수하여 처리할 수 있습니다(관할공탁소 이외 공탁소에서의 공탁사건처리지침 행정예규 제1167호).
- 사례의 경우 관할공탁소가 서울중앙지방법원 공탁소, 접수공탁소가 부산지방법원 공탁소가됩니다. 그런데 관할공탁소와 접수공탁소가 동일한 특별시, 광역시 내에 소재하는 경우 위와같은 관할 외 공탁소에 공탁신청, 지급청구를 할 수 없습니다.
- 원격지 공탁소를 이용한 공탁신청의 경우도 기록이 소재하는 성격상 열람이나 사실증명 신청을 할 수는 없습니다.

[신청방법 개괄]

형사공탁 특례	방문 신청	전자 신청	원격지 신청 (관할공탁소 이외 공탁소)
공탁신청	○	×	○
지급신청	○	×	○
공탁서 정정신청	○	×	×
열람·사실증명 신청	○	×	×

Q 전자공탁시스템을 이용하여 형사공탁이 가능한가요?

- 형사공탁은 피공탁자의 성명, 주민등록번호, 주소 등 인적사항을 대신하여 해당 형사사건번호 등을 기재하고, 형사공탁서에는 피공탁자의 주민등록번호나 주소를 기재하는 란 자체가 없습니다.
- 전자공탁시스템을 이용하기 위해서는 사용자등록 등을 하여야 하는 등 실명과 주민등록번호 등 실지명의 확인이 필요하기 때문에 현재로서는 전자공탁시스템을 이용한 공탁신청이나 출급청구를 하실 수 없습니다.
- 향후 시스템 개발 정도에 따라 전자공탁시스템을 이용한 형사공탁 신청이나 출급청구 등이가능할 수 있습니다.

Q 공탁서에 반대급부를 기재할 수 있나요?

- 실체법상 동시이행의 관계에 있는 채무를 변제공탁할 경우 공탁자는 공탁서의 반대급부의내용란에 피공탁자가 이행하여야 할 반대급부의 내용을 기재할 수 있고, 피공탁자는 공탁금을 출급하기 위해서는 반대급부이행증명서면을 제출하여야 합니다.
- 피고인이 양형에 참작받을 목적으로 치료비, 위자료 등 손해배상금을 형사공탁을 한 경우 형사공탁한 사실이 양형에 참작될지 여부는 재판부 판단사항이라는 점에서 실체법상 동시이행관계에 있는 것이 아니므로 공탁서에 반대급부를 기재해서는 안 됩니다.

Q 공탁서에 어떤 법령조항을 기재해야 하나요?

- 공탁근거법령조항은 공탁의 권리 또는 의무를 규정하고 있는 공탁근거법령의 조항을 적어야 하고, 다른 종류의 공탁과 구별하여 공탁관이 심사를 할 수 있는 방향을 제시하는 기능을 합니다.
- 형사공탁의 경우 공탁을 할 수 있음을 규정하는 공탁법 제5조의2를 기재하면 됩니다. 형사공탁서 법령조항란에 "공탁법 제5조의2"가 부동문자로 기재되어 있기 때문에 공탁자가 별도 기재할 필요는 없습니다. 공탁소에서 전산시스템 입력 시 공탁근거 법령조항란은 공탁법 제5조의2가 자동으로 입력되어 있으므로 별도로 입력할 필요가 없습니다.

Q 공탁서상 피공탁자 성명란은 어떻게 기재하나요?

- 피공탁자의 성명은 공소장 등에 기재된 피해자를 특정할 수 있는 명칭을 기재하고, 피해자의 성명 중 일부가 비실명(기호 등)이나 가명으로 되어 있는 경우에도 그대로 기재하되, 가명으로 기재된 경우는 괄호하여 가명임을 표시합니다.
- 따라서 공소장 등에 피해자의 성명이 기재되어 있는 경우에는 공탁서에 그 성명을 기재하면 되고, 일부가 비실명 또는 가명으로 기재되어 있는 경우에는 공탁서에도 그대로 기재하여야 합니다.

[금전 공탁서(형사공탁)]

공 탁 번 호		년 금 제 호	년 월 일 신청	법령조항	공탁법 제5조의2
공탁자	성 명 (상호, 명칭)		피공탁자	성 명	1. 홍길동 2. 홍길○ 3. 홍□동 4. 성춘향(가명)
	주민등록번호 (법인등록번호)			법원의 명칭과 사건번호 및 사건명	
	주 소 (본점, 주사무소)			검찰청의 명칭과 사건번호	
	전화번호				

- 공소장에 기재된 피해자를 특정할 수 있는 명칭을 기재한다면 공소장을, 진술서에 피해자를 특정할 수 있는 명칭을 기재한다면 진술서를 첨부서류로 제출하여야 합니다.
- 또한 피공탁자의 주민등록번호와 주소도 기재하지 않는데(공탁규칙 제82조), 형사공탁서에는 피공탁자 주민등록번호와 주소를 기재하는 란 자체가 없습니다.

Q 피고인이 피해자의 실명을 알고 있는 경우 공탁서에 실명을 기재해야 하나요?

- 피고인은 "공소장 등에 기재된 피해자를 특정할 수 있는 명칭"을 기재하여야 합니다. 따라서 피고인이 피해자의 실명(홍길동)을 알고 있더라도 공소장 등에 피해자를 특정할 수 있는 명칭(홍길○)인 "홍길○"으로 기재하여야 합니다.

Q 공탁자의 공탁신청 시 공탁통지서를 첨부하고 우편료를 납입해야 하나요?

- 공탁자가 피공탁자에게 공탁통지를 하여야 할 경우에는 피공탁자의 수만큼 공탁통지서를 첨부하여야 하고, 소정의 우편료를 납입하여야 합니다(공탁규칙 제23조 제1항, 제2항 참조).
- 하지만 형사공탁은 민법 제487조 변제공탁의 특칙으로서 피공탁자에게 공탁통지서를 발송하지 않고 공고로 갈음하기 때문에 공탁통지서를 첨부할 필요가 없고, 그에 따른 우편료도 납입하지 않습니다.

Q 형사공탁 회수제한 신고는 어떻게 하나요?

- 변제공탁절차에서 공탁자는 민법 제489조에 기하여 공탁금을 회수할 수 있습니다. 하지만 형사공탁은 공탁법 제5조의2를 근거법령으로 하며 변제공탁의 특례로서 피해자의 실질적 피해회복을 목적으로 합니다. 따라서 공탁자는 해당 형사사건에서 무죄확정판결이 있거나 피공탁자가 동의하는 경우에만 공탁금을 회수하겠다는 취지의 공탁금 회수제한신고를 하게 됩니다.
- 공탁자는 공탁신청시에 형사공탁서 하단 "회수제한신고"란에 기명날인 또는 서명의 방법으로 회수제한신고를 할 수 있습니다.
- 한편 형사재판에서 민법 제487조에 기한 형사변제공탁서가 제출된 경우에도 공탁사실을 양형에 참작할 때에는 공탁금 회수 제한 신고서가 첨부되었는지 여부를 확인하도록 하고 있습니다(재형 2000-4 참조).

Q 기타

- 공탁금액이 1천만 원 이하이고, 피공탁자 본인(피공탁자의 포괄승계인 포함)이 출급 청구하는 경우 관할공탁소 이외 공탁소에서 출급청구할 수 있습니다(관할공탁소 이외의 공탁소에서의 공탁사건처리지침 적용).

07 절 기타 특수한 성질의 변제공탁

1) 질권의 목적물이 된 채권의 변제기가 질권자의 채권의 변제기보다 먼저 도래한 때에는 질권자는 제3채무자에 대하여 그 변제금액의 공탁을 청구할 수 있다. 공탁이 되면 질권은 피공탁자인 질권설정자의 공탁금 출급청구권 위에 존재하게 된다. 따라서 이 경우에 질권자는 위 공탁된 금액에 대해 직접 출급청구를 할 수 있는데, 출급청구권의 발생 및 그 범위는 질권설정계약에 의하여 입증되므로 그 계약서가 출급청구권의 증명서면이 된다. 질권자가 질권실행을 강제집행의 방법으로 하는 경우에는 압류 및 전부명령 정본(확정증명 포함) 등이 출급청구권의 증명서면이 될 것이다.

   ▶ 민법 제347조는 채권을 질권의 목적으로 하는 경우에 채권증서가 있는 때에는 질권의 설정은 그 증서를 질권자에게 교부함으로써 효력이 생긴다고 규정하고 있다. 여기에서 말하는 '채권증서'는 채권의 존재를 증명하기 위하여 채권자에게 제공된 문서로서 특정한 이름이나 형식을 따라야 하는 것은 아니지만, 장차 변제 등으로 채권이 소멸하는 경우에는 민법 제475조에 따라 채무자가 채권자에게 그 반환을 청구할 수 있는 것이어야 한다. 이에 비추어 임대차계약서와 같이 계약 당사자 쌍방의 권리의무관계의 내용을 정한 서면은 그 계약에 의한 권리의 존속을 표상하기 위한 것이라고 할 수는 없으므로 위 채권증서에 해당하지 않는다.

2) 매매의 목적물에 대하여 권리를 주장하는 자가 있는 경우에 매수인이 매수한 권리의 전부나 일부를 잃을 염려가 있는 때에는 매수인은 그 위험의 한도에서 대금의 전부나 일부의 지급을 거절할 수 있으나 매도인이 상당한 담보를 제공한 때에는 그러하지 아니하다. 이 경우에 매도인은 매수인에 대하여 대금의 공탁을 청구할 수 있다(민법 제589조). 위와 같이 공탁이 된 경우에 피공탁자인 매도인이 그 목적물에 대하여 권리를 주장하는 자를 상대로 한 소유권 등 권리의 확인소송에서 승소한 판결정본(확정증명 포함) 등이 출급청구권의 증명서면이 될 것이다.

3) 주채무자의 부탁으로 보증인이 된 자는 일정한 경우에 주채무자에 대하여 미리 구상권을 행사할 수 있다. 주채무자가 보증인에게 배상하는 경우에 주채무자는 자기를 면책하게 하거나 자기에게 담보를 제공할 것을 보증인에게 청구할 수 있고, 또는 배상할 금액을 공탁하거나 담보를 제공하거나 보증인을 면책하게 함으로써 그 배상의무를 면할 수 있다. 위와 같이 주채무자가 배상의무를 면하기 위해 공탁한 경우에 피공탁자인 수탁보증인은 출급청구권 증명서면으로 그 보증채무를 이행한 영수증 등을 첨부하면 될 것이다.

4) 청산금채권이 압류되거나 가압류된 경우에 채권자(등기담보권자)는 청산기간이 지난 후 이에 해당하는 청산금을 채무이행지를 관할하는 지방법원 또는 지원에 공탁하여 그 범위에서 채무를 면할 수 있다(가등기담보 등에 관한 법률 제8조 제1항). 채권자가 이와 같이 공탁을 한 경우에는 채무자 등과 압류채권자 또는 가압류채권자에게 지체 없이 공탁의 통지를 하여야 하고, 그 공탁금 출급청구권은 압류되거나 가압류된 것으로 보며, 채권자는 가등기담보 등에 관한 법률 제14조에 규정한 경우 외에는 공탁금의 회수를 청구할 수 없다(가등기담보 등에 관한 법률 제8조 제2항·제3항·제4항).

수용보상공탁

01 절 총설

① 토지수용의 일반절차는 ㉠ 사업인정의 고시, ㉡ 토지조서·물건조서의 작성), ㉢ 협의, ㉣ 재결로 이루어진다.

② 토지 등 수용절차의 공익성 및 긴급성에 기인하여 토지 등 소재지 법원의 공탁소가 토지관할로 추가되었고, 절대적 불확지공탁도 인정된다. 또한 사업시행자가 토지 등의 소유권을 취득하기 위해서는 사실상 공탁이 강제된다는 점에서 민법 제489조에 기한 회수청구권이 인정되지 않는다.

02 절 수용보상금 공탁절차

1. 관할

1) 토지 등의 소재지 공탁소

사업시행자는 토지보상법 제40조 제2항 각 호에 해당하는 사유가 있는 경우 수용 또는 사용하고자 하는 토지 등의 소재지 공탁소에 보상금을 공탁할 수 있다.

2) 피보상자 주소지 공탁소

보상받을 사람이 특정된 경우 그의 주소지 관할공탁소에 공탁할 수 있다. 여러 사람 중 보상받을 사람이 특정되지 아니한 상대적 불확지공탁의 경우 그 중 한 사람의 주소지 관할공탁소에 공탁할 수 있다. 다만 채권자가 누구인지 전혀 알 수 없는 절대적 불확지공탁의 경우에는 성질상 피보상자의 주소지에 공탁할 수는 없으므로 수용 또는 사용하고자 하는 토지 등의 소재지 공탁소에 공탁하여야 할 것이다.

3) 시·군법원 공탁관의 직무범위에서 제외

수용보상금 공탁은 시·군법원 공탁관의 직무범위에서 제외되었다.

4) 관할공탁소 이외의 공탁사건처리 지침 배제

관할공탁소 이외의 공탁사건처리 지침은 수용보상금 공탁에는 적용되지 아니한다.

2. 공탁물

사업시행자가 보상금을 공탁할 경우 공탁물은 토지보상법에 규정되어 있는 금전 또는 채권(債券)이다. 보상채권(債券)은 무기명증권으로 발행한다. 실무상 전자증권법이 시행된 이후 전자등록증명서(전자증권법 제63조)가 주로 공탁되고 있다.

1) 금전

토지를 수용 또는 사용함으로 인하여 토지소유자 또는 관계인이 입은 손실에 대한 보상은 다른 법률에 특별한 규정이 있는 경우를 제외하고는 현금으로 지급하여야 한다. 이를 금전보상의 원칙이라고 한다. 따라서 현금으로 보상금을 지급하도록 되어 있을 때에는 현금으로 지급하거나 공탁을 하여야지 현금 대신 채권(債券)으로 지급하거나 공탁을 할 수는 없다.

2) 채권(債券) 또는 전자등록증명서

① 실무상 사업시행자가 국·공채 등을 공탁하여야 하는 경우에 종래 채권(債券)을 대신하여 전자등록증명서를 공탁하고 있다. 전자등록증명서에는 전자등록된 국·공·사채의 종류 및 수량 또는 금액과 전자등록증명서의 사용목적 등이 기재되는데, 공탁된 전자등록 국·공·사채를 (가)압류하려는 자는 공탁물의 출급 또는 회수청구권을 (가)압류하여야 한다.

② 토지소유자의 채권자(債權者)가 손실보상이 현금으로 지급될 것을 예상하여 수용보상금에 대하여 압류를 한 경우에도 '수용보상금에 대한 압류(압류의 경합 여부를 불문한다)가 있는 경우에는 현금으로 지급하여야 한다'는 규정이 없으므로 위와 같은 토지수용의 채권(債券)보상 요건을 충족하고 공탁사유가 있으면 채권(債券)으로 공탁할 수 있다.

③ 또한 전부명령은 압류된 채권을 지급에 갈음하여 압류채권자에게 이전시키고 그것으로 채무자가 채무를 변제한 것으로 간주하는 것이어서 전부명령의 대상인 채권(債權)은 금전채권으로 한정된다. 따라서 토지수용에 대한 보상으로서 채권(債券) 지급이 가능하고, 사업시행자가 현금 또는 채권(債券) 중 어느 것으로 지급할 것인지 여부를 선택하지 아니한 상태에 있는 경우, 손실보상금 채권(債權)에 대한 압류 및 전부명령은 사업시행자가 장래에 보상을 현금으로 지급하기로 선택하는 것을 정지조건으로 하여 발생하는 손실보상금 채권(債權)을 그 대상으로 한다. 위와 같은 장래의 조건부채권에 대한 전부명령이 확정된 후에 그 피압류채권의 전부 또는 일부가 존재하지 아니한 것으로 밝혀졌다면[사업시행자가 금전이 아닌 도시개발채권(債券)으로 공탁하였을 경우] 민사집행법 제231조 단서에 의하여 그 부분에 대한 전부명령의 실체적 효력은 소급하여 실효된다.

④ 사업시행자가 채권(債券)으로 공탁하였을 경우 이에 대한 출급청구권은 유체물 인도를 목적으로 하는 채권의 일종이므로 그에 대한 강제집행은 유체동산인도청구권에 대한 강제집행절차에 따라야 한다. 따라서 공탁자를 상대로 한 전부금소송에서 공탁유가증권을 직접 출급할 수 있다는 조정결정을 받았다 하더라도 위 조정조서를 가지고는 공탁된 수용보상금채권(債券)을 전부채권자가 직접 출급할 수는 없다.

⑤ 소유자가 수용보상으로 현금과 채권(債券)을 지급받게 될 사안에서 수용될 토지의 근저당권자가 물상대위에 의한 압류 및 추심명령을 받았는데, '압류할 채권의 표시'가 '채무자가 제3채무자로부터 지급받게 될 보상금 중 청구금액(○○원)에 이를 때까지의 금원'이라고 기재되어 있고, 그 '주문'도 금전채권에 대한 전형적인 압류 및 추심명령과 같은 내용으로 기재되어 있으며, 유체동산인도청구권에 대한 압류명령에 부수하는 인도명령에 관한 기재도 없다면 위 채권압류 및 추심명령이나 그중 압류명령 부분의 효력이 채무자의 제3채무자에 대한 유가증

권 인도청구권에 대해서까지 미친다고 할 수 없다.

⑥ 압류 및 가압류가 있는 수용보상금을 사업시행자가 채권(債券)과 현금으로 지급하고자 할 경우에는 피압류채권이 금전채권인 수용보상금채권이라면 현금으로 지급하는 수용보상금 부분은 토지보상법 제40조 제2항 제4호 및 민사집행법 제248조 제1항에 의하여 집행공탁을 할 수 있고, 채권(債券)으로 지급하는 수용보상금 부분은 토지보상법 제40조 제2항 각 호의 공탁 사유가 있다면 유가증권공탁의 절차에 따라 공탁할 수 있다.

3. 공탁당사자

가. 공탁자

수용보상금 공탁의 공탁자는 사업시행자이다. 토지보상법상 사업시행자는 토지수용을 할 수 있는 공익사업의 시행자로서 토지보상법 제20조에 따라 국토교통부장관의 사업인정을 받은 자를 의미한다. 국가·지방자치단체·사인 등 모두가 사업시행자로 될 수 있다. 또한 사업시행자는 보상업무를 위탁할 수도 있다.

나. 피공탁자

① 수용보상금 공탁의 피공탁자는 원칙적으로 토지수용으로 인한 손실보상금의 채권자, 즉 수용 또는 사용할 토지 등의 소유자이다. 사업시행자는 자기책임하에 보상금을 받을 자를 특정하여 피공탁자로 기재하여야 한다.

▶ 미등기토지에 대한 대장상 명의인의 성명 및 주소가 구체적으로 번지까지 기재되어 있고, 사업시행자(공탁자)가 보상금 수령권자를 대장상 명의인으로 하여 확지공탁을 하는 경우 피공탁자 성명의 기재방식을 '○○○(토지대장상 소유자)' 또는 '(토지대장상 소유자)○○○'으로 기재할 것이 아니라 '○○○'으로 기재하여야 한다.

② 사업시행자는 공익사업법 제40조 제2항 제1호에 따라 토지 수용보상금을 공탁하는 경우 수용개시일 당시의 토지소유자를 피공탁자로 하여 공탁하여야 하고, 수용개시일 당시의 토지소유자가 아닌 자를 피공탁자로 하여 공탁한 경우에는 특별한 사정이 없는 한 그 피공탁자는 공탁금 출급청구권을 취득하지 못한다.

③ 나아가 사업시행자가 공익사업법 제40조 제2항 제2호에 따라 상대적 불확지공탁을 한 경우에도 수용개시일 당시의 토지소유자에 해당하지 아니하는 자는 피공탁자의 일방으로 지정되었더라도 특별한 사정이 없는 한 수용보상금에 관한 공탁금 출급청구권을 취득할 수 없다.

1) 확지공탁

(1) 관계인의 포함 여부

수용대상토지에 대하여 관계인의 지상권·전세권·저당권·가등기·압류·가압류 등의 등기가 경료되어 있다고 하더라도 피공탁자는 여전히 토지소유자로 하여야 한다. 이는 사업시행자가 보상금을 지급(또는 공탁)하면 수용개시일에 소유권을 원시취득하게 되고 그 토지에 관한 권리는 토지수용위원회의 재결로써 인정한 권리 외에는 모두 소멸되기 때문이다. 담보물권자, 압류·가압류채권자 등은 별도로 수용보상금채권에 압류 등 조치를 하여야 한다. 따라서 공탁서의 피공탁자란에는 토지소유자만 기재하고 토지등기사항증명서상의 담보물권자 · 압류 · 가압류채권자 등은 공탁서의 어느 란에도 기재하지 않는다.

(2) 수용보상금채권에 대하여 (가)압류가 있는 경우

수용보상금채권의 일부에 대한 압류가 있는 경우 압류된 채권만을 공탁하거나, 보상금채권 전부에 대한 압류 또는 압류경합을 원인으로 공탁하는 경우에는 집행공탁이므로 압류채무자를 피공탁자로 기재하지 않는다. 다만 수용보상금채권의 일부에 대한 압류를 원인으로 압류에 관련된 수용보상금채권 전액을 공탁하는 경우 또는 수용보상금채권에 대하여 가압류를 원인으로 공탁하는 경우에는 피공탁자란에 압류 또는 가압류채무자를 기재하고 공탁통지서도 발송한다.

(3) 수용개시일 이전까지 소유권이전등기를 경료하지 못한 경우

민법상 법률행위에 의한 물권변동의 효력은 등기하여야 효력이 생기므로 수용개시일 이전에 매매 등으로 소유권이전등기청구권을 취득하였거나 소유권이전등기절차이행 확정판결을 받았다 하더라도 실제로 수용의 개시일까지 소유권이전등기를 경료하지 않았다면 피공탁자가 될 수 없고, 등기사항증명서상 토지소유자가 피공탁자가 된다.

(4) 사업인정고시 후 소유권에 변동이 있는 경우

① 보상금을 공탁하는 경우 공탁 당시의 토지소유자가 채권자이므로 그를 피공탁자로 공탁하여야 한다. 그리하여 재결 이후에 소유권의 변동이 없는 경우에는 재결서상의 피수용자를, 재결 이후 수용개시일 전에 소유권의 변동에 있거나 소유권의 변동 없이 보상금청구권의 주체가 변동된 경우(양도 · 전부 등)에는 그 승계인을 각 피공탁자로 하여야 한다.

② 공탁선례도 甲 소유의 토지에 대한 수용재결이 있은 후 수용의 개시일 이전에 丙이 甲으로부터 위 토지의 소유권을 승계한 경우에는 수용 당시의 소유자인 丙이 토지수용에 의한 손실보상금이나 공탁금의 수령권자가 되며, 비록 丙이 소유권을 취득하기 전에 乙이 甲의 손실보상금 채권을 가압류하였다고 하더라도 그것만으로는 甲의 위 토지처분행위를 저지하거나 丙의 소유권취득에 우선할 수 있는 효력이 없으며, 수용 당시에 甲은 위 토지의 소유권자가 아니어서 손실보상금 채권자가 될 수 없게 되었으므로 위 가압류명령은 수용 당시에 이르러 피가 압류채권인 손실보상금 채권이 부존재하게 되어 무효가 되고, 따라서 위 보상금을 공탁하는 경우의 피공탁자는 丙이 된다고 하였다.

③ 사업인정고시 후 재결 이전에 소유권이 변동되었음에도 불구하고 종전 소유자를 상대로 재결이 이루어진 경우에도 변동된 소유자가 진정한 손실보상금 수령권자로서 손실보상금을 수령하거나 공탁된 보상금을 수령한다.

④ 판례는 수용대상토지에 대하여 토지보상법 소정의 사업인정고시가 있은 후 소유권의 변동이 있었으나 토지수용위원회가 소유권 변동사실을 알지 못한 채 사업인정고시 당시의 소유명의자를 소유자로 다루어 수용재결한 경우에는 토지보상법 제36조 소정의 절차에 따라 그 소유자 표시를 진실에 맞도록 변경하는 경정재결을 할 수 있고, 또한 동법 제40조 제3항은 사업

인정고시 후 소유권 변동이 있는 경우에는 그 승계인에게 손실보상을 하여야 하고, 공탁할 경우에도 또한 그와 같으며, 이 경우 소유권 등을 승계한 자가 공탁금을 수령한다고 규정하고 있으므로 토지의 소유권을 승계한 수용 당시의 소유자가 토지수용의 손실보상금이나 공탁한 경우 공탁금의 수령권자가 된다고 하고 있다.

⑤ 공탁선례도 사업인정고시 후 재결 전에 소유권변동이 있었음에도 종전 소유자를 상대로 재결이 이루어진 경우에 손실보상금의 수령권자는 소유권을 승계한 수용 당시의 등기부상 소유자가 되므로 현 소유자에게 지급하거나 공탁할 경우 현 소유자를 피공탁자로 하여 공탁하여야 한다고 하고 있다.

2) 절대적 불확지공탁

변제공탁절차에서 공탁자는 피공탁자 지정의무가 있기 때문에 피공탁자의 성명, 주소 등을 모르는 경우에 하는 절대적 불확지공탁은 허용되지 않는 것이 원칙이지만, 수용절차의 공공성 등을 고려하여 토지보상법 제40조 제2항 제2호에서 허용하고 있다.

4. 공탁서 작성 시 유의사항

1) 공탁원인사실의 기재

① 피보상자 불확지를 사유로 공탁하는 경우에는 그 사유를 공탁원인사실에 구체적으로 명시하여야 한다.

▶ 따라서 수용대상토지에 대한 등기부가 2개 개설되어 있고 그 소유명의인이 각각 달라 사업시행자가 과실 없이 진정한 토지소유자를 알 수 없는 때에는 공탁원인사실에 그와 같은 취지로 기재하고 공탁물을 수령할 자를 '甲 또는 乙'로 표시하여야 한다. 그런데도 피공탁자를 甲과 乙, 2인으로 하고, 공탁원인사실을 피공탁자들에게 손실보상금을 현실제공하고자 하였으나 수령을 거절하므로 공탁한다고 기재하였다면 이는 甲과 乙을 공동수령자로 하여 공탁한 것에 지나지 아니하여 적법한 공탁이라 할 수 없다.

② 수용대상토지에 대하여 담보물권, 가압류, 경매개시결정 등의 등기가 되어 있다고 하더라도 그것만으로는 토지소유자가 피보상자임에 변동이 없으므로 보상금을 공탁하는 경우의 피공탁자는 토지소유자가 되고, 담보물권자, 가압류채권자, 경매신청인 등은 공탁서상의 어느 란에도 기재할 필요가 없다.

2) 법령 조항의 기재

① 사업시행자가 수용보상금을 공탁하는 경우에는 토지보상법에 근거 조항이 있으므로 변제공탁의 성질을 갖는 공탁의 경우에도 민법 제487조를 별도로 기재하지 않는다. 다만 토지보상법 제40조 제2항 각 호의 사유별로 공탁원인사실 및 출급청구권 증명서면 등이 다르므로 토지보상법 제40조 제2항 몇 호까지 구체적으로 기재하여야 한다.

② 그리고 보상금지급청구권에 대하여 압류 또는 압류경합이 있는 때에는 '공익사업을 위한 토지 등의 취득 및 보상에 관한 법률 제40조 제2항 제4호 및 민사집행법 제248조 제1항'으로,

보상금 지급청구권에 대하여 가압류가 있는 때에는 '공익사업을 위한 토지 등의 취득 및 보상에 관한 법률 제40조 제2항 제4호, 민사집행법 제291조 및 제248조 제1항'으로 기재한다.

3) 공탁으로 인하여 소멸하는 저당권 등의 표시 여부

① 민법 제487조 변제공탁의 경우 공탁으로 인하여 질권, 전세권, 저당권이 소멸하는 경우에는 그 질권, 전세권, 저당권을 표시하여야 한다. 그러나 수용보상금 공탁의 경우에는 공탁으로 인하여 소멸하는 권리를 기재해야 할 경우는 없다. 수용보상금 공탁으로 인하여 수용대상토지에 설정된 저당권 등이 소멸된다 하더라도 이는 수용의 효과, 즉 원시취득으로 인하여 소멸하는 것이지 피담보채무의 변제로 인한 소멸이 아니기 때문이다.

② 피공탁자가 아닌 관계인 명의로 수용대상토지에 등기된 지상권, 전세권, 저당권, 지역권, 임차권 등은 '공탁으로 인하여 소멸하는 질권, 전세권, 저당권란'에 기재할 사항은 아니며, 그 권리자도 '피공탁자란'에 기재하여서는 안 된다.

4) 반대급부의 기재 여부

수용보상금 공탁의 경우 수용보상금의 지급과 수용으로 인한 소유권이전등기는 동시이행관계에 있는 것이 아니므로 수용보상금의 공탁서에 소유권이전등기 서류의 교부를 반대급부로 기재할 수 없고, 또한 수용대상토지에 대하여 제한물권이나 처분제한의 등기가 있는 경우에도 그러한 등기의 말소를 반대급부로 기재할 수는 없다.

03 절 수용보상금의 공탁사유

1. 토지보상법 제40조 제2항 제1호 사유(수령거부, 수령불능)

민법상 변제공탁 사유인 채권자의 수령거절 및 수령불능과 그 요건이 같다.

▶ 그러나 토지소유자가 수용재결이 있기 전에 등기부상 주소를 실제 거주지로 변경등기를 하였음에도 불구하고 사업시행자가 토지소유자의 주소가 불명하다 하여 수용재결에서 정한 수용보상금을 토지소유자 앞으로 공탁한 경우 그 공탁은 요건이 흠결된 것이어서 무효이고 토지소유자의 변경등기 전 주소로 수용절차가 진행되어 왔다고 하여도 마찬가지이다.

2. 토지보상법 제40조 제2항 제2호 사유(채권자 불확지)

민법상 변제공탁 사유 중 하나인 채권자 불확지와 같은 의미이다.

▶ 사업시행자가 과실 없이 여러 사람 중 누가 보상금을 수령할 진정한 권리자인지 알 수 없는 상대적 불확지공탁 이외에도 보상금을 받을 자가 누구인지 전혀 알 수 없는 절대적 불확지공탁도 예외적으로 허용된다.

가. 상대적 불확지공탁

수용 당시 토지소유자의 소유권에 대하여 물권적 분쟁이 있을 때만 보상금 채권자가 누구인지 모른다 할 수 있으므로 상대적 불확지공탁을 할 수 있고, 단지 채권적 분쟁이 있을 때는 토지소유권에 대하여는 변동이 없으므로 토지소유자를 피공탁자로 하는 확지공탁을 하는 것이 타당하다. 여기서 물권적 분쟁이란 현 토지소유자의 소유권을 인정하지 아니하고 토지소유권 귀속 자체에 대하여 다투는 것을 의미하고, 채권적 분쟁이란 현 토지소유자의 소유권 자체는 인정하되 자기에게 소유권을 이전해 달라는 등의 채권적 다툼이 있는 것을 의미한다.

1) 상대적 불확지공탁이 인정되는 경우

(1) 수용대상토지에 대하여 소유권등기말소청구권을 피보전권리로 하는 처분금지가처분등기가 경료되어 있는 경우

① 이 경우는 원인무효의 사유로 현재 등기되어 있는 토지소유자의 소유권 자체를 부정하고 있으므로 물권적 분쟁에 해당되고, 따라서 '토지소유자 또는 가처분채권자'를 피공탁자로 하는 상대적 불확지공탁이 인정된다.

② 다만 사해행위취소에 따른 소유권등기말소청구권을 피보전권리로 한 가처분이 있는 경우 그 가처분권자는 종전 소유자에 대한 채권자로서의 지위에 있을 뿐 직접 그 소유권이 가처분권자 자신에게 속한다고 다투는 경우에 해당되지 않으므로 토지소유자 또는 가처분채권자를 피공탁자로 한 상대적 불확지공탁은 부적법하여 무효이다. 그러므로 이 경우 공탁근거법령은 토지보상법 제40조 제2항 제1호, 피공탁자는 '부동산 소유자(가처분채무자)'로 하는 확지공탁을 하되, 위 가처분에 관한 사항을 공탁원인사실에 기재하여야 할 것이며, 이때 가처분의 효력은 가처분채무자의 공탁금 출급청구권에 대하여 존속한다. 만약 위와 같이 상대적 불확지공탁을 할 수 없음에도 공탁이 이루어진 경우에는 착오에 의한 공탁으로 법 제9조 제2항 제2호에 따라 착오를 증명하는 서면을 첨부하여 공탁금을 회수할 수 있을 것이다. 사해행위취소로 인하여 수익자 명의의 소유권이전등기가 말소되어 채무자 명의로 소유권이 회복되더라도 취소채권자 및 다른 채권자에 대한 관계에서 채무자의 책임재산으로 취급될 뿐 채무자가 직접 그 재산에 대하여 어떤 권리를 취득하는 것은 아니다. 피공탁자인 채무자가 출급할 수 없음은 물론이다.

③ 그러나 수용대상토지에 대하여 소유권이전등기청구권을 피보전권리로 하는 처분금지가처분등기가 경료되어 있는 경우에는 현재 등기되어 있는 토지소유자의 소유권 자체를 부정하는 것이 아니라 소유권을 인정하는 전제하에서 매매 등을 원인으로 소유권이전등기를 해달라는 채권적 분쟁이므로 토지소유자를 피공탁자로 하는 확지공탁만 할 수 있고, 가처분채권자를 피공탁자에 포함하는 상대적 불확지공탁은 할 수 없다. 이는 우리 민법상 법률행위에 의한 소유권의 취득은 등기를 하여야만 가능하므로 소유권이전등기청구권만을 가진 상태에서는 소유권을 인정할 수 없어 그를 소유자로 볼 수 없기 때문이다.

▶ 수용대상토지에 대하여 처분금지가처분의 등기가 경료되어 있는 경우에 그 사유만으로는 피보상자를 알 수 없다는 이유로 공탁할 수 없고, 다만 소유권등기말소청구권을 피보전권리로 하는 처분금지가처분등기가 경료되어 있는 등 수용대상토지에 대한 소유권의 귀속에 관하여 다툼이 있는 경우에는 사업시행자가 피보상자를 알 수 없다는 이유로 공탁을 할 수 있으나, 그 피보전권리가 소유권이전등기청구권인 때에는 피공탁자의 상대적 불확지를 이유로 하는 공탁을 할 수는 없다.

④ 다만 부동산처분금지가처분 기입등기 시 피보전권리를 기재하는 것은 1997.9.11. 등기예규 제881호가 제정·시행된 이후이다. 따라서 예규 시행 이전에 이루어진 가처분의 경우 피보전권리가 등기사항증명서상 공시되어 있지 않다. 가처분의 피보전권리가 소유권말소등기청구권인지 아니면 소유권이전등기청구권인지가 공시되어 있지 않다면 일단은 그 토지의 소유권 귀속에 관하여 다툼이 있는 것으로 보아 피공탁자의 상대적 불확지를 이유로 공탁할 수 있다.

⑤ 한편 피보전권리가 소유권이전등기청구권이더라도, ㉠ 수용대상토지에 진정명의회복을 위한 소유권이전등기청구권을 피보전권리로 하는 가처분등기가 경료되어 있는 경우와 ㉡ 수용대상토지에 친일반민족행위자재산의 국가귀속에 관한 특별법에 따른 소유권이전등기청구권을 피보전권리로 하는 가처분등기가 경료되어 있는 경우에는 상대적 불확지공탁이 가능하다.

(2) 수용대상토지에 대하여 등기사항증명서가 2개 개설되어 있고 그 소유명의인이 각각 다른 경우

수용대상토지에 관하여 甲 명의로 소유권이전등기가 되어 있고, 또 다른 등기부에 위 토지와 지번, 지목이 같고 지적만이 다른 乙 명의의 소유권이전등기가 되어 있어 사업시행자가 과실 없이 진정한 토지소유자를 알 수 없는 때에는 수용재결에서 정한 보상금을 적법하게 공탁하려면 공탁원인을 그와 같은 취지로 기재하고 공탁물을 수령한 자는 '甲 또는 乙'로 표시하여야 한다.

(3) 등기사항증명서상 공유지분의 합계가 1을 초과하거나 미달되어 피수용자들의 정당한 공유지분을 알 수 없는 경우

토지 공유자는 자신의 공유지분에 대하여 보통의 소유권과 실질적으로 같은 것이어서 보상금은 공유자의 공유지분별로 지급하여야 하고, 공탁을 할 경우에는 각 공유자를 피공탁자로 하는 확지공탁을 공유자별로 하여야 한다. 그러나 토지등기사항증명서상 공동소유자들의 공유지분 합계가 1을 초과하거나 미달되어 사업시행자로서는 보상금을 받을 자인 공동소유자들의 정당 또한 공유 지분을 알 수 없이 개인별 보상금액을 구체적으로 산정할 수 없다면 피보상자 불확지를 사유로 공탁할 수 있다. 이 경우 피공탁자는 "공동소유자 전부"를 기재하고 공탁원인사실에 위 공탁사유를 구체적으로 기재하여야 한다.

(4) 분할 전과 후의 토지대장의 소유명의인이 다른 경우 등

① 수용대상토지가 미등기토지로 분할 전 토지의 토지대장에 甲이 사정받은 것으로 되어 있으나 분할된 이후의 토지대장에는 乙 명의로 소유권이전등록이 되어 있다면 甲과 乙 중 누가 진정한 소유자인지 알 수 없으므로 甲 또는 乙을 피공탁자로 하여 상대적 불확지공탁을 할 수 있다.

② 또한 사업시행자가 미등기건물의 수용보상금을 공탁할 때 그 소유권에 대한 다툼이 있어 과실 없이 누가 진정한 수용대상 건물의 소유자인지 알지 못하는 경우에는 피공탁자를 '건축물대장상 소유자 또는 실제 소유자라고 주장하는 자'로 하여 상대적 불확지공탁을 할 수 있다.

(5) 수용보상금채권에 대한 처분금지가처분이 있는 경우

① 가처분권자가 수용보상금채권에 대하여 권리의 귀속을 다투는 경우에는 공탁근거법령을 토지보상법 제40조 제2항 제2호로 하고, 피공탁자는 '가처분채무자 또는 가처분채권자'로 하는 상대적 불확지공탁을 할 수 있다.

② 만약 가처분권자가 수용보상금채권에 대하여 권리의 귀속을 다투는 것이 아닌 경우에는 공탁근거법령을 토지보상법 제40조 제2항 제1호로 하고, 피공탁자는 '가처분채무자(부동산소유자)'로 하는 확지공탁을 하되, 위 가처분에 관한 사항을 공탁원인사실에 기재하여야 할 것이며, 이때 가처분의 효력은 가처분채무자의 공탁금 출급청구권에 대하여 존속한다.

(6) 보상받을 사람이 사망하였으나 과실 없이 그 상속인들의 정당한 상속지분을 알 수 없는 경우 (피공탁자 : 상속인들 전부)

2) 상대적 불확지공탁이 인정되지 않는 경우

① 수용대상토지가 일반채권자에 의하여 압류 또는 가압류되어 있거나 수용대상토지에 근저당권설정등기가 마쳐져 있더라도 그 토지의 수용에 따른 보상금청구권 자체가 압류 또는 가압류되어 있지 아니한 이상 보상금의 지급이 금지되는 것은 아니므로 이러한 사유만으로 토지보상법 제40조 제2항 제2호 소정의 '사업시행자가 과실 없이 보상금을 받을 자를 알 수 없는 때'의 공탁사유에 해당되지 않는다.

② 회생개시결정이 있는 때에는 채무자 재산의 관리 및 처분권한은 관리인에게 전속하게 되고 채무자에 대하여 채무를 부담하고 있는 자는 회생절차개시 이후에는 관리인 또는 관리인으로 보게 되는 개인 채무자 또는 법인 채무자에게 변제하여야 한다는 점에서 수용대상토지에 회생절차개시결정등기가 되어 있는 경우는 채권자 불확지 사유가 인정되지 않는다.

③ 수용대상토지 등에 대하여 담보물권 · 소유권이전등기청구권 보전을 위한 가처분등기 또는 가등기가 마쳐져 있는 경우, 수용대상토지 등에 대하여 가압류, 압류, 경매개시, 공매공고(납세담보물의 공매공고 포함) 등의 기입등기가 마쳐져 있는 경우에는 상대적 불확지공탁을 할 수 없다.

나. 절대적 불확지공탁

절대적 불확지공탁이란 변제공탁에서 공탁물수령자인 피공탁자가 누구인가를 공탁자가 전혀 알 수 없는 경우에 하는 공탁을 말한다. 우리 공탁제도상 채권자가 특정되거나 적어도 채권자가 상대적으로나마 특정되는 상대적 불확지의 공탁만이 허용될 수 있는 것이고, 채권자가 누구인지 전혀 알 수 없는 절대적 불확지의 공탁은 허용되지 아니하는 것이 원칙이다. 다만 토지보상법 제40조 제2항 제2호는 토지수용의 주체인 사업시행자가 과실 없이 보상금을 받을 자를 알 수 없을 때에는 절대적 불확지의 공탁이 허용됨을 규정하여 사업시행자는 그 공탁에 의하여 보상금 지급의무를 면하고 그 토지에 대한 소유권을 취득하도록 하고 있다. 수용보상금 공탁에 있어 절대적 불확지공탁을 인정하는 경우는 다음과 같다.

(1) 수용대상토지가 미등기이고 대장상 소유자 표시란이 공란으로 되어 있어 소유자를 확정할 수 없는 경우

등기부와 토지대장 등 지적공부가 6·25사변으로 모두 멸실되고 그 후 토지대장이 새로 복구되었으나 소유권란은 복구되지 않은 채 미등기로 남아 있어 피수용자를 불확지로 하는 수용재결이 있었다면 택지개발사업 시행자로서는 과실 없이 보상금을 받을 자를 알 수 없었다고 봄이 상당하므로 그 보상금을 공탁할 수 있다.

(2) 대장상 성명은 기재되어 있으나 주소의 기재(동·리의 기재만 있고 번지의 기재가 없는 경우도 해당됨)가 없는 경우

미등기인 수용대상토지가 토지대장에 주소는 기재됨이 없이 소유자의 성명만 기재되어 있는 경우에는 사업시행자가 토지소유자, 즉 피보상자를 과실 없이 알 수 없는 경우에 해당하므로 절대적 불확지공탁을 할 수 있다.

(3) 대장상 주소는 기재되어 있으나 성명의 기재가 없는 경우

(4) 수용대상토지가 등기는 되어 있으나 등기사항증명서상 소유자를 특정할 수 없는 경우

수용대상토지의 등기사항증명서상 소유자의 주소 표시 중 번지가 누락된 경우(이러한 등기는 원래 불가능함)에는 소유자를 특정할 수 없으므로 절대적 불확지공탁을 할 수 있고, 이 경우 소유자 표시를 등기사항증명서상 표시와 같이 정정하더라도 소유자를 특정한 것으로 볼 수는 없어 정정의 효력은 없다.

(5) 등기사항증명서의 일부인 공동인명부와 토지대장상의 공유자연명부가 멸실한 경우

등기사항증명서의 일부인 공동인명부와 토지대장상의 공유자연명부가 멸실된 토지에 대하여 사업시행자가 토지소유자를 알 수 없어 협의를 할 수 없음을 이유로 관할 토지수용위원회에 재결을 신청하고 그에 따라 피수용자를 불확지로 한 수용재결을 얻은 경우에는 절대적 불확지공탁을 할 수 있다.

(6) 피수용자가 사망하였으나 그 상속인 전부 또는 일부를 알 수 없는 경우

 ① 상속인 전부를 알 수 없는 경우 보상금 전부(피공탁자 : 망 ○○○[주민등록번호 또는 주소 병기]의 상속인)

 ② 상속인 중 일부를 알 수 없는 경우 그 알 수 없는 상속인에 대한 보상금 부분(피공탁자 : 망 ○○○의 상속인 ◇◇◇[주민등록번호와 주소 병기] 외 상속인)

(7) 피수용자의 등기사항증명서상 주소지가 미수복지구인 경우

 ① 피수용자의 등기사항증명서상 주소지가 미수복지구로 되어 있고, 그와 다른 주소지를 사업

시행자가 별도로 알 수 없는 경우에는 절대적 불확지공탁을 할 수 있다.

② 판례는 사업시행자가 피공탁자의 주소를 미수복지구로 기재하고 공탁관계법령을 보상금을 받을 자가 그 수령을 거부하거나 보상금을 수령할 수 없는 때에 해당하는 법령의 조문을 기재한 경우 피공탁자의 주소 표시가 제대로 되지 아니하고 공탁통지서도 송달할 수 없으므로 피공탁자가 특정되지 않았다고 할 것이어서 공탁을 하게 된 관계법령의 기재가 사실에 합치되지 아니하지만 그렇다고 그 공탁이 바로 무효가 되는 것이 아니고, 그 공탁을 '사업시행자가 과실 없이 보상금을 받을 자를 알 수 없는 때'에 허용되는 절대적 불확지의 공탁으로 보아 유효하다고 해석하고 있다.

(8) 사업시행자가 과실 없이 영업손실보상금을 받을 자를 알 수 없는 경우

사업시행자가 토지조서 및 물건조서의 작성을 위하여 영업시설에 출입하여 영업의 현황 및 영업주의 현황을 방문 조사하였으나 영업주, 종업원 등이 고의적으로 조사를 회피하는 등의 사정으로 과실 없이 영업주를 전혀 알 수 없는 경우에는 이러한 내용이 기재된 물건조서 또는 조사를 담당한 자의 진술서 등 소명자료를 첨부하여 영업손실보상금을 절대적 불확지공탁할 수 있다.

3. 토지보상법 제40조 제2항 제4호 사유(압류 · 가압류)

① 압류 또는 가압류에 의하여 보상금 지급이 금지된 때에는 공탁할 수 있다. 일반채권에 기한 압류 외에 담보권리자의 물상대위권 행사에 의한 압류도 포함된다.

② 그러나 국세징수법상의 강제징수 또는 지방세기본법상 체납처분압류만을 이유로 하여 사업시행자가 집행공탁을 할 수는 없으므로 강제징수 또는 체납처분압류만이 있는 경우에는 이 공탁사유에 해당하지 않는다.

③ 하지만 민사집행법에 따른 압류와 체납처분에 의한 압류가 있는 경우(선후 불문)는 이 공탁사유에 해당한다. 토지수용보상금지급청구권에 대하여 민사집행법에 따른 압류와 체납처분에 의한 압류가 있는 경우 '공익사업을 위한 토지 등의 취득 및 보상에 관한 법률 제40조 제2항 제4호 및 민사집행법 제248조 제1항'을 근거법령으로 하여 공탁할 수 있다.

④ 담보물권의 변형물인 보상금에 대하여 이미 제3자가 압류하여 특정된 이상 담보물권자는 스스로 이를 압류하지 않고서도 물상대위권을 행사할 수 있다. 그러나 그 권리실행은 민사집행법 제273조에 따라 채권에 대한 강제집행절차를 준용하여 채권압류 및 전부명령을 받거나 배당요구를 하는 등의 방법으로 하여야 한다. 따라서 근저당권 등기가 되어 있는 토지에 대한 수용재결이 있은 후 제3자가 보상금채권을 압류하였으나 근저당권자가 물상대위권을 행사하지 아니한 경우에 사업시행자는 압류에 의하여 보상금의 지급이 금지되었음을 이유로 보상금을 공탁하여야 하고, 압류하지 않는 근저당권자도 압류한 것으로 취급하여 공탁할 것은 아니다.

⑤ 그리고 수용되는 토지에 대하여 체납처분에 의한 압류가 집행되어 있어도 토지의 수용으로 사업시행자가 그 소유권을 원시취득함으로써 그 압류의 효력은 소멸되지만, 토지에 대한 압류가 그 수용보상금청구권에 당연히 이전되어 그 효력이 미치게 된다고는 볼 수 없다. 따라

서 수용 전 토지에 대하여 체납처분에 의하여 압류한 체납처분청이 다시 수용보상금에 대하여 체납처분에 의한 압류를 하였다고 하여 물상대위의 법리에 의하여 수용 전 토지에 대한 체납처분에 의한 우선권이 수용보상금채권에 대한 배당절차에서 종전 순위대로 유지된다고 볼 수도 없다.

04 절 수용보상금 공탁의 효과

1. 사업시행자의 소유권 취득

① 사업시행자가 수용개시일까지 관할 토지수용위원회가 재결한 보상금을 공탁한 때에는 수용개시일에 토지나 물건의 소유권을 취득하며, 설령 그 후 중앙토지수용위원회의 이의재결에 의하여 위 수용재결에서 정한 손실보상금이 증액되었다 하더라도 달리 볼 수 없다. 이 경우 소유권 취득은 원시취득이다.

② 사업시행자는 토지를 수용한 날에 그 소유권을 취득하며 그 토지에 관한 다른 권리는 소멸하는 것인바, 수용되는 토지에 대하여 가압류가 집행되어 있어도 토지의 수용으로 인하여 사업시행자가 그 소유권을 원시취득함으로써 가압류의 효력은 소멸되고, 토지에 대한 가압류가 그 수용보상금청구권에 당연히 이전되어 그 효력이 미치게 된다고는 볼 수 없다.

③ 수용재결의 재결서 정본이 피수용자에게 적법하게 송달되기 이전에 사업시행자가 한 보상금의 공탁도 그것이 수용개시일 이전에 이루어진 것이라면 효력이 있다.

2. 수용보상금을 지급 또는 공탁하지 아니한 때

토지보상법 제42조는 사업시행자가 수용 또는 사용의 개시일까지 관할 토지수용위원회가 재결한 보상금을 지급하거나 공탁하지 아니하였을 때에는 해당 토지수용위원회의 재결은 효력을 상실한다고 규정하고 있으므로, 사업시행자가 수용개시일까지 보상금 전액을 지급 또는 공탁하지 아니하였다면 해당 재결은 무효가 된다.

3. 수용보상금 공탁이 무효인 경우

① 사업시행자가 일단 수용보상금을 공탁하였다 하더라도 그 공탁이 무효라면 토지보상법 제42조 제1항 소정의 사업시행자가 수용개시일까지 보상금을 지급 또는 공탁하지 아니하였을 때에 해당하므로 그 수용재결은 효력을 상실하게 된다. 위와 같이 실효된 수용재결을 유효한 것으로 보고서 한 이의재결도 위법하여 당연무효가 된다.

② 한편 토지보상법에 의한 수용재결에 따른 수용보상금의 공탁이 유효한 것인지 여부는 동법 제40조 제2항 및 공탁법이 정한 요건을 갖추었는지 여부에 의하여 결정되고 공탁의 전제가 되는 수용재결이 유효하다 하여 그에 따른 공탁도 당연히 유효한 것은 아니다.

1) 공탁요건에 해당하지 아니하는 공탁

① 수용보상금은 수용의 개시일까지 사업시행자가 피수용자에게 직접 지급하여야 하나, 토지보상법 제40조 제2항이 정한 공탁요건(공탁원인)이 있는 경우에 한하여 공탁할 수 있다. 따라서 동법 제40조 제2항 각 호 중의 하나에 해당하지 아니하는 경우에 한 공탁은 보상금의 지급으로써의 효력을 발생하지 못한다.

② 지방자치단체가 수용대상토지를 압류하였더라도 그 토지의 수용에 다른 보상금청구권을 압류하지 아니한 이상 보상금을 받을 자는 여전히 토지소유자이다. 그런데 사업시행자가 수용대상토지가 지방자치단체에 의하여 압류되어 있어 보상금을 수령할 자를 알 수 없다는 이유로 공탁을 하였다면 토지보상법 제40조 제2항의 각 호에 열거된 공탁의 요건에 해당되지 않아 보상금 지급의 효력이 발생할 수 없다.

③ 토지소유자가 그 토지에 대한 수용재결이 있기 전에 등기부상 주소를 실제 거주지로 변경등기하였음에도 불구하고 사업시행자가 토지소유자의 주소가 불명하다 하여 수용재결에서 정한 수용보상금을 토지소유자 앞으로 공탁한 경우 그 공탁은 요건 흠결로 무효이다.

2) 일부 공탁의 경우

① 수용의 효과를 발생시키는 보상금의 공탁은 특별한 사정(사업시행자가 토지수용위원회가 재결한 보상액에 불복하여 자기의 예정금액을 지급하고 재결에서 정한 보상액과의 차액만을 공탁하는 경우)이 없는 한 보상금 전액을 공탁하여야 하므로 사업시행자가 피수용자의 전기요금 등을 대납하였다 하더라도 그만큼을 공제한 차액만을 공탁할 수는 없다.

② 수용의 효과를 발생시키는 보상금의 공탁은 재결에서 정해진 보상금 전액의 공탁을 의미하므로 피수용대상토지에 대한 상속등기를 대위신청할 때 소요될 등록면허세액(지방교육세 포함) 그 밖의 비용을 공제한 나머지 금액만을 공탁한다면 이는 유효한 공탁이 될 수 없다. 이 경우 사업시행자가 대신 지출한 상속등기비용은 별도로 수용보상금 채권자들에게 구상하여야 한다.

③ 그러나 사업시행자가 토지소유자에게 지급할 보상금이 소득세법 제156조 또는 법인세법 제98조에 따라 원천징수의 대상이 되는 경우에는 사업시행자는 토지소유자에게 지급할 보상금에서 그 원천징수세액을 공제한 나머지 금액을 공탁할 수 있다. 이 경우 공탁서상의 공탁원인사실란에 원천징수세액을 공제한 사실을 기재하여야 하나, 원천징수세액의 공제를 소명하는 자료는 제출할 필요가 없다.

4. 공탁 흠결의 치유

① 보상금의 일부만을 공탁하거나 조건을 붙여서 한 공탁은 무효이지만 피공탁자가 아무런 이의도 유보하지 아니하고 그 공탁금을 수령하면 무효 원인인 하자가 치유되어 공탁일에 소급하여 그 공탁은 보상금을 지급한 것과 같은 효력을 발생하게 된다.

② 공탁요건에 해당하지 아니한 공탁이거나 일부 공탁, 조건부 공탁 등 하자 있는 공탁에 대하여 피공탁자가 이의를 유보하고 그 공탁된 보상금을 수령한 경우에는 공탁의 취지에 따라 공탁금을 수령한 것으로 볼 수 없기 때문에 무효가 된 공탁의 하자가 치유될 수 없을 것이다.

③ 또한 수용개시일이 지난 후에 사업시행자가 공탁서의 공탁원인사실과 피공탁자의 주소와 성명을 정정하고 토지소유자가 이의를 유보한 채 공탁금을 수령하더라도 이미 실효된 수용재결이 다시 효력이 생기는 것은 아니다.

05 절 수용보상금 공탁서 정정

1. 공탁자의 공탁서 정정의무(절대적 불확지공탁)

① 변제공탁은 채권자가 특정되거나 적어도 채권자가 상대적으로나마 특정되는 상대적 불확지의 공탁만이 허용될 수 있는 것이고, 채권자가 누구인지 전혀 알 수 없는 절대적 불확지의 공탁은 허용되지 아니하는 것이 원칙이다. 예외적으로 토지수용보상금 공탁에서는 절대적 불확지공탁이 인정된다.

② 이는 공익을 위하여 신속한 수용이 불가피하기 때문이지만, 이를 허용하는 것은 사업시행자가 과실 없이 채권자를 알 수 없다는 부득이한 사정으로 인한 임시적 조치로서 편의상 방편일 뿐이므로 사업시행자는 공탁으로 수용보상금 지급의무를 면하게 되지만, 이로써 위에 본 공탁 제도상 요구되는 채권자 지정의무를 다하였다거나 그 의무가 면제된 것은 아니다.

③ 따라서 사업시행자가 수용보상금을 절대적 불확지공탁한 후에 피공탁자를 알게 된 때에는 그를 피공탁자로 지정하는 공탁서 정정을 신청할 수 있다. 공탁자가 임의로 정정하지 않을 경우에는 공탁자를 상대로 공탁물 출급청구권이 자신에게 있다는 확인판결을 받아 공탁물을 출급청구할 수 있다.

④ 공탁금을 수령할 자가 누구인지 전혀 몰라 피공탁자를 불명 또는 미지정 등으로 절대적 불확지공탁을 한 경우에, 공탁자가 후에 피공탁자를 알게 된 때에는 먼저 공탁물을 수령할 자를 지정하여 공탁서를 정정한 후에 피공탁자로 하여금 공탁금을 출급청구하게 할 수 있고, 또한 그 공탁서 정정이 적법하게 수리된 경우에 정정의 효력은 조건부 공탁을 조건 없는 공탁으로 정정하는 경우와는 달리 당초 공탁 시로 소급하여 발생한다. 따라서 수용재결이 있은 후 수용개시일까지 보상금을 공탁하였다면 그 수용재결이 당연무효이거나 소송 등에 의하여 취소되지 아니하는 한 사업시행자는 수용한 날에 소유권을 취득한다.

2. 피공탁자의 표시가 잘못된 경우

사업시행자가 토지수용에 따른 보상금을 받을 자를 등기부상 소유명의인인 '전교림'으로 확정하여 그를 피공탁자로 하여 공탁하였으나, 그 '전교림'은 재단법인 전라북도향교재단 소속 전주향교 유림의 약칭에 불과하므로 토지수용에 따른 보상금을 받을 자는 수용토지의 실소유자인 재단법인 전라북도향교재단임이 밝혀졌다면, 공탁자(사업시행자)로 하여금 피공탁자를 '전교림'에서 '재단법인 전라북도향교재단'으로 정정하는 공탁서 정정을 신청하도록 하여야 한다[이 경우 정정사유를 소명하는 서면으로서 토지보상법 제18조(2007.10.17. 법률 제8665호로 폐지되기 전의 것)에 따라 시·구·읍·면의 장으로부터 소유사실확인서를 발급받은 자 또는 특별시장·광역시장·도지사 또는 특별자치도지사의 향교재산처분 허가서 등의 서류를 제출할 수 있을 것임]. 위와 같은 정정사유에 의한 피공탁자 정정은 공탁의 동일성을 해하지 않는 것이므로 공탁관은 그러한 공탁서 정정신청을 수리하지 않을 수 없다.

3. 공탁서 정정의 효력발생시기

① 공탁서 정정이 적법하게 수리된 경우에 정정의 효력은 당초 공탁 시로 소급하여 발생한다. 다만 변제공탁의 경우 채권자가 반대급부 또는 그 밖의 조건을 이행할 의무가 없음에도 불구하고 채무자가 이를 조건으로 공탁한 때에는 채권자가 이를 수락하지 않는 한 그 변제공탁은 효력이 없으며, 그 뒤 채무자의 공탁에 붙인 조건의 철회정정청구에 따라 공탁관으로부터 위 정정청구의 인가결정이 있었다 하더라도 그 변제공탁은 인가결정 시부터 반대급부나 조건이 없는 변제공탁으로써의 효력을 갖는 것으로써 그 효력이 당초의 변제공탁 시로 소급하는 것은 아니다.

② 토지수용에서 사업시행자가 지방토지수용위원회의 원재결에 정한 수용보상금을 공탁하면서 토지소유권이전에 필요한 일체의 서류를 반대급부로 제공할 것을 조건으로 하였고 원재결 수용개시일 이후에야 반대급부 없는 공탁으로 정정인가결정이 있었다면 토지수용에 있어서 토지소유자가 위 서류를 반대급부로 제공할 의무가 없고, 그 정정인가의 효력이 당초의 공탁 시나 원재결 수용개시일에 소급되는 것이 아니므로 위 공탁은 원재결대로의 보상금지급의 효력이 없다. 따라서 원재결은 토지보상법 제42조 제1항에 의한 사업시행자가 수용개시일까지 재결보상금을 지급 또는 공탁하지 아니한 때에 해당하여 그 효력을 상실하였다. 실효된 원재결에 대한 중앙토지수용위원회의 이의재결 역시 위법하여 무효이다. 그러나 위의 중앙토지수용위원회의 이의재결이 절대적 무효는 아니므로 이의취소나 무효확인을 구할 이익은 있다.

06 절 수용보상 관련 특수공탁

1. 토지보상법 제40조 제2항 제3호 사유(사업시행자의 불복)

① 관할 토지수용위원회가 재결한 보상금에 대하여 사업시행자의 불복이 있는 때에도 공탁할 수 있다. 이 경우 사업시행자는 보상금을 받을 자에게 자기가 산정한 보상금을 지급하고 그 금액과 토지수용위원회가 재결한 보상금과의 차액을 공탁하여야 한다.

② 예를 들면, 재결이 있기 전에 사업시행자가 3,000만 원을 협의보상금액으로 제시하였으나 협의가 성립되지 않아 재결을 신청하였더니 보상금액이 5,000만 원으로 재결되어 사업시행자가 보상금이 너무 많다는 이유로 이의신청을 제기하는 경우 5,000만 원 중 3,000만 원에

대하여서는 다툼이 없이 당초부터 보상금액으로 제시하였던 금액이기 때문에 이를 지급하고, 2,000만 원에 대하여만 다툼이 있는 금액이기 때문에 동법 제40조 제2항 제3호의 규정에 의하여 공탁하도록 한 것이다.

③ 이 경우 보상금을 받을 자는 불복의 절차가 종결될 때까지 공탁된 보상금을 수령할 수 없다.

2. 토지보상법 제84조 제2항에 따른 공탁

① 중앙토지수용위원회는 토지보상법 제83조에 따른 이의신청을 받은 경우 같은 법 제34조에 따른 재결이 위법하거나 부당하다고 인정할 때에는 그 재결의 전부 또는 일부를 취소하거나 보상액을 변경할 수 있다. 보상금이 증액된 경우 사업시행자는 재결의 취소 또는 변경의 재결서 정본을 받은 날부터 30일 이내에 보상금을 받을 자에게 그 증액된 보상금을 지급하여야 한다.

② 그러나 이의신청에 의한 재결절차는 수용재결에 대한 불복절차이면서 수용재결과는 확정의 효력 등을 달리하는 별개의 절차이므로 증액된 보상금의 지급 또는 공탁이 없는 경우 관할 토지수용위원회의 재결에 대한 보상금의 지급 또는 공탁이 없는 경우와는 달리 그 이의신청에 대한 재결이 실효되는 것은 아니다.

3. 토지보상법 제85조 제1항에 따른 공탁

① 사업시행자·토지소유자 또는 관계인은 토지보상법 제34조에 따른 재결에 불복할 때에는 재결서를 받은 날부터 90일 이내에, 이의신청을 거쳤을 때에는 이의신청에 대한 재결서를 받은 날부터 60일 이내에 각각 행정소송을 제기할 수 있다. 이 경우 사업시행자는 행정소송을 제기하기 전에 동법 제84조(이의신청에 대한 재결)에 따라 증액된 보상금을 공탁하여야 하고, 보상금을 받을 자는 공탁된 보상금을 소송종결 시까지 수령할 수 없다. 이때 증액된 보상금을 행정소송 제기 전에 공탁하여야 할 것이지만, 제소 당시 그와 같은 요건을 구비하지 못하였다 하여도 사실심 변론종결 당시까지 그 요건을 갖추었다면 그 흠결의 하자는 치유되었다고 본다.

② 이 공탁의무규정은 사업시행자가 행정소송을 제기한 경우에 한한다. 따라서 토지소유자 또는 이해관계인만이 이의재결에 대하여 행정소송을 제기한 경우에는 이의유보의 의사표시를 하여 공탁된 보상금을 지급받을 수 있다.

07 절 수용보상 공탁금의 출급

1. 일반적인 출급청구권 행사

가. 확지공탁

1) 의의

사업시행자가 수용보상금을 공탁하면서 피공탁자를 특정하여 공탁하였다면 일반 변제공탁의 경우와 마찬가지로 출급청구권자는 피공탁자 또는 승계인이다. 공탁물 출급청구 시 공탁서나 공탁통지서의 기재 자체에 의하여 출급청구권자와 출급청구권의 발생 및 범위를 알 수 있으므로 원칙적으로 별도의 출급청구권 증명서면을 제출할 필요가 없다.

2) 구체적인 사례

① 수용대상물인 지장물건에 대하여 소유권 분쟁이 있어 그 수용보상금이 공탁된 경우 공탁서상 피공탁자로 기재된 자는 직접 공탁관에 대하여 공탁금의 출급청구권을 행사하여 이를 수령하면 되는 것이고, 구태여 피공탁자가 아닌 위 소유권 분쟁당사자를 상대로 공탁금의 출급청구권이 자신에게 있다는 확인을 구할 필요는 없다. 피공탁자로 기재된 사람이 아닌 다른 사람에 대한 출급청구권 확인의 소는 그 권리보호의 이익이 없어 부적법하다.

② 사업시행자가 토지의 일부를 수용하고 수용보상금을 그 토지의 공유자 전원을 피공탁자로 하여 공탁한 경우에 공유토지에 대한 수용보상 공탁금을 가분채권으로 보아 공유자 각자가 자기의 등기부상 지분에 해당하는 공탁금을 출급청구할 수 있다. 비록 수용된 토지부분에 대한 공유자 내부의 실질적인 지분비율이 등기부상 지분비율과 다르다고 하더라도 이는 공유자 내부간에 별도로 해결하여야 할 문제이다.

③ 토지수용 시 사업시행자가 토지등기사항증명서상 공유자들의 공유지분 합계가 1을 초과하여 각 공유자의 정당한 지분을 알 수 없어 개인별 보상금액을 산정할 수 없다는 사유로 보상금을 공탁하였다면 이는 일종의 불확지공탁이라고 볼 수 있다. 이러한 경우 공유자인 피공탁자 전원이 합의하기에 이르렀다면 전원의 합의에 의한 개인별 또는 전원의 공탁금 출급청구가 가능하다. 그러나 공유자 전원의 합의가 이루어지지 않는다면 재판에 의하여 각 공유자의 지분을 확정한 후 출급청구하여야 할 것이고, 공유자들 전원의 정당한 지분을 알 수 없어 공탁한 것이므로 공유자 중 일부가 자기 지분에서 일정부분 차감함으로써 공유지분 합계를 1로하여 산정된 개인별 공탁금을 출급청구할 수는 없다.

④ 불가분채권의 목적물이 공탁된 경우에는 수인의 피공탁자 전원이 함께 공탁금을 출급하여야 한다. 합유로 등기되어 있는 토지를 수용하고 보상금을 공탁하면서 수용되기 전에 사망한 5명을 포함한 16명의 합유자를 피공탁자로 하여 공탁한 이후 합유자 중 2명이 공탁된 이후에 사망한 경우에, 특약이 없는 한 사망한 사람의 상속인들에게는 공탁금 출급청구권이 승계되지 않으므로 잔존 합유자들은 사망자에 대한 사망사실을 입증하는 서면을 제출하고 잔존 합유자 전원의 청구에 의하여 공탁금 출급청구를 할 수 있다.

⑤ 공탁물을 수령할 자가 수용대상토지의 소유자로 표시된 甲과 乙의 2인으로 기재되어 있다면 수용대상토지가 甲의 단독 소유임을 증명하는 서류를 첨부하였다 하더라도 甲이 단독으로 공탁금 출급청구를 할 수는 없다.

⑥ 수용보상금을 받을 자가 주소불명으로 인하여 그 보상금을 수령할 수 없어 공탁한 경우, 정당한 공탁금수령권자이면서도 공탁관으로부터 공탁금의 출급을 거부당한 자는 그 법률상 지위의 불안·위험을 제거하기 위하여 공탁자인 사업시행자를 상대방으로 하여 그 공탁금출급권의 확인을 구하는 소송을 제기할 이익이 있다.

⑦ 등기부상 소유명의가 예명으로 기재되어 있어 수용보상금의 피공탁자를 예명으로 하여 공탁한 경우 그 상속인이 공탁금을 출급하기 위해서는 공탁자를 상대로 하여 공탁금 출급청구권이 자신에게 있다는 확인판결(조정, 화해조서 포함)을 받아 공탁금 출급청구를 할 수 있다.

3) 보상금이 승계 전의 소유자에게 공탁된 경우

(1) 개설

수용개시일 전에 수용토지의 소유자가 변경되었음에도 불구하고 수용보상금이 승계 전의 소유자에게 공탁되어 있는 경우 그 승계인은 피공탁자의 정정 없이도 소유권의 승계사실을 증명하는 서면(등기사항증명서 또는 수용경정재결 정본)을 첨부하여 공탁금을 직접 출급청구할 수 있다.

(2) 승계인의 인정기준

① 사업인정고시가 있은 후 소유권이 변동되었는지 여부는 결국 수용개시 당시를 기준으로 토지의 소유권이 누구에게 있는지가 기준이 된다.

② 법률행위에 의하여 소유권이 변동되었으면 그 소유권이전등기가 수용개시일 이전에 경료되어야 할 것이고, 상속 등 법률행위에 의하지 아니한 소유권의 변동은 그 원인이 수용개시일 전에 이루어졌을 때만 정당한 승계인이다(수용개시일 이후에 사망한 피공탁자의 상속인들이 상속인의 지위에서 공탁물을 수령하는 것은 별론으로 한다). 따라서 사실상 매매를 하였다 하더라도 수용개시일 이전까지 소유권이전등기를 하지 않았다면 민법 제186조에 의하여 소유권은 여전히 변동되지 않았으므로 피공탁자의 공탁물 출급청구권을 양도받아야만 공탁물을 출급할 수 있고, 공탁자가 임의로 양도해 주지 않으면 '공탁물 출급청구권 양도의 의사를 표시하고 채무자인 국가(소관 공탁관)에게 이를 통지하라'는 내용의 확정판결을 받아 공탁물 출급청구를 할 수 있다.

(3) 구체적인 경우

① 판결

㉠ 매수인이 매도인인 등기부상 소유명의인을 상대로 매매를 원인으로 한 토지소유권이전등기 절차이행의 승소판결을 받았으나 그에 따른 소유권이전등기를 경료하지 않고 있던 중 사업시행자가 보상금을 매도인 앞으로 공탁함으로써 수용개시일에 수용의 효력이 발생하였다면, 그 이후 매수인이 자기 명의로의 소유권이전등기를 경료하였더라도 그 매수인은 피공탁자인 매도인으로부터 공탁금 출급청구권을 양도받지 않는 한 직접 공탁금의 출급청구를 할 수 없다.

ⓛ 토지를 수용할 당시에 그 토지가 甲의 소유로 등기되어 있어 수용개시일에 甲에 대하여 보상금을 공탁하고 토지수용에 따른 소유권이전등기까지 마친 경우에는, 乙이 수용개시일 이전에 그 토지에 대하여 처분금지가처분을 하고 수용개시일이 지난 후에 소유권이전등기 청구소송의 승소확정판결을 얻었다고 하더라도 乙은 위 판결을 집행하여 자기 명의로의 소유권이전등기를 경료할 수도 없고 수용보상 공탁금의 수령권자로 될 수도 없다. 이 경우 乙은 甲으로부터 공탁금 출급청구권을 양도받거나 자발적으로 양도해 주지 않으면 공탁금 출급청구권의 양도의 의사표시를 하고 채무자인 국가(소관 공탁관)에게 통지하라는 내용 의 판결을 받아 권리를 행사할 수 있다.

ⓒ 사업시행자가 미등기 토지를 수용하면서 토지대장에 등록된 사망한 소유자를 피공탁자로 지정하여 수용보상금을 공탁하였다면, 사망한 토지대장상의 소유자와 매매계약을 체결한 매수인이 토지대장에 등록된 소유자의 상속인들을 상대로 소유권이전등기절차이행의 소 를 제기하여 승소확정판결을 받아 수용개시일 이후에 대위로 상속인들 명의로 소유권보존 등기를 하고 이어 매수인 앞으로의 소유권이전등기를 경료한 경우라 하더라도 그 수용토 지는 이미 수용개시일에 사업시행자의 소유로 된 것이므로 매수인이 대위로 한 소유권보 존등기와 소유권이전등기는 실체관계에 부합하지 않는 무효의 등기로 볼 수밖에 없다. 따 라서 매수인은 그 판결에 기하여 자기 앞으로의 소유권이전등기를 경료하였다는 사실만으 로는 위 공탁된 수용보상금을 출급청구할 수 없으며, 상속인들에게 공탁금 출급청구권을 양도받거나 공탁금 출급청구권의 양도의사를 표시하고 채무자인 국가에게 이를 통지하는 내용의 확정판결을 받아 공탁금 출급청구를 할 수 있다.

ⓔ 사업시행자가 과실 없이 진정한 토지소유자를 알지 못하여 등기부상 소유명의인을 토지소 유자로 보고 그를 피수용자로 하여 손실보상금을 공탁하여 수용절차를 마쳤다면, 그 수용 의 효과는 수용대상토지의 진정한 소유자가 누구임을 막론하고 이를 부인할 수 없으며 그 가 가지고 있던 소유권은 수용으로 인하여 소멸함과 동시에 사업시행자가 그 권리를 완전 히 취득하게 된다. 수용대상토지의 진정한 소유자가 수용대상토지에 대한 소유권의 귀속 에 관하여 수용개시일 전에 등기부상 소유권보존등기 명의인을 상대로 하여 소유권보존등 기말소 등기절차이행의 소를, 국가를 상대로 하여 소유권확인의 소를 각 제기하여 수용개 시일 이후에 각 승소확정판결을 받아 그 수용대상토지의 소유자로 확인되었다 하더라도 그 판결을 근거로 하여 수용의 효과를 다툴 수는 없다. 다만 판결문상에 수용대상토지의 진정한 소유자가 누구임이 명시되어 있는 경우 그 진정한 소유자는 보상금(공탁금)을 수령 할 지위에 있는 자이므로, 그 판결문을 소유권의 승계사실을 증명하는 서면의 제출절차에 준하여 공탁의 출급청구권을 증명하는 서면의 하나로 제출하여 공탁서의 정정 없이도 직 접 공탁금의 출급청구를 할 수 있다.

② 명의신탁

종중이 수용대상토지에 대한 명의신탁을 해지하였다고 하더라도 수용개시일 전에 소유권등 기를 회복하지 못하였다면, 수용보상금의 출급청구권은 수용 당시의 소유자인 명의수탁자가 취득하는 것이고 종중은 명의수탁자로부터 공탁금 출급청구권을 양도받지 않는 한 공탁금 출급청구권을 취득할 수는 없다. 비록 종중이 명의수탁자를 피고로 하여 명의신탁의 해지를 이유로 공탁금 출급청구권 확인판결(공탁금 출급청구권을 증명하는 서면이 될 수는 없음)을 받았다고 하더라도 종중은 위 확인판결에 기하여 직접 공탁금 출급청구를 할 수는 없다.

③ 매각

부동산경매절차에서 매수인은 매각대금 납부 시에 매각부동산의 소유권을 취득하므로 매수인이 매각대금 납부 전에 수용개시일이 도래되었다면 수용개시일 후에 매각대금을 납부하였다고 하더라도 매각부동산의 소유권을 취득할 수 없다. 따라서 매각부동산에 대한 수용보상금인 공탁금에 대하여도 직접적인 권리행사는 할 수 없다. 또한 수용완료 당시의 소유자를 피공탁자로 하여 수용보상금이 공탁된 이상 그 피공탁자 명의를 정정할 수는 없을 것이며, 매각대금을 납부한 매수인으로서는 매각의 하자에 따르는 청구권에 기하여 권리를 확보할 수밖에 없을 것이다. 이러한 경우 매수인으로서는 매도인의 담보책임에 관한 민법 규정을 적용하거나 유추적용하여 담보책임을 물을 수 있고, 이러한 담보책임은 매수인이 경매절차 밖에서 별소로써 채무자 또는 채권자를 상대로 추급하는 것이 원칙이다. 다만 아직 배당이 실시되기 전이라면 매수인으로 하여금 배당이 실시되는 것을 기다렸다가 경매절차 밖에서 별소에 의하여 담보책임을 추급하게 하는 것은 가혹하므로 매수인은 민사집행법 제96조를 유추적용하여 집행법원에 대하여 경매에 의한 매매계약을 해제하고 납부한 매각대금의 반환을 청구하는 방법으로 담보책임을 추급할 수 있다.

④ 사자(死者)의 상속인

㉠ 사업시행자의 과실 없이 토지소유자 및 관계인을 알 수 없는 때에는 그들과 협의를 하지 아니하고, 그들의 성명 및 주소를 재결신청서에 기재하지 아니하여 그들로 하여금 수용절차에 참가하게 하지 아니한 채 재결에 이르렀다 하여 위법이라고 할 수 없다. 설령 사업시행자의 과실로 인하여 토지소유자나 관계인을 알지 못하여 그들로 하여금 참가하게 하지 아니하고 수용재결을 하여 그 절차가 위법이라 하여도 그 사유만 가지고는 그 재결이 당연무효라고 할 수 없으므로 수용재결의 상대방인 토지소유자가 사망자라는 이유만으로는 그 수용재결이 당연무효라고 할 수 없다. 따라서 그 효력은 상속인에게 미치므로 사자(死者)를 피공탁자로 한 공탁의 경우 그 상속인은 상속인임을 증명하는 서면을 첨부하여 출급청구할 수 있다.

㉡ 수용보상금을 사망한 등기부상 소유명의인(또는 미등기인 경우 토지대장상 소유명의인)을 피공탁자로 하여 공탁하였다면 피공탁자의 상속인들은 상속을 증명하는 서면(사망자의 기본증명서, 가족관계증명서 등)을 첨부하여 직접 공탁금을 출급청구할 수 있다. 이 경우 각 상속인은 자기의 지분에 해당하는 공탁금만을 출급청구할 수 있다.

(4) 피공탁자 아닌 자로서 출급청구권을 갖지 못하는 경우

① 매매 등을 원인으로 소유권이전등기절차 이행의 승소판결을 받았으나 수용의 개시일 전에 그 등기를 경료하지 못한 자는 출급청구권을 행사할 수 없다. 비록 공탁 이전에 가등기나

처분금지가처분등기를 경료하였다 하여도 마찬가지이다. 이 경우에도 피공탁자로부터 공탁물 출급청구권의 양도를 받아야 출급청구할 수 있고, 피공탁자가 임의로 공탁물 출급청구권을 양도하지 않으면 '공탁물 출급청구권 양도의 의사를 표시하고 채무자인 국가(소관 공탁관)에게 이를 통지하라'는 내용의 확정판결을 받아 공탁금을 출급청구할 수 있다.

② 실제 1인의 소유인 토지가 주택조합의 구성으로 조합원 50명의 소유명의로 등기가 경료되어 있어 사업시행자가 그 토지를 수용하면서 등기부상 소유명의인 50명을 공탁물을 받을 자로 지정하여 위 토지에 대한 손실보상금을 공탁하였다면 위 공탁물을 수령할 자는 공탁자가 지정한 등기부상 소유명의인 50명 각자가 되는 것이다. 위 토지의 전부에 대한 실제 소유자가 다른 피공탁자들(공탁물을 수령할 자)을 상대로 하여 공탁물 출급청구권존재 확인판결을 받는다 하더라도 그 판결은 공탁규칙 제33조 제2호의 공탁물 출급청구권을 증명하는 서면으로 볼 수 없으므로 실제 소유자가 그러한 확인판결에 기하여 직접 공탁물 출급청구를 할 수는 없다. 다만 실제 소유자는 피공탁자인 다른 공유자들에 대하여 대상으로 취득한 공탁물 출급청구권의 양도를 청구하여 양도받은 후(위 다른 공유자들이 자발적으로 양도하지 않으면 '공탁물 출급청구권의 양도의사를 표시하고 채무자인 국가에게 이를 통지하라'는 내용의 판결을 구할 수 있다) 공탁물의 출급청구를 할 수 있다.

③ 소유권이전등기의무의 목적 부동산이 수용되어 그 소유권이전등기의무가 이행불능이 된 경우 등기청구권자는 등기의무자에게 대상청구권의 행사로써 등기의무자가 지급받은 수용보상금의 반환을 구하거나 또는 등기의무자가 취득한 수용보상금청구권의 양도를 구할 수 있을 뿐 그 수용보상금청구권 자체가 등기청구권자에게 귀속되는 것은 아니다.

④ 토지보상법에 따라 발급한 소유사실확인서는 협의에 의한 취득 또는 사용의 경우에 보상금의 수령권한을 증명하는 서면에 불과하므로 수용에 의한 취득 또는 사용의 경우 위 소유사실확인서를 첨부하여 공탁금을 출급청구할 수는 없다.

⑤ 손실보상이 채권(債券)으로 공탁된 경우의 공탁유가증권 출급청구권은 유체물 인도를 목적으로 하는 채권의 성질을 갖는다. 따라서 공탁유가증권 출급청구권에 대한 강제집행은 유체동산인도청구권에 대한 강제집행절차에 의하게 된다. 유체물의 인도나 권리이전의 청구권에 대하여는 전부명령을 하지 못하므로 손실보상이 현금으로 지급될 것을 예상하여 토지소유자의 채권자가 채권압류 및 전부명령을 받았는데 이후 손실보상이 채권(債券)으로 공탁되었다면 전부명령은 무효이므로 공탁된 채권에 대하여 전부채권자는 출급청구를 할 수 없다.

⑥ 사업시행자가 미등기토지에 대하여 피공탁자를 '망 甲의 상속인'으로 하여 수용보상금을 공탁한 경우 수용개시일 이후에 제정된 부동산소유권 이전등기 등에 관한 특별조치법에 의하여 토지대장상 소유자로 이전등록을 마친 토지대장등본을 첨부하여 위 공탁금을 출급청구할 수 없고, 피공탁자인 망 甲의 상속인으로부터 공탁금 출급청구권을 양도받아야 공탁금을 출급청구할 수 있다.

⑦ 또한 사업시행자가 토지수용보상금을 공탁하고 수용개시일 이후에 부동산소유권이전등기 등에 관한 특별조치법에 의하여 이전등기를 마친 경우라도 공탁된 수용보상금을 직접 출급청구할 수 없다.

나. 상대적 불확지공탁

① 피공탁자 전원이 공동으로 출급청구하는 경우에는 출급청구서의 기재에 의하여 상호 승낙이 있는 것으로 볼 수 있으므로 별도의 서면을 제출하지 않아도 된다.

② 피공탁자 사이에 권리의 귀속에 관하여 분쟁이 없는 경우에는 다른 피공탁자의 승낙서 또는 협의성립서(모두 인감증명서 또는 본인서명사실확인서나 전자본인서명확인서의 발급증 첨부)를 첨부하여 출급할 수 있다.

③ 피공탁자 사이에 권리의 귀속에 관하여 분쟁이 있는 경우에는 피공탁자 사이에 어느 일방에게 출급청구권이 있음을 증명하는 내용의 확정판결(조정조서, 화해조서 포함)을 첨부하여 출급청구할 수 있다. 그러나 공탁자의 승낙서나 공탁자 또는 국가를 상대로 한 판결 등은 출급청구권이 있음을 증명하는 서면으로 볼 수 없다.

④ 또한 수용대상토지에 소유권등기말소청구권을 피보전권리로 한 처분금지가처분등기가 되어 있어 사업시행자가 피공탁자를 '가처분채권자 또는 토지소유자'로 하는 상대적 불확지공탁을 한 경우 가처분채권자가 토지소유자를 상대로 제기한 소유권이전등기말소청구의 소에서 패소확정의 본안판결을 받았거나 상속회복청구권의 제척기간 도과를 이유로 소각하판결이 확정되었다면 토지소유자는 그 확정판결을 공탁금 출급청구권 증명서면으로 하여 공탁금 출급청구를 할 수 있다.

다만 위의 선례의 의미는, 가처분채권자의 토지소유권말소청구소송에 있어 원고들의 청구는 사업시행자가 수용을 원인으로 원시취득하였으므로 말소할 대상이 없다 할 것이고, 따라서 원고(가처분채권자)가 청구취지를 변경하여 소유권의 변형물인 수용보상 공탁금에 대한 권리(공탁물 출급청구권)가 자신에게 있다고 주장하여 공탁금의 귀속주체에 관한 실체적인 판단이 이루어져 원고 청구기각 확정판결이 있었다면 토지소유자는 그 판결을 첨부하여 공탁금을 출급청구할 수 있다는 것이다. 따라서 청구취지 변경 등을 하지 않은 상태에서 수용된 토지의 소유권의 귀속주체에 관한 실체적인 판단 없이 단지 말소할 대상이 없다는 이유로 형식적인 판단으로 청구기각 판결을 받았을 경우에는 그 판결을 첨부하여 토지소유자가 공탁금을 출급할 수는 없는 것으로 해석된다.

⑤ 사업시행자가 수용 토지상의 건물 및 지장물 보상금에 대하여 피공탁자 사이에 소유권 귀속에 관하여 분쟁이 있어 상대적 불확지공탁을 한 경우 일방의 피공탁자가 다른 피공탁자를 상대로 공탁금 출급청구권 확인판결이 아닌 소유권확인판결을 받았고, 그 판결에 의하여 수용 당시의 진정한 소유자임이 확인된 경우 그 판결은 공탁금 출급청구권 증명서면으로 볼 수 있다.

⑥ 공탁자가 토지를 수용하면서 가처분권자가 있어서 그 토지의 합유자들과 위 가처분권자를 피공탁자로 한 상대적 불확지공탁을 한 경우에 합유자들이 공탁금을 출급하기 위하여는 공탁 이후에 가처분권자의 가처분취하로 인한 가처분취하증명원은 공탁금 출급청구권이 있음을 증명하는 서면이 될 수 없고, 가처분권자의 승낙서(인감증명서 또는 본인서명사실확인서나 전자본인 서명확인서의 발급증 첨부) 등이 필요하다.

⑦ 상대적 불확지 변제공탁의 경우 공탁자를 상대로 한 판결은 공탁물 출급청구권 입증서면이 아니다.

⑧ 상대적 불확지 변제공탁의 경우 피공탁자 중의 1인이 공탁물을 출급청구하기 위해서는 다른 피공탁자들의 승낙서나 그들을 상대로 받은 공탁물 출급청구권확인 승소확정판결이 있으면 되므로 피공탁자가 아닌 제3자를 상대로 공탁물 출급청구권의 확인을 구하는 것은 확인의 이익이 없다.

다. 절대적 불확지공탁

1) 출급청구권 행사방법

① 사업시행자인 공탁자가 후에 피공탁자를 알게 된 때에는 그를 피공탁자로 지정하는 공탁서 정정을 하여 피공탁자가 직접 출급할 수 있다.

② 사업시행자인 공탁자가 공탁서 정정절차를 취하지 않는 경우에는 사업시행자인 공탁자를 상대로 하여 공탁금에 대한 출급청구권이 자신에게 있다는 확정판결(조정·화해조서 포함)을 첨부하여 직접 출급청구할 수 있다.

③ 사업시행자인 국가를 상대로 하여 '공탁금 출급청구권 확인판결'이 아닌 '토지 소유권확인판결'을 받은 경우에도 판결에 의하여 수용 당시의 소유자임이 확인되는 경우에는 그 판결을 출급청구권 입증서면으로 볼 수 있다.

④ 그러나 사업시행자가 발행한 출급청구권을 갖는다는 확인증명서는 출급청구권 입증서면으로 볼 수 없다.

2) 사망한 등기사항증명서상 소유명의인을 피공탁자로 한 경우

① 등기사항증명서상 소유자가 사망하였음을 간과하고 사망자를 피수용자로 재결한 후 사망한 등기사항증명서상 소유명의인을 피공탁자로 하여 보상금이 공탁된 경우에도 그 공탁은 상속인들에 대한 공탁으로 유효하다. 상속인은 상속을 증명하는 서면을 첨부하여 공탁금을 출급청구할 수 있다. 상속을 증명하는 서면은 일반적으로 망인의 기본증명서, 가족관계증명서, 친양자입양관계증명서 또는 제적등본이 될 것이다.

② 상속인들이 상속토지를 상속인 중의 1인의 단독 소유로 하기로 상속재산을 협의분할한 후 상속등기를 하기 전에 사업시행자가 그 상속토지를 수용하고 보상금을 '망○○○의 상속인' 앞으로 공탁한 경우 위 협의분할에 의하여 상속토지는 상속이 개시된 때에 소급하여 상속인 중의 1인의 단독소유로 되었다고 할 것이므로 상속인 중의 1인은 상속을 증명하는 서면(제적등본, 가족관계증명서 등)과 협의분할을 증명하는 서면을 첨부하여 단독으로 공탁금 출급청구를 할 수 있다.

③ 한편 공탁자가 공탁서 정정신청을 하지 않을 경우 상속인들은 공탁자를 상대로 하여 공탁금에 대한 출급청구권이 자신에게 있다는 확인판결(조정·화해조서 등)을 받아 출급청구할 수도 있다. 위와 같이 상속인들이 공탁금 출급청구권확인의 확정판결을 첨부하여 출급청구를 하는 경우에는 제적등본 등 별도로 상속을 증명하는 서면을 요구할 필요는 없다고 할 것이다.

④ 그러나 상속인들이 공탁금 수령의 권한을 위임하지 않는 한 상속인들 중 일부가 공탁금 전부를 출급청구할 수는 없다.

⑤ 매수인이 매도인인 등기부상 소유명의인의 상속인들을 상대로 매매를 원인으로 한 소유권이전등기절차이행의 승소판결을 받아 그 판결이 확정되었으나 그에 따른 소유권이전등기를 경료하지 않고 있던 중 사업시행자가 위 토지를 수용하고 피공탁자를 '망 ○○○의 상속인'으로 하여 수용보상금을 공탁한 경우 수용개시일 이전에 소유권이전등기를 경료하지 아니한 이상 공탁된 수용보상금의 출급청구권은 수용 당시의 등기부상 소유자가 취득하는 것이므로 위 소유권이전등기 확정판결은 공탁금 출급청구권을 증명하는 서면이 될 수 없다. 또한 공탁당사자가 아닌 제3자에 불과한 매수인이 피공탁자를 상대로 하여 받은 공탁금 출급청구권 확인판결(화해·조정조서 포함) 역시 공탁금의 출급청구권을 증명하는 서면이 될 수 없기 때문에 매수인은 피공탁자로부터 공탁금 출급청구권을 양도받거나 피공탁자가 임의로 양도하지 아니하면 '공탁금출급청구권 양도의 의사를 표시하고 채무자인 국가(소관 공탁관)에게 이를 통지하라'는 내용의 판결을 받아 공탁금을 출급할 수 있다.

2. 담보물권자의 물상대위권 행사

1) 의의

① 저당목적물의 멸실·훼손 또는 공용징수로 저당권을 사실상·법률상 행사할 수 없게 된 경우에 그로 인하여 저당권설정자가 받을 금전 그 밖의 물건이 있으면 그 금전 그 밖의 물건(저당목적물의 가치변형물)에 대하여 저당권의 효력이 미치는 것을 저당권의 물상대위라 한다.

② 사업시행자가 근저당권이 설정된 토지를 수용하고 토지소유자를 공탁물을 수령할 자로 하여 보상금을 공탁한 경우 근저당권자는 토지의 변형물인 공탁금이 특정성을 유지하는 한 물상대위권을 행사하여 우선변제를 받을 수가 있다.

2) 물상대위권 행사방법

① 물상대위권의 행사방법은 민사집행법 제273조에 따라 담보권의 존재를 증명하는 서류를 제출하여 채권압류 및 전부명령을 신청하거나 민사집행법 제247조 제1항에 의하여 배당요구를 하는 것이다. 일반채권자로서 강제집행을 하는 것이 아니므로 집행권원을 필요로 하지 않는다.

② 물상대위권을 행사하기 위해서는 압류를 요한다. 그러나 압류는 반드시 저당권자 스스로 하여야 하는 것은 아니고, 이미 제3자가 압류하여 그 금전 또는 물건이 특정된 이상 저당권자는 스스로 이를 압류하지 않고서도 물상대위권을 행사할 수 있다.

③ 물상대위권의 행사에 나아가지 아니한 채 단지 수용대상토지에 대하여 담보물권의 등기가 된 것만으로는 그 보상금으로부터 우선변제를 받을 수 없고, 저당권자가 물상대위권의 행사에 나아가지 아니하여 우선변제권을 상실한 이상 다른 채권자가 그 보상금 또는 이에 관한 변제공탁금으로부터 이득을 얻었다고 하더라도 저당권자는 이를 부당이득으로써 반환청구할 수도 없다.

④ 저당권에 기한 물상대위권을 갖는 채권자가 동시에 집행권원을 가지고 있으면서 집행권원에 의한 강제집행의 방법을 선택하여 채권의 압류 및 전부명령을 얻은 경우에는 비록 그가 물상대위권을 갖는 실체법상의 우선권자라 하더라도 원래 일반 집행권원에 의한 강제집행절차와 담보권의 실행절차와는 그 개시요건이 다를 뿐만 아니라 다수의 이해관계인이 관여하는 집행절차의 안정과 평등배당을 기대한 다른 일반채권자의 신뢰를 보호할 필요가 있는 점에 비추어 압류가 경합된 상태에서 발령된 전부명령은 무효로 볼 수밖에 없다.

⑤ 근저당권자가 물상대위권 행사를 위한 압류를 하지 아니하고 일반채권에 기하여 가압류만 하고 있던 중에 다른 채권자가 압류를 하게 되면 공탁관은 압류와 가압류의 경합을 사유로 하여 압류법원에 사유신고를 하게 되므로 그 이후에는 근저당권자는 물상대위권 행사를 위한 압류나 배당요구를 할 수 없으므로(배당가입 차단효로 인하여) 근저당권자는 위 배당절차에서 근저당권자가 아닌 단순한 가압류채권자로서 다른 채권자들과 안분배분을 받을 수 있을 뿐이다.

3) 물상대위권 행사의 시기 및 종기

① 사업인정의 고시가 있으면 수용대상토지에 대한 손실보상금의 지급이 확실시되므로 토지수용의 재결 이전 단계에서도 물상대위권을 행사할 수 있다.

② 수용보상금이 공탁되기 이전에는 보상금지급청구권에 대하여 제3채무자를 사업시행자로, 공탁한 이후에는 공탁금 출급청구권에 대하여 제3채무자를 국가(소관 공탁관)로 하여 압류하여야 할 것이다. 사업시행자가 수용보상금채무를 공탁하게 되면 토지 등 소유자에 대한 수용보상금지급채무는 소멸하게 되므로 위 공탁 이후 제3채무자를 '사업시행자', 피압류채권을 '소유자의 수용보상금지급청구권' 등과 같이 기재된 압류는 존재하지 않는 권리에 대한 무효인 압류가 될 수 있다.

③ 담보물권의 목적물이 수용되었을 경우에 보상금에 대하여 해당 담보물권을 행사하기 위한 요건으로써 그 지급 전에 압류하여야 한다. 지급 전에 압류를 요하는 취지는 보상금이 소유자의 일반재산에 혼입되기 전까지 물상대위의 목적이 되는 보상금의 특정성을 유지하여 제3자에게 불측의 손해를 입히지 아니하려는 데 있다. 따라서 사업시행자가 보상금을 변제공탁하였다고 하더라도 이 공탁금이 출급되기까지는 토지보상법 제47조 단서가 규정하는 지급이 있었다고 할 수 없고, 이는 보상금의 변제의 효과와는 별개의 문제이다. 설사 그 압류 전에 양도 또는 전부명령 등에 의하여 보상금 채권이 타인에게 이전된 경우라도 보상금이 직접 지급되거나 보상금지급청구권에 관한 강제집행절차에서 배당요구의 종기에 이르기 전에는 여전히 그 청구권에 대한 추급이 가능하다.

④ 물상대위권은 늦어도 민사집행법 제247조 제1항 각 호에서 정하고 있는 배당요구의 종기까지 행사하여야 하므로 저당권자로서는 제3채무자가 민사집행법 제248조 제4항 소정의 공탁사유신고를 하기 이전에 스스로 담보권의 존재를 증명하는 서류를 제출하여 물상대위권의 목적채권을 압류하거나 법원에 배당요구를 하여야 하는 것이고, 그 이후에는 물상대위권자로서의 우선변제권을 행사할 수 없게 된다. 제3채무자의 공탁사유신고가 있게 되면 배당가입 차단효로 인하여 더 이상 물상대위권 행사는 할 수 없게 된다.

4) 다른 채권자와의 관계

물상대위권 행사 전에 일반채권자가 이미 가압류·압류·추심·전부명령을 얻었다 하더라도 보상금이 직접 지급되거나 배당요구의 종기에 이르기까지 담보권리자가 물상대위권을 행사하면 그 물상대위권자가 다른 일반채권자에 우선하여 보상금 지급을 받거나 공탁된 보상금을 출급할 수 있게 된다.

👤 관/련/판/례

> 수용 전 토지에 대하여 체납처분으로 압류를 한 체납처분청이 다시 수용보상금에 대하여 체납처분에 의한 압류를 하였다고 하여 물상대위의 법리에 의하여 수용 전 토지에 대한 체납처분에 의한 우선권이 수용보상금 채권에 대한 배당절차에서 종전 순위대로 유지된다고 볼 수 없고, 압류선착주의는 조세가 체납처분절차를 통하여 징수되는 경우뿐만 아니라 강제집행절차를 통하여 징수되는 경우에도 적용되어야 한다.

08 절 수용보상 공탁금의 회수

1. 민법 제489조에 의한 회수 불가

① 변제공탁은 채권자가 공탁을 승인하거나 공탁소에 대하여 공탁물을 받기를 통고하거나 공탁유효의 판결이 확정되기까지는 언제든지 변제자는 공탁물을 회수할 수 있다.

② 그런데 수용보상금의 공탁은 토지보상법 제42조 제1항에 의하여 간접적으로 강제되는 것으로써 자발적으로 이루어지는 것이 아니므로 민법 제489조의 규정은 배제되어 어느 경우이든 사업시행자인 공탁자의 민법 제489조에 의한 공탁금 회수청구를 인정하지 않는다.

③ 한편 사업시행자가 토지보상법의 규정에 따라 적법하게 보상금을 공탁하는 등의 수용절차를 마친 이상 수용목적물의 소유권을 원시적으로 적법하게 취득하므로 그 후에 부적법하게 공탁금이 회수된 사정만으로 종전의 효력이 무효로 되는 것은 아니다.

2. 착오 또는 공탁원인소멸에 의한 회수

① 사업시행자는 착오로 공탁을 한 때 또는 재결이 당연무효이거나 취소된 경우와 같이 공탁의 원인이 소멸한 때는 공탁법에 의하여 공탁금을 회수할 수 있다.

② 사업시행자가 중앙토지수용위원회가 재결한 손실보상금액의 전부를 공탁하면서 그 보상금에 관한 재결부분에 대하여 이의신청을 토지소유자와 함께 각각 제기하였는바, 중앙토지수용위원회가 이의신청에 대한 재결을 하면서 손실보상금액을 처음 중앙토지수용위원회가 재결한 손실보상금액보다 감액하는 재결을 하고 그 재결이 확정됨으로써 이의신청에 대한 재결상의 손실보상금액이 확정되었다면 사업시행자는 이의신청에 대한 중앙토지수용위원회 재결에서 확정된 손실보상금액보다 초과하여 공탁한 부분에 관하여 착오를 이유로 하여 공탁법상의 회수절차에 따라 회수할 수 있다.

③ 수용보상금(공동운영 영업보상금 등) 수령권자가 3명임에도 불구하고 사업시행자가 착오로 그중 1명만을 피수용자로 하여 재결을 받고 그자를 피공탁자로 잘못 지정하여 공탁을 하였다면 공탁법 제9조 제2항 제2호에 따라 착오공탁을 이유로 공탁금 전부를 회수할 수 있다.

④ 수용보상금 공탁이 부적법하여 토지수용재결의 효력이 상실되었다는 확정판결에 의하여 공탁자인 사업시행자가 공탁금의 회수를 청구하는 때에는 회수청구서에 위 확정판결을 첨부하는 것으로 충분하고, 수용된 토지의 등기부상 사업시행자 명의의 소유권이전등기가 말소된 등기사항증명서를 첨부할 필요는 없다.

담보공탁

01 절 재판상 담보공탁

1. 의의

재판상 담보공탁이란 당사자의 소송행위(소송비용의 담보)나 재판상의 처분(가압류·가처분, 강제집행의 정지·실시·취소 등)으로 인하여 상대방이 받게 될 손해를 담보하기 위한 공탁이다.

2. 공탁당사자

1) 공탁자

① 담보공탁에서 공탁자로 될 자는 원칙적으로 법령상 담보제공의 의무를 지는 자이다.

② 담보제공 의무자를 위하여 제3자가 자신소유의 금전 또는 유가증권을 자기 명의로 공탁할 수 있다. 따라서 당사자 본인에게 담보제공명령이 나간 경우에도 제3자는 당사자를 대신하여 공탁할 수 있고, 이 경우 법원의 허가나 담보권리자의 동의는 필요 없으나, 제3자가 당사자를 대신하여 공탁함을 공탁서 비고란에 기재하여야 한다. 이때 제3자는 일종의 물상보증인으로서 공탁당사자적격을 가진다. 재판상 담보공탁을 제3자가 한 경우 그 공탁금에 대한 회수청구권은 제3자가 갖는다고 보아야 한다.

2) 피공탁자

담보공탁에 있어서 피공탁자로 될 자는 공탁물에 대하여 법정의 담보권 또는 우선변제권을 취득할 자이다. 재판상 담보공탁은 피공탁자의 손해를 담보하기 위한 공탁으로 공탁신청 당시에 담보권리자가 될 자가 특정되므로 공탁서에 담보권리자를 피공탁자로 기재한다.

3. 관할

① 공탁법상 공탁소의 토지관할에 대하여는 일반적 규정을 두고 있지 않으므로 담보공탁의 토지관할도 원칙적으로 제한이 없다.

② 민사소송법 제502조 제1항, 민사집행법 제19조 제1항은 '이 법의 규정에 의한 공탁은 원고나 피고 또는 채권자나 채무자의 보통재판적이 있는 곳의 지방법원 또는 집행법원에 할 수 있다'고 규정하고 있으나, 이 규정은 공탁소의 토지관할을 정한 것이 아니라 공탁을 한 후그 공탁서를 제출할 법원을 정한 것으로 해석하는 것이 통설이다. 따라서 재판상 담보공탁의경우 공탁소에 관하여 특별한 제한규정이 없으므로 담보제공자가 임의로 정한 공탁소에 공탁하면 된다.

4. 공탁목적물

① 재판상 담보공탁의 목적물은 금전 또는 법원이 인정하는 유가증권이지만, 담보는 성질상 종국에는 현금화할 수 있어야 하므로 공탁하는 유가증권은 환가가 용이하지 않거나 시세의 변동이 심하여 안정성이 없는 것은 적당하지 않다.

② 한편 당사자들 사이에 특별한 약정이 있으면 그에 따르기 때문에, 이에 따라 담보공탁에서의 피공탁자가 될 당사자가 외국법인인 경우 외국화폐를 물품공탁할 것을 조건으로 담보제공명령이 내려진 경우도 있다.

5. 담보제공절차

1) 담보의 제공명령

① 담보를 제공할 의무는 법원의 담보제공을 명하는 재판에 의하여 구체화되므로 담보제공명령이 있어야만 공탁할 수 있다.

② 담보액과 담보제공의 기간은 법원이 직권으로 정한다. 집행정지결정, 가압류·가처분결정 등의 담보제공명령은 재판이 있기 전에 미리 독립한 결정으로 하는 방법(흔히 이를 담보제공명령 또는 공탁명령이라 부른다)과 가집행의 선고가 있는 판결이나 집행정지결정, 가압류·가처분결정 등의 재판에 포함시켜 하는 방법이 있다.

2) 공탁

공탁을 하려고 하는 사람은 공탁사무 문서양식에 의한 공탁서 2통을 작성하여 공탁관에게 제출한다. 이때 법원의 담보제공명령 사본을 첨부한다.

3) 공탁서 제출

① 공탁관이 공탁신청을 수리하면 공탁자는 공탁관으로부터 공탁서 1통을 교부받은 다음 공탁물을 첨부하여 공탁물보관자에게 제출하며, 공탁물보관자로부터 공탁물을 납입받았다는 취지가 기재된 공탁서를 수령하여 담보제공을 명한 법원에 제출한다. 다만 보전처분 신청사건이나 그 부수사건에서 금전 또는 유가증권을 담보로 제공한 사람은 재판사무시스템으로 전송된 공탁관리시스템의 공탁정보로써 공탁서 원본 제출에 갈음할 수 있다.

② 공탁서의 제출이 있을 때에는 담임 법원사무관 등은 그 사본을 받아 원본과 대조한 후 그 사본의 여백에 원본과 대조하여 틀림이 없다는 뜻을 기재하고 서명 또는 날인한 다음 담임 법관의 검열을 받아 기록에 편철하고 원본은 제출자에게 반환하다.

6. 담보권의 성질

① 민사소송법은 담보권리자는 담보물에 대하여 질권자와 동일한 권리가 있다고 규정하고 있고, 민사집행법상의 담보의 경우에도 이를 준용하고 있다.

② 담보권의 성질에 관하여는 견해의 대립이 있는바, 담보권리자가 담보의무자의 공탁물 회수청구권 위에 채권질권을 갖는 것이라고 보는 법정질권설, 민사소송법이 질권자와 동일한 권

리를 갖는다고 규정한 것은 단지 공탁물의 출급에 관한 우선적·배타적 청구권을 의미하므로 피담보채권 발생과 동시에 직접 공탁물의 출급을 받음으로써 우선적 만족을 얻는 권리라는 우선적 출급청구권설이 있다.

7. 담보권이 미치는 범위

1) 이자

담보공탁의 법정과실에 대하여는 피공탁자의 담보권이 미치지 않는다는 공탁법 제7조 단서의 취지가 공탁물이 금전인 경우에도 적용된다고 해석하면 담보공탁의 경우 공탁금의 이자는 공탁자에게 귀속된다.

2) 기본채권에 미치는지 여부

① 가집행선고부 판결에 대한 강제집행정지를 위하여 공탁한 담보는 강제집행정지로 인하여 채권자에게 생길 손해를 담보하기 위한 것이고 정지의 대상인 기본채권 자체를 담보하는 것은 아니므로 채권자는 그 손해배상청구권에 한해서만 질권자와 동일한 권리가 있을 뿐 기본채권에까지 담보적 효력이 미치는 것은 아니다.

② 금전 및 이에 대한 지연손해금의 지급을 명한 판결이나 건물명도 및 그 명도 시까지의 차임 상당액의 지급을 명한 가집행선고부 판결에 대한 강제집행정지를 위하여 담보공탁을 한 경우, 그 가집행이 지연됨으로 인한 손해에는 반대의 사정이 없는 한 집행의 정지가 효력이 있는 기간 내에 발생된 지연손해금이나 차임 상당의 손해가 포함된다. 이 경우 지연손해금이나 차임 상당의 그 손해배상청구권은 기본채권 자체라 할 것은 아니므로 강제집행정지를 위한 담보공탁의 피담보채무가 된다.

3) 보전명령이 부집행·집행불능인 경우

재판 또는 집행상의 담보는 소송행위 또는 집행행위의 실시·정지·취소로 인해서 상대방에게 생긴 손해를 담보한다. 그러나 보전명령이 부집행·집행불능인 경우라도 그 명령의 존재만으로 피공탁자는 명예훼손 또는 신용저하, 불안 등 정신상의 손해를 입을 수 있으므로 이 정신적 손해배상청구권도 피담보 채권의 범위에 든다 할 것이며, 위 보전명령 그 자체를 다투는 데 필요한 소송의 비용도 위 담보채권의 범위에 포함된다.

4) 부당한 보전처분의 경우

① 가압류나 가처분 집행 후에 집행채권자가 본안소송에서 패소 확정되었다면 그 보전처분의 집행으로 인하여 채무자가 입은 손해에 대하여 특별한 반증이 없는 한 집행채권자에게 고의 또는 과실이 있다고 추정되고, 따라서 그 부당한 집행으로 인한 손해에 대하여 이를 배상할 책임이 있다.

② 그리고 본안소송에서 패소 확정된 보전처분 채권자에 대하여 손해배상을 청구하는 경우 가압류 채무자가 가압류 청구금액을 공탁하고 그 집행취소결정을 받았다면 가압류 채무자는 적어

도 그 가압류 집행으로 인하여 가압류해방공탁금에 대한 민사 법정이율인 연 5% 상당의 이자와 공탁금의 이율 상당의 이자의 차액 상당의 손해를 입었다고 보아야 한다.

③ 가압류를 위하여 법원의 명령으로 제공된 공탁금은 부당한 가압류로 인하여 채무자가 입은 손해를 담보하는 것이므로, 가압류의 취소에 관한 소송비용은 가압류로 인하여 제공된 공탁금이 담보하는 손해의 범위에 포함된다.

④ 그러나 채권자가 본안의 소를 제기함에 따라 그 응소를 위하여 채무자가 지출한 소송비용은 가압류로 인하여 입은 손해라고 할 수 없으므로, 가압류의 본안소송에 관한 소송비용은 가압류를 위하여 제공된 공탁금이 담보하는 손해의 범위에 포함되지 않는다.

5) 근저당권에 기한 경매절차의 정지를 위한 담보공탁

근저당권에 기한 경매절차의 정지를 위한 담보공탁은 그 경매절차의 정지 때문에 채권자에게 손해가 발생할 경우에 그 손해배상의 확보를 위하여 하는 것이므로 그 담보권의 효력이 미치는 범위는 위 손해배상청구권에 한하고, 근저당권의 피담보채권이나 근저당권설정등기말소소송의 소송비용에까지 미치는 것은 아니다.

6) 제1심 및 제2심에서의 담보공탁

근저당권설정등기의 채무자로서 임의경매절차 진행 중 근저당권설정등기말소청구소송을 제기하면서 담보공탁을 하고 제1심 판결선고시까지 경매절차정지결정을 받았으나 패소한 후 항소하면서 다시 담보공탁을 하고 항소심 판결선고시까지 경매절차정지결정을 받아 항소심 계속 중인 경우 2차에 걸친 공탁은 각기 해당 심급에 관한 채권자의 손해를 담보하는 것이다. 따라서 제1심에서 제공한 담보에 관하여는 항소심에서 다시 담보가 제공되었다는 이유로 담보사유가 소멸되었다고 할 수 없으며, 담보를 제공한 당사자의 승소판결이 확정된 경우 또는 그것에 준하는 경우에만 담보의 사유가 소멸하는 것이다. 그러므로 공탁자는 담보권리자의 동의가 있는 경우를 제외하고는 공탁자의 승소판결이 확정되거나 패소의 경우에는 소송의 완결 후 담보권리자가 권리행사 최고기간 내에 그 행사를 하지 않는 경우에 비로소 담보취소결정을 받아 공탁금을 회수할 수 있다.

7) 담보권리자가 권리행사를 위하여 제기한 소송의 소송비용

강제집행정지를 위하여 법원의 명령으로 제공된 공탁금은 채권자가 강제집행정지 자체로 인하여 입은 손해배상채권을 담보한다. 그 손해의 범위는 민법 제393조에 따라 정해진다. 담보제공자의 권리행사최고에 따라 담보권리자가 권리행사를 위하여 제기한 소송의 소송비용은 강제집행정지로 인하여 입은 통상손해에 해당한다고 할 것이므로 위 소송비용은 강제집행정지를 위하여 법원의 명령으로 제공된 담보공탁금의 피담보채권이 된다.

8) 특별사정으로 인한 가처분의 취소의 경우

민사집행법 제307조에서 특별한 사정이 있을 때 담보의 제공을 조건으로 가처분의 취소를 구할 수 있게 한 것은, 가처분을 존속시키는 것이 공평의 관념상 부당하다고 생각되는 경우, 즉 가처

CHAPTER 03 담보공탁 **139**

분에 의하여 보전되는 권리가 금전적 보상으로써 그 종국의 목적을 달할 수 있다는 사정이 있거나 또는 가처분 집행으로 가처분채무자가 특히 현저한 손해를 받고 있는 경우에 가처분채무자로하여금 담보를 제공하게 하여 가처분의 집행뿐 아니라 가처분명령 자체를 취소하여 가처분채무자로 하여금 목적물을 처분할 수 있도록 하는 데에 있고, 따라서 처분채무자가 제공하는 담보는 가처분 채권자가 본안소송에서 승소하였음에도 가처분의 취소로 말미암아 가처분목적물이 존재하지 않게 됨으로써 입는 손해를 담보하기 위한 것이다.

8. 담보권의 실행

1) 의의

① '담보권의 실행'이란 담보권을 행사할 수 있는 사유가 발생한 때, 즉 소송비용의 담보에서는 원고가 패소하여 원고가 소송비용 부담의 재판을 받은 때, 강제집행절차에서는 담보제공으로써 보전할 손해가 담보권리자에게 발생한 때에 담보권리자가 제공된 담보로부터 소송비용 또는 손해를 변상받는 절차를 말한다.

② 그 우선권의 성질 및 실행방법에 관하여는 학설이 나뉜다. 법정질권설은 담보권리자가 담보의 무자의 공탁물 회수청구권 위에 채권질권을 갖는 것이라고 하는 견해이고, 우선적 출급청구권설은 민사소송법이 질권자와 동일한 권리를 갖는다고 규정한 것은 단지 공탁물의 출급에 관한 우선적·배타적 청구권을 의미하므로 피담보채권 발생과 동시에 직접 공탁물의 출급을 받아 이로써 우선적 만족을 얻는 권리라는 견해이다. 법정질권설과는 기본적으로 담보권(=질권)의 소멸을 조건으로 하여 발생하는 공탁물 회수청구권 위에 질권이 존재한다고 보는 점에서 근본적인 차이가 있다.

2) 실무

대법원 행정예규 제952호에 따르면 담보권리자의 담보권의 실행방법은 직접 출급청구를 하는 경우와 질권실행을 위한 압류 등을 하는 경우만을 들고 있지만, 피담보채권 자체를 집행권원으로 하여 담보취소에 기초하여 공탁금 회수청구를 하는 경우도 담보권 실행방법으로 볼 수 있다.

(1) 직접 출급청구를 하는 경우

① 공탁관은 재판상 담보공탁의 피공탁자(담보권리자)가 공탁원인사실에 기재된 피담보채권이 발생하였음을 증명하는 서면을 제출하여 공탁금을 출급청구(청구서에 회수청구라고 기재한 때에도 출급청구한 것으로 본다)한 경우에는 공탁금을 피공탁자에게 교부한다. 그러나 담보취소결정정본 및 확정증명이 이미 제출될 경우에는 그러하지 아니한다.

② 피담보채권에 관한 확정판결(이행판결과 확인판결을 모두 포함), 이에 준하는 서면(화해조서 조정조서, 공정증서 등) 또는 공탁자의 동의서(인감증명서 첨부)는 특별한 사정이 없는 한 피담보채권이 발생하였음을 증명하는 서면으로 본다. 위 확정판결은 공탁자의 부당한 보전처분이나 강제집행정지 등으로 피공탁자에게 손해가 발생하였음을 청구원인으로 한 판결을 말한다.

③ 또한 금전 및 이에 대한 지연손해금의 지급을 명한 판결이나 건물명도 및 그 명도 시까지의 차임 상당액의 지급을 명한 가집행선고부 판결에 대한 강제집행정지를 위하여 담보공탁을 한 경우 그 가집행이 지연됨으로 인한 손해에는 반대의 사정이 없는 한 집행의 정지 효력이 있는 기간 내에 발생된 지연손해금이나 차임 상당의 손해가 포함되므로 이에 관한 지급을 명한 확정 판결 부분은 강제집행정지를 위한 담보공탁의 피담보채권이 발생하였음을 입증하는 서면이 된다.

④ 가처분채권자가 파산선고를 받게 되면 가처분채권자가 제공한 담보공탁금에 대한 공탁금 회수청구권에 관한 권리는 파산재단에 속하므로 가처분 채무자가 공탁금 회수청구권에 관하여 질권자로서 권리를 행사한다면 이는 별제권을 행사하는 것으로써 파산절차에 의하지 아니하고 담보권을 실행할 수 있다. 이 경우 가처분채무자로서는 가처분채권자의 파산관재인을 상대로 담보공탁금의 피담보채권인 손해배상청구권의 존부에 관한 확인의 소를 제기하여 확인 판결을 받는 등의 방법에 의하여 피담보채권이 발생하였음을 증명하는 서면을 확보한 후 민법 제354조에 의하여 민사집행법 제273조에서 정한 담보권 존재 증명 서류로써 위 서면을 제출하여 채권에 대한 질권 실행 방법으로 공탁금 회수청구권을 압류하고 추심명령이나 확정된 전부명령을 받아 담보공탁금 출급청구를 할 수도 있고, 또한 피담보채권이 발생하였음을 증명하는 서면을 확보하여 담보공탁금에 대하여 직접 출급청구를 할 수도 있다.

⑤ 공탁관은 피공탁자가 제출한 서면이 담보공탁의 피담보채권이 발생하였음을 증명하는 서면에 해당하는지 여부를 신중히 판단하여야 한다. 피공탁자가 출급청구한 금액 중 일부에 관하여 피담보채권이 발생된 것으로 인정되는 경우에는 그 범위 내에서 출급청구를 수리하되, 피담보채권이 발생하였는지 여부가 명확하지 아니한 경우에는 출급청구를 수리하지 아니한다.

(2) 질권실행을 위한 압류 등을 하는 경우

① 공탁관은 담보공탁의 피공탁자가 피담보채권에 터 잡아 민사집행법 제273조에서 정한 채권에 대한 강제집행절차에 따라 공탁자의 공탁금 회수청구권을 압류하고 추심명령이나 전부명령을 얻어 공탁금 출급청구(청구서의 표시를 회수청구라고 기재한 때에도 같다)한 경우에도 공탁물을 피공탁자에게 교부한다.

② 이 경우에 피공탁자는 공탁금 출급청구서와 함께 질권(담보권) 실행을 위한 압류명령 정본, 추심명령 또는 전부명령 정본, 위 명령의 송달증명, 전부명령에 관한 확정증명을 제출하여야 한다. 이 경우 따로 담보취소결정을 받을 필요는 없다.

3) 담보취소에 기초한 공탁금 회수청구

① 담보권리자가 공탁자에 대한 집행권원(피담보채권 자체를 집행권원으로 한 경우도 포함)에 기초하여 일반 강제집행절차에 따라 공탁자의 공탁금 회수청구권을 압류하고 추심명령 또는 전부명령을 얻어 공탁금 회수청구를 하는 경우에는 공탁금 회수청구서와 함께 담보취소 결정 정본 및 확정증명, 질권(담보권) 실행이 아닌 일반 강제집행절차에 의한 압류명령 정본, 추심명령 또는 전부명령 정본, 위 명령의 송달증명, 전부명령에 관한 확정증명을 제출하여야 한다. 실무상 이 방법이 많이 활용된다.

② 위와 같이 담보권리자가 피담보채권 자체를 집행권원으로 하여 공탁금 회수청구권에 대하여 권리를 행사한 경우에 있어 판례는 담보권리자가 공탁자의 공탁금 회수청구권을 압류하고 추심명령이나 확정된 전부명령을 받은 후 담보취소결정을 받아 공탁금 회수청구를 하는 경우에도 담보공탁의 피담보채권을 집행채권으로 하는 이상 담보권리자의 위와 같은 담보취소신청은 어디까지나 담보권을 포기하고 일반채권자로서 강제집행을 하는 것이 아니라 오히려 적극적인 방법으로 담보권실행에 의하여 공탁물 회수청구권을 행사하기 위한 방법에 불과하다고 보는 것이 합리적이므로 이는 담보권의 실행방법으로 인정되고, 따라서 이 경우에도 질권자와 동일한 권리가 있다고 할 것이므로 그에 선행하는 일반채권자의 압류 및 추심명령이나 전부명령으로 대항할 수 없다고 하여 담보권의 우선적 효력을 인정하고 있다.

③ 한편 제1심 가집행선고부 판결에 기한 강제집행정지를 위한 담보공탁자가 수인이고, 피공탁자가 강제집행정지로 인한 손해배상채권을 집행권원으로 하여 수인의 공탁금 회수청구권에 대하여 압류·전부명령을 신청하여 이를 인용하는 결정 및 담보취소결정이 각 확정된 경우 전부명령에 의한 채무변제의 효과가 어느 채무에 대하여 생기는지는 법정변제충당의 법리가 아닌 집행채권의 확정에 의하여 결정되고, 담보권자인 채권자의 의사는 특별한 사정이 없는 한 담보되는 손해배상채권부터 우선적으로 집행채권에 포함하며 담보공탁을 한 채무자가 수인이고 그 채무가 서로 부진정연대채무관계이며 채권자가 수인의 채무자들이 갖는 공탁금 회수청구권 전체에 대해 동시에 압류·전부명령을 한 경우 신청서에 그중 어느 채무자로부터 담보적 효력이 미치는 손해배상채권의 만족을 구한다는 취지를 특정하여 기재하지 않았다면 각 채무자가 공탁한 담보에 비례하여 각 공탁 채무자에 대한 집행채권에 손해배상채권을 배분하여야 한다.

④ 담보조건부 강제집행정지결정에 따라 재판상 담보공탁이 된 후 ㉠ 피공탁자를 채무자로 하여 '피공탁자가 위 공탁금에 대하여 가지는 회수청구권'에 대한 체납처분에 의한 A압류, ㉡ 피공탁자가 집행권원을 얻어 '공탁자의 공탁금 회수청구권'에 대한 B채권압류 및 추심명령, ㉢ '피공탁자'를 채무자로 하여 '피공탁자가 위 B채권압류 및 추심명령에 의하여 국가(소관 공탁관)에 대하여 가지는 공탁금 회수청구권'에 대한 체납처분에 의한 C압류가 국가(소관 공탁관)에게 순차적으로 도달한 후 피공탁자가 담보취소결정 및 확정증명을 얻어 공탁금 회수청구를 하였으나 공탁관이 이를 불수리한 사례에서, 판례는 ㉠ 체납처분에 의한 A압류와 관련하여, 피공탁자는 피담보채권인 강제집행정지로 인한 손해배상청구권에 관하여 장래의 공탁금 출급청구권을 가지는 주체일 뿐 공탁금 회수청구권을 가지는 것은 아니므로 '피공탁자의 공탁금 회수청구권'을 피압류채권으로 표시한 압류는 존재하지 않는 채권에 대한 압류로써 무효이고, ㉡ 체납처분에 의한 C압류와 관련하여, 피공탁자는 B채권압류 및 추심명령으로 인하여 공탁자의 공탁금 회수청구권을 추심할 권능만을 부여받은 것에 불과할 뿐 그 회수청구권 자체가 피공탁자에게 귀속된 것은 아니므로, B채권압류 및 추심명령 이후에 피공탁자의 공탁금 회수청구권을 피압류채권으로 표시한 체납처분에 의한 C압류 역시 무효이다. ㉢ 공탁관의 형식적 심사에 의하더라도 압류의 무효를 충분히 밝혀낼 수 있으므로 위 각 압

류가 있었다는 이유만으로 공탁금 회수청구를 불수리한 처분은 부적법하다는 취지의 판시를 한 바 있다.

4) 압류의 경합 및 사유신고 등

① 공탁자의 채권자가 공탁자의 공탁금 회수청구권에 대하여 일반 강제집행 절차에 따라 (가)압류하였거나 공탁자의 공탁금 회수청구권이 제3자에게 양도된 경우에도 피공탁자가 절차에 따라 담보권을 실행하면 피공탁자에게 공탁금을 지급한다. 그러나 담보취소결정정본 및 확정증명이 이미 제출된 경우에는 그러하지 아니하다.

② 피공탁자가 담보권을 실행함으로써 가지게 되는 공탁금 출급청구권에 대하여 피공탁자의 채권자가 (가)압류한 때에는 [(가)압류 채권목록의 기재를 피공탁자가 담보권을 실행함으로써 갖는 공탁금 회수청구권으로 한 경우도 같다] 피공탁자가 절차에 따라 공탁금 출급청구(청구서의 표시를 회수청구라고 한 때에도 같다)를 하더라도 피공탁자에게 공탁금을 지급하지 아니한다.

③ 공탁관은 공탁금 출급청구권에 대하여 압류가 경합된 경우에는 담보권 실행 요건을 갖춘 때(즉, 출급청구권 입증서면이 제출되거나 질권실행을 위한 압류 및 현금화명령이 효력을 발생한 경우)에 먼저 송달된 압류명령의 집행법원에 사유신고를 한다.

④ 이에 반해 피담보채권을 집행채권으로 하지 않는 경우에는 담보권리자로서 공탁금 출급청구권을 가질 수 없으며, 일반 채권자의 지위에서 공탁금 회수청구권을 강제집행하는 것에 불과하다. 따라서 피공탁자가 피담보채권이 아닌 일반채권을 집행채권으로 하여 공탁금 회수청구권에 대한 채권압류 및 추심명령을 받은 다음 공탁자를 대위하여 담보취소결정을 받은 후 피공탁자의 채권자가 피공탁자의 출급청구권 또는 회수청구권에 대하여 한 압류는 존재하지 않는 채권에 대한 압류이거나 압류할 수 없는 성질의 것에 대한 압류이어서 그 효력을 인정할 수 없다.

9. 담보의 취소

가. 의의

① 담보의 취소란 앞에서 본 담보권실행의 경우에 대응하는 것으로서 담보제공자(공탁자)가 담보의 필요(사유)가 소멸된 경우 제공한 담보를 반환받는 절차를 말한다.

② 민사소송법은 담보제공자가 담보의 사유가 소멸된 것을 증명한 때 또는 담보권리자의 동의를 받았음을 증명한 때에는 법원은 신청에 의하여 담보취소의 결정을 하여야 한다고 규정하여 반드시 법원의 결정을 거치도록 하고 있다.

나. 신청인

① 담보취소신청을 할 수 있는 사람은 담보를 제공한 사람 또는 그 승계인이다. 승계인은 포괄승계인은 물론, 담보제공자의 담보물 반환청구권(공탁물 회수청구권)에 대한 양수인 및 압류·전부·추심명령을 받은 사람과 같은 특정승계인을 포함한다.

② 승계인 또는 대리인이 신청하는 경우에는 신청권이 있음을 증명하기 위하여 가족관계증명서 (법정대리인이 이혼한 경우 자녀의 기본증명서), 등기사항증명서, 담보물 반환청구권의 양도 증서와 양도통지서, 압류·전부명령의 등본 및 확정증명서, 압류·추심명령의 등본 및 송달 증명서, 위임장 등을 제출하여야 한다.

③ 강제집행정지 신청인인 집행권원상의 채무자가 아니라 제3자가 재판상 담보공탁을 한 경우 그 공탁금에 대한 회수청구권은 채무자가 아니라 위 제3자가 갖는다고 보아야 하므로 이 경우 채권자가 위 공탁금 회수청구권이 채무자에게 귀속됨을 전제로 강제집행정지의 대상이었던 기본채권에 관한 집행권원에 터 잡아 채무자의 국가에 대한 공탁금 회수청구권에 대한 채권압류 및 추심명령을 받았더라도 그 채권자는 담보취소신청을 할 수 있는 담보제공자인 제3자의 승계인에 해당한다고 볼 수 없다.

④ 담보취소 신청사건은 담보제공결정을 한 법원 또는 그 기록을 보관하고 있는 법원의 전속관할에 속한다.

다. 담보취소의 요건

담보취소의 요건으로는 담보사유의 소멸, 담보권리자의 동의, 권리행사 최고기간의 만료를 들 수 있다.

1) 담보사유의 소멸

① 담보제공의 원인사실이 부존재하거나 손해발생의 가능성이 없는 경우로서, 채권자가 본안의 승소확정판결을 얻은 때나 이행권고결정이 확정된 때가 이에 해당한다. 신청인은 판결의 정본·등본·초본, 확정증명서, 화해·인낙·포기·조정조서의 정본·등본·초본 등을 제출함으로써 그 사유를 증명하게 된다.

② 가압류·가처분을 위해 제공된 담보는 담보제공자가 본안에서 승소의 확정판결을 받지 아니하면 담보의 사유는 소멸되지 아니하므로, 가압류집행이 불능인 경우, 가처분명령이 집행되지 아니하고 집행기간을 도과한 경우, 보전처분의 집행불능 후 보전처분신청이 취하된 경우에도 담보사유가 소멸되지 아니한다. 이는 보전처분의 존재만으로도 채무자에게 신용훼손이나 정신적 손해를 주었을 수 있고, 또한 담보공탁이 담보하는 손해배상의 범위에는 보전처분 자체를 다투는 데 필요한 소송비용도 포함되기 때문이다.

▶ 다만 채권자가 보전처분 결정 전에 보전처분의 신청을 취하한 경우에는 권리행사최고 등 담보의 취소절차 없이 취하증명(실무상 '결정 전 취하증명서'를 받는다)을 제출하여 공탁금을 회수할 수 있다.

▶ 병합청구의 본안소송에서 일부 승소하였다 하여도 나머지 일부가 계속 중인 한 담보사유가 소멸되었다고 할 수 없다.

▶ 담보제공자 또는 담보권리자가 여러 사람 있는 경우 그들 사이에 불가분 또는 연대관계가 없는 한 담보소멸의 여부는 개별적으로 판단하여야 한다.

▶ 가압류·가처분채권자가 본안의 승소판결을 받아 일단 확정되면 담보사유는 소멸하는 것이 므로 그 후 항소의 추후보완이나 재심의 소제기가 있어 사건이 계속 중이더라도 영향은 없다.

▶ 가압류·가처분사건의 본안소송이 화해로 종료한 경우에 그 화해조항의 일부로써 가압류· 가처분을 위한 담보공탁에 관한 약정이 있으면 그에 따른다.

③ 가집행의 정지를 위해 제공된 담보는 상소심의 소송절차에서 담보제공자의 승소 판결이 확정된 경우 또는 이와 같이 볼 수 있는 경우에 담보의 사유가 소멸된다고 보므로, 제1심에서 가집행의 정지를 위해 제공된 담보는 항소심에서 그 가집행선고부 제1심 판결이 취소된 경우에도 담보사유가 소멸되지 않고, 그 항소심 판결이 확정되어야 담보의 사유가 소멸된다. 그러나 항소심의 가집행선고부 판결에 대한 강제집행정지를 위해 제공된 담보는 상고심에서 그 항소심 판결이 파기되면 담보의 사유가 소멸된다.

▶ 청구이의의 소 또는 집행문부여에 대한 이의의 소를 제기한 당사자가 제1심에서 강제집행정지를 구하기 위하여 제공한 담보는 항소심에서 다시 강제집행정지를 위한 담보가 제공되었다 하더라도 그 담보의 사유가 소멸되는 것이 아니고, 담보를 제공한 당사자가 승소판결을 받아 종국적으로 확정되거나 이와 같이 볼 수 있는 경우에만 담보의 사유가 소멸한다. 제3자이의의 소(민사집행법 제48조)의 경우도 이에 준한다.

2) 담보권리자의 동의

① 담보제공자는 담보취소에 관한 담보권리자의 동의를 얻은 것을 증명하여 담보취소의 신청을 할 수 있다. 동의의 증명은 서면에 의하는 것이 실무례이다.

② 본안에서 재판상 화해가 성립되고 화해조항으로써 담보취소에 동의하고 담보취소결정에 대한 항고권을 포기한다는 기재가 있으면 그 화해조서가 동의의 증명으로 인정된다. 담보권리자의 동의는 공탁물에 대한 권리의 포기라고 인정되므로 동의가 있는 이상 법원은 본안사건 종료 전이라 하더라도 담보취소결정을 할 수 있다.

③ 담보취소의 동의는 담보의 전부에 관하여 함이 보통이겠지만, 담보의 일부에 관한 동의도 허용되므로 이 경우엔 담보의 일부 취소결정을 할 수 있다.

④ 보전처분의 채무자가 채권자의 공탁금 회수청구권을 압류 및 추심명령 또는 전부명령을 받아 담보취소를 대위신청하는 경우에는 담보권리자와 담보취소신청인이 동일인이므로 별도의 담보권리자의 동의서나 항고권 포기서를 제출할 필요가 없다.

3) 권리행사 최고기간의 만료

소송완결 후 담보제공자의 신청이 있는 때에는 법원은 담보권리자에게 일정한 기간 이내에 그 권리를 행사할 것을 최고하고, 담보권리자가 그 행사를 하지 아니하는 때에는 담보취소에 대한 담보권리자의 동의가 있는 것으로 본다.

(1) 소송의 완결

① '소송의 완결'이란 담보권의 객체인 피담보채권(소송비용상환청구권 또는 손해배상청구권)이 확정되고 그 금액의 계산에 장애가 없어진 상태를 말한다.

② 소송비용의 담보에서는 소송절차가 종결되어 소송비용부담의 재판이 내려진 경우에 소송이 완결된다.

③ 가압류·가처분사건의 경우 본안의 소가 제기된 때에는 그 본안소송도 완결되어야 한다. 다만 본안의 소가 제기되기 전에 가압류·가처분사건이 완결된 경우에는 그 가압류·가처분사건의 완결로써 소송완결이 있는 것으로 보는 것이 실무이다.

(2) 권리행사의 최고

① 권리행사의 최고는 신청인의 신청에 의하여 법원이 담보권리자에게 한다.

② 강제집행의 정지를 위하여 법원의 명령으로 제공된 공탁금은 그 강제집행절차의 정지 때문에 발생한 손해의 배상에 한정하여 담보하는 효력을 가질 뿐이므로 담보권리자가 권리행사를 위하여 제기한 소송에서 주장한 손해배상청구의 내용 중 위와 같은 배상청구권의 범주에 속하지 않는 것은 담보취소를 저지하는 권리행사로서의 효력이 없다고 보아야 한다. 다만 담보의 대상이 되는 손해의 범위는 민법 제393조에 의할 것이므로 통상의 손해뿐 아니라 특별한 사정으로 인한 손해도 배상의무자가 그 사정을 알았거나 알 수 있었다면 거기에 포함될 수 있다. 따라서 담보권리자의 주장 자체에 의하더라도 강제집행정지로 인하여 발생할 수 없음이 명백하다는 등의 특별한 사정이 없는 한 담보권리자가 소송에서 주장한 손해가 통상의 손해가 아니라는 이유만으로 담보에 대한 권리행사의 효력이 미치지 않는다고 단정할 것은 아니다.

(3) 담보권리자의 권리불행사

① 권리행사는 피담보채권 자체에 대한 재판상의 청구이어야 한다. 피담보채권에 대한 소제기 지급명령, 제소 전 화해신청 등이 이에 해당한다. 소송비용의 담보의 경우에는 소송비용액 확정신청이 권리행사가 될 것이다.

② 권리행사기간 안에 또는 담보취소결정이 확정되기 전에 일단 담보권리자에 의한 소제기 등의 권리행사가 있었으나, 그 후 소가 취하되거나 취하간주되는 등의 이유로 권리행사가 처음부터 없었던 것으로 보는 때에는 권리행사기간이 경과함으로써 담보취소에 관하여 담보권리자의 동의가 있는 것으로 간주한다.

③ 최고를 받은 담보권리자가 집행권원을 제출하면 이미 권리행사를 한 것으로 보아 담보취소를 할 수 없다. 최고에서 정한 권리행사기간 안에 권리를 행사하지 않았더라도 담보취소결정을 하기 전에 권리행사를 한 사실을 증명하면 담보취소결정을 할 수 없다. 또 담보취소결정이 있었더라도 그 결정이 확정되기 전에 권리행사가 있으면 담보취소결정은 유지될 수 없다.

(4) 담보취소 신청에 대한 재판

① 법원은 신청이 적법하고 담보취소의 요건이 구비되어 있다고 인정되는 때에는 담보취소결정을 한다. 이 결정은 양쪽 당사자에게 정본을 송달하여 고지한다.

② 담보취소를 인용한 결정에 대하여는 즉시항고, 기각 또는 각하한 결정에 대하여는 통상항고로써 불복할 수 있다.

(5) 공탁금의 회수

① 담보취소결정이 확정되면 담보제공자는 담보취소결정의 정본이나 등본 및 확정증명서와 함께 공탁금 회수청구에 필요한 일반적인 절차를 밟아 공탁소로부터 공탁물을 회수할 수 있다.

② 공탁자가 공탁한 내용은 공탁의 기재에 의하여 형식적으로 결정되므로 수인의 공탁자가 공탁하면서 각자의 공탁금액을 나누어 기재하지 않고 공동으로 하나의 공탁금액을 기재한 경우에 공탁자들은 균등한 비율로 공탁한 것으로 보아야 하고, 공탁자들 내부의 실질적인 분담금액이 다르다고 하더라도 이는 공탁자들 내부 사이에 별도로 해결하여야 할 문제이며 위와 달리볼 것은 아니다. 이러한 법리는 강제집행정지의 담보를 위하여 공동명의로 공탁한 경우 담보취소에 따른 공탁금 회수청구권의 귀속과 비율에 관하여도 마찬가지로 적용된다. 따라서 제3자가 다른 공동공탁자의 공탁금 회수청구권에 대하여 압류 및 추심명령을 한 경우에 그 압류 및 추심명령은 공탁자 간 균등한 비율에 의한 공탁금액의 한도 내에서 효력이 있고, 공동공탁자들 중 실제로 담보공탁금을 전액 출연한 공탁자가 있다 하더라도 이는 공동공탁자들 사이의 내부관계에서만 주장할 수 있는 사유에 불과하여 담보공탁금을 전액 출연한 공탁자는 그 압류채권자에 대하여 자금 부담의 실질관계를 이유로 대항할 수 없다. 실제로 2인이 공동명의로 강제집행정지신청을 하고 담보제공명령을 받아 담보공탁을 하면서 각자의 공탁금액을 나누어 기재하지 않고 공동으로 하나의 공탁금액을 기재한 경우 공탁의 내용은 공탁서의 기재에 의하여 형식적으로 결정되므로 공탁자들은 균등한 비율로 공탁한 것으로 보아야 한다. 따라서 담보취소결정 등으로 공탁원인이 소멸한 경우 공탁자 중 1인은 공탁금 중 1/2의 회수를 청구할 수 있고, 공탁자들 내부의 실질적인 분담금액이 다르다고 하더라도 이는 공탁자들 내부 사이에 별도로 해결할 문제이다. 한편 제3자가 위와 같은 2인의 공동공탁자 중 어느 1인의 공탁금 회수청구권에 대하여 압류 및 추심명령을 한 경우에는 그 공탁자가 실제로 담보공탁금을 출연하였는지 여부와 관계없이 그 압류 및 추심명령은 공탁금 중 1/2의 한도 내에서 효력이 있다.

02 절 영업보증공탁

1. 의의

영업보증공탁이란 거래의 상대방이 불특정 다수인이고 거래가 광범위하고 번잡하게 행해지므로 영업자의 신용이 사회 일반에 대하여 보장되지 않으면 안 되는 영업이나 기업의 규모와 내용이 주위의 토지, 건물 등에 손해를 끼치는 것이 불가피한 산업에 관하여 그 영업거래상 채권을 취득하는 거래의 상대방이나 그 기업활동에 의하여 손해를 입을 피해자를 보호하기 위하여 특별히 인정되는 보증공탁이다.

2. 영업보증공탁의 종류

① 신용카드업자가 선불카드에 의하여 물품 또는 용역을 제공한 신용카드 가맹점에게 지급하여야 할 선불카드대금 및 미상환 선불카드의 잔액을 상환할 수 없게 될 때에 해당 신용카드 가맹점 및 미상환 선불카드의 소지자에게 배당할 목적으로 하는 공탁

② 원자력사업자가 원자로의 운전 등으로 인하여 생기는 손해를 배상함에 필요한 조치의 하나로써 하는 공탁

③ 중개업자가 중개행위를 하면서 고의·과실로 인하여 또는 자기의 사무소를 다른 사람의 중개행위의 장소로 제공함으로써 거래당사자에게 발생하게 한 재산상의 손해배상책임을 보장하기 위한 공탁

④ 그 외 공동주택관리법, 민영교도소 등의 설치·운영에 관한 법률, 자동차관리법, 석탄산업법 등에도 영업보증공탁의 근거를 두고 있다.

3. 공탁의 신청

1) 공탁서 작성

① 영업보증공탁에서는 영업자의 신용력 확인이라는 목적이 있으므로 제3자에 의한 공탁은 허용되지 않는다.

② 영업보증공탁에서 피공탁자는 영업자와의 거래에 의하여 채권을 취득한 자 또는 영업자의 사업활동에 의하여 손해를 입은 피해자이나, 이는 피담보채권이 구체적으로 발생한 때에 비로소 확정되는 것이므로 그때까지는 관념적 존재에 불과하므로 공탁서의 피공탁자란은 두지 않는다.

2) 관할

영업보증공탁은 각 근거법규에서 관할공탁소가 법정되어 있는 경우가 많다(예컨대 여신전문금융업법상의 보증공탁은 선불카드를 발행한 신용카드업자의 본점 또는 주된 사무소 소재지의 공탁소, 원자력 손해배상법상의 보증공탁은 원자력사업자의 주사무소 등).

3) 공탁물의 종류

영업보증공탁의 공탁물은 각 영업보증공탁의 근거법령에서 정해진다.

03 절 납세담보공탁

1. 의의

① 납세담보공탁이란 국세나 지방세 등의 징수유예나 상속세 및 증여세의 연부연납 허가 시 그 세금의 징수나 납부를 담보하기 위한 공탁을 말한다.

② 국세기본법은 세법에 따라 제공하는 담보의 종류를 제한적·열거적으로 규정하는 한편, 납세담보의 제공방법에 대하여도 별도로 정하고 있으므로, 이와 같이 국세기본법이 정하는 방법에 의하지 아니한 납세담보 제공의 약정은 조세법률주의의 원칙에 비추어 세법상 담보제공으로서의 효력이 없음은 물론, 사법상 담보설정계약으로서의 효력도 인정되지 않는다.

③ 국세징수법상의 납세담보물의 종류로는 금전, 자본시장과 금융투자업에 관한 법률 제4조 제3항에 따른 국채증권 등 대통령령으로 정하는 유가증권(전자증권법이 시행된 이후 실무상 주로 전자등록증명서가 공탁되고 있음), 납세보증보험증권, 은행법 제2조 제1항 제2호에 따른 은행 등 대통령령으로 정하는 자의 납세보증서, 토지, 보험에 든 등기 또는 등록된 건물·공장재단·광업재단·선박·항공기나 건설기계이다.

2. 공탁의 신청 등

1) 관할

납세담보공탁의 경우에는 각종 세법에 관할에 관한 별도의 규정이 없으나, 실무에서는 해당 세무서 또는 지방자치단체를 관할하는 공탁소에 공탁하고 있다.

2) 공탁당사자

① 납세담보공탁의 공탁자는 국세나 지방세의 징수유예, 연부연납의 허가를 구하려는 납세의무자 또는 납세의무자를 위하여 담보를 제공하는 제3자가 될 것이고, 피공탁자는 국가·지방자치단체 등 과세관청이 되고, 공탁서에는 '국 소관청 : ○○○세무서' 등으로 기재하면 될 것이다.

② 납세담보물에 대하여 다른 조세에 기한 선행압류가 있더라도 매각대금은 납세담보물에 의하여 담보된 조세에 우선적으로 충당하여야 하고, 납세담보물이 납세의무자의 소유가 아닌 경우라고 하여 달리 볼 것은 아니다.

3) 공탁의 목적물

국세기본법은 세법에 의하여 제공하는 담보의 종류를 들고 있는바, 조세채권의 성립과 행사는 반드시 법률에 의하여서만 이루어져야 하고 법률에 근거 없이 채무를 부담하게 하거나 담보를 제공하게 하는 등의 방법으로 조세채권의 종국적 만족을 추구하는 것은 허용될 수 없다. 위와 같은 납세담보의 종류를 정한 규정 또한 조세법률주의의 요청에 따라 엄격하게 해석되어야 할 것이므로 위 규정은 납세담보의 종류를 한정적으로 열거한 것으로 봄이 상당하다.

01 절 총설

집행공탁과 변제공탁은 그 공탁요건, 공탁절차, 공탁물의 출급절차에서 큰 차이가 있으므로 집행공탁의 사유가 있음에도 불구하고 변제공탁을 하거나 그 반대인 경우에 그 공탁을 적법한 것으로 보아 수리해서는 안 된다. 만약 수리를 하였다 하더라도 그 공탁 자체가 부적법한 공탁으로서 무효인 이상 변제의 효력이 발생하지 않는다.

1) 공탁자

① 집행공탁에서 공탁자로 될 자는 해당 집행절차의 집행기관이나 집행채무자 또는 제3채무자 등이다. 민사집행법 제248조에 의한 집행공탁의 공탁자는 제3채무자이고, 민사집행법 제282조에 의한 가압류해방공탁의 공탁자는 가압류채무자이다. 그 이외 집행공탁의 공탁자는 집행기관인 집행법원이나 집행관, 추심채권자 또는 항고인 등이다.

② 집행절차에 부수해서 행해지는 집행공탁의 성질상 제3자는 공탁자를 갈음하여 공탁할 수 없다.

2) 피공탁자

① 집행공탁에서 피공탁자로 될 자는 원칙적으로 해당 집행절차의 집행채권자이다. 민사집행법 제248조에 의한 집행공탁의 피공탁자는 실질상 해당 집행절차의 집행채권자들이지만, 피공탁자는 배당절차에서 배당이 완결되어야 비로소 확정되고, 공탁 당시에는 관념적으로만 존재하므로 공탁신청 시에는 피공탁자를 기재하지 않는다. 집행공탁 당시에 피공탁자를 기재하였더라도 피공탁자의 기재는 법원을 구속하는 효력이 없다.

② 다만 민사집행법 제248조 제1항에 의하여 금전채권의 일부에 대한 압류를 원인으로 하여 제3채무자가 압류에 관련된 금전채권 전액을 권리공탁을 하는 경우에는 피공탁자란에 압류명령의 채무자를 기재하고, 민사집행법 제291조 및 제248조 제1항에 의하여 금전채권의 전부 또는 일부에 대한 가압류를 원인으로 하여 제3채무자가 권리공탁을 하는 경우에는 가압류채무자를 피공탁자로 기재한다. 그리고 각 피공탁자(압류채무자 또는 가압류채무자)의 주소소명서면을 첨부하여 공탁통지서를 발송하여야 한다. 위의 경우 압류의 효력이 미치지 않는 부분은 변제공탁의 성격이 있기 때문이다.

3) 관할

민사집행법 제19조 제1항은 '이 법의 규정에 의한 공탁은 채권자나 채무자의 보통재판적이 있는 곳의 지방법원 또는 집행법원에 할 수 있다'고 규정하고 있으나, 이 규정은 집행공탁의 토지관할을 정한 것은 아니므로 집행공탁은 어느 공탁소에 공탁하여도 무방하다.

4) 집행공탁의 목적물

① 집행공탁에서 공탁물은 금전에 한한다. 그러나 경매절차에서 매각허가결정에 대한 항고보증 공탁은 법원이 인정한 유가증권을 공탁할 수 있고, 선박에 대한 강제집행에서 채무자가 집행 정지문서를 제출하고 매수신고 전에 보증의 제공으로 공탁하는 경우에는 법원이 인정한 유가 증권도 가능하다.

② 집행공탁의 목적물은 금전에 한하므로, 유가증권인도청구권이 가압류된 경우에는 제3채무자 가 가압류를 이유로 집행공탁을 할 수는 없으며, 제3채무자로 서는 민법 제487조에 따라 채 무자를 피공탁자로 하는 변제공탁을 함으로써 이중변제의 위험에서 벗어나고 이행지체의 책 임도 면할 수 있다.

③ 압류나 가압류가 있는 수용보상금을 사업시행자가 채권(債券)과 현금으로 지급하고자 할 경 우에는 압류나 가압류의 피압류채권이 금전채권인 수용보상금채권이라면 현금으로 지급하는 수용보상금 부분은 토지보상법 제40조 제2항 제4호 및 민사집행법 제248조 제1항에 의하여 집행공탁할 수 있다. 그러나 채권(債券)으로 지급하는 수용보상금 부분은 토지보상법 제40조 제2항 제4호 및 민사집행법 제248조 제1항에 의한 집행공탁으로 할 수 없고, 토지보상법 제40조 제2항 각 호의 공탁사유가 있다면 유가증권공탁의 공탁물적격이 인정되므로 유가증 권공탁의 절차에 따라 공탁할 수 있다.

④ 한편 사업시행자가 토지보상법 제63조 제7항·제8항에 따라 수용보상금을 채권(債券)으로 지급하는 경우 전자등록된 국·공채 등에 대하여 전자등록증명서를 발급받아 공탁하는 경우 가 일반적이다. 실무상 수용보상금지급청구권에 대하여 압류나 가압류 등이 있음을 이유로 사업시행자가 전자등록증명서를 공탁물로 하면서 토지보상법 제40조 제2항 제4호 및 민사집 행법 제248조 제1항에 따라 집행공탁을 신청하는 경우가 있는데 전자등록증명서는 위 집행 공탁의 목적물이 될 수 없으므로 위와 같은 공탁신청은 수리되어서는 안 된다.

⑤ 매도인에게 매수인을 채무자로 하는 중도금 반환채권을 피압류채권으로 하는 3건의 가압류 명령과 소유권이전등기청구권 가압류명령이 각 송달된 상태에서 중도금 반환 채무를 집행공 탁하려는 경우, 매매대금 반환청구권을 목적으로 하는 채권가압류와 소유권이전등기청구권 을 목적으로 하는 가압류는 그 피압류채권을 달리하고 소유권이전등기청구권 가압류명령은 매도인의 토지 매매계약 해제로 인하여 보전집행목적이 존재하지 않게 되었다 할 것이므로 매도인은 매수인의 중도금 반환채권을 피압류채권으로 한 3건의 채권 가압류명령만을 공탁 원인 사실로 기재할 수 있다 할 것이다.

02 절 민사집행법 제248조에 의한 공탁

1. 의의

① 금전채권에 대하여 압류가 있는 경우에 제3채무자가 하는 공탁은 민사집행법 제248조 제1항에 의한 권리공탁과, 제2항·제3항에 의한 의무공탁으로 크게 나누어 볼 수 있다. 전자는 채권이 압류되면 채권자의 경합이 없더라도 제3채무자는 선택에 따라 압류채권 상당액 또는 채권 전액을 공탁하여 자신의 채무를 면할 수 있게 된 것을 말한다. 후자는 제3채무자가 금전채권에 관한 배당요구서의 송달을 받거나 금전채권 중 압류되지 아니한 부분을 초과한 (가)압류명령의 송달을 받은 후 배당에 참가한 채권자 또는 (가)압류채권자가 공탁을 청구하는 경우에 제3채무자가 자신의 채무를 면하기 위해서는 해당 압류에 관련된 금전채권액을 의무적으로 공탁하여야 하는 것을 말한다.

② 민사집행법에서는 권리공탁의 요건을 완화하여 채권자가 경합하는 경우에 한정하지 않고 압류채권자가 한 사람인 경우 또는 가압류가 집행된 경우에도 압류에 관련된 금전채권의 면책을 위하여 그 전액에 상당하는 금액을 공탁(권리공탁)하는 것을 인정하고 있다.

2. 권리공탁(민사집행법 제248조 제1항)

가. 의의

① 민사집행법 제248조 제1항은 '제3채무자는 압류에 관련된 금전채권의 전액을 공탁할 수 있다'라고 규정하여 제3채무자로 하여금 채권자의 공탁청구, 추심청구, 경합 여부 등을 따질 필요 없이 해당 압류에 관련된 채권 전액을 공탁할 수 있도록 하고 있다. 즉, 채권이 압류되면 압류의 경합이 없더라도 제3채무자는 그의 선택에 따라 압류채권 상당액 또는 채권 전액을 공탁하여 채무를 벗어날 수 있도록 규정하였다.

② 채권 일부를 압류하였는데 제3채무자가 채권 전액을 공탁한 경우 압류된 부분은 집행공탁, 압류의 효력이 미치지 않는 부분은 변제공탁의 성질을 가지는 공탁이라고 할 수 있다.

나. 권리공탁이 가능한 경우

① 민사집행법 제248조 제1항의 규정에 따라 권리공탁이 인정되는 경우는 ㉠ 단일 또는 복수의 가압류집행만이 있는 경우, ㉡ 단일의 압류만이 있는 경우, ㉢ 압류가 경합되지 않는 복수의 압류 등을 들 수 있다. 나아가 압류가 중복되어 각 채권자들의 청구채권의 합계액이 피압류채권액을 넘어선 압류경합의 경우에도 제3채무자는 민사집행법 제248조 제1항의 규정에 따라 공탁할 수 있다. 한편 위 ㉠의 경우 공탁근거법령은 민사집행법 제291조 및 제248조 제1항이 된다.

② 토지수용보상금채권의 일부에 대하여 압류 및 전부명령이 제3채무자인 사업시행자에게 송달되었으나 전부명령의 확정 여부를 알 수 없는 경우에는 제3채무자는 ㉠ 피공탁자를 압류채무자(토지소유자)로 하고, 공탁근거법령을 토지보상법 제40조 제2항 제4호 및 민사집행법

제248조 제1항으로 하여 보상금 전액을 공탁할 수 있고, ⓛ 압류된 보상금 부분은 공탁근거
법령을 토지보상 제40조 제2항 제4호 및 민사집행법 제248조 제1항으로 하고 피공탁자란은
기재하지 않는 집행공탁으로 하고, 압류되지 아니한 보상금 부분은 압류채무자(토지소유자)
에게 토지보상법 제40조 제2항 제1호 또는 제2호에 따른 공탁사유가 있는 경우에는 피공탁
자를 압류채무자(토지소유자)로 하여 변제공탁할 수도 있다.

다. 구체적인 공탁절차

1) 금전채권에 단일압류 등이 있는 경우의 공탁

금전채권의 일부만이 압류된 경우에 제3채무자의 선택에 따라 압류된 금전채권만을 공탁할 수도
있고, 압류에 관련된 금전채권 전액을 공탁할 수도 있다. 둘 이상의 채권압류(가압류를 포함한
다)가 있고 압류된 채권액의 합계액이 압류에 관련된 금전채권액보다 적은 경우에도 이에 해당
한다.

가) 압류된 금전채권액만을 공탁하는 경우

(1) 공탁절차

① 금전채권 전액에 대한 압류가 있어 그 전액을 공탁하거나 금전채권 일부에 대한 압류가 있어
  압류된 금전채권액만을 공탁하는 경우에는 집행공탁에 해당된다.
② 공탁근거 법령조항은 민사집행법 제248조 제1항으로 기재하며, 공탁 시 압류결정문 사본을
  첨부하여야 한다.
③ 집행공탁이므로 제3채무자는 공탁 후 집행법원에 사유신고를 하여야 하며, 사유신고를 한
  때가 배당요구의 종기가 된다.
④ 제3채무자가 공탁 후 사유신고를 하면 배당절차가 진행되므로 공탁금 전부는 배당재단에 포
  함되어 집행법원의 관리하에 놓이게 된다. 따라서 집행법원의 배당절차에 의하여 배당채권자
  로 확정된 자만이 피공탁자가 되어 집행법원의 지급위탁에 의하여 공탁금이 출급된다.
⑤ 따라서 공탁신청 시에는 피공탁자가 있을 수 없으며, 공탁서의 피공탁자란은 기재할 수가
  없고, 당연히 공탁통지서도 첨부할 필요가 없다.

(2) 공탁 후 압류명령이 실효된 경우

민사집행법 제248조 제1항에 의하여 채권압류를 원인으로 한 공탁이 성립되면 공탁이 무효인 경
우가 아닌 한 제3채무자는 바로 채무를 면하게 되고, 공탁금은 이후 배당재단에 포함되어 집행법
원의 관리하에 놓이게 되므로 공탁이 성립된 후에 그 공탁원인이 된 압류명령의 효력이 실효되었
다고 하더라도 압류채무자는 집행법원의 배당절차에 의한 지급위탁으로 증명서를 교부받아 공탁
금을 출급해 갈 수 있을 뿐 집행법원의 지급위탁에 의하지 아니한 채 공탁자(제3채무자)가 공탁
원인 소멸을 이유로 회수청구권을 행사하거나 압류채무자가 압류명령의 실효를 이유로 직접 공탁
금을 출급할 수가 없다.

나) 압류와 관련된 금전채권의 전액을 공탁하는 경우

(1) 공탁절차

① 민사집행법 제248조 제1항은 금전채권의 일부만이 압류된 경우에도 금전채권의 전액을 공탁할 수 있도록 하고 있다. 이 경우 공탁금 중 압류의 효력이 미치는 금전채권액은 당연히 집행공탁이지만 압류금액을 초과하는 부분은 변제공탁이다.

  ▶ 제3채무자는 압류의 효력이 미치지 않는 부분에 대하여 별도의 변제공탁사유가 없더라도 민사집행법 제248조 제1항에 의하여 압류와 관련된 금전채권 전액을 1건으로 공탁할 수 있다.

② 공탁근거 법령조항은 민사집행법 제248조 제1항으로 기재하며, 공탁 시 압류결정문 사본을 첨부하여야 한다.

③ 압류의 효력이 미치는 부분은 집행공탁으로써 제3채무자는 공탁 후 집행법원에 사유신고를 하여야 하며, 사유신고를 한 때가 배당요구의 종기가 된다.

④ 압류의 효력이 미치지 않는 부분에 대하여는 변제공탁으로 보아야 하므로 공탁 시 제3채무자는 공탁서상의 피공탁자란에 압류채무자를 기재하고, 공탁규칙 제21조 제3항에 따라 피공탁자의 주소를 표시하는 때에는 그 주소를 소명하는 서면을, 피공탁자의 주소가 불명인 경우에는 이를 소명하는 서면을 첨부하여야 한다. 피공탁자에게 공탁통지를 해야 할 경우에는 공탁규칙 제23조 제1항에서 정한 공탁통지서를 첨부하고, 같은 조 제2항에 따른 우편료를 납입하여야 한다. 공탁관은 피공탁자인 압류채무자에게 위 공탁통지서를 발송하여야 한다.

⑤ 공탁금 중에서 압류의 효력이 미치는 부분에 대하여는 집행법원의 지급위탁에 의하여 공탁금의 출급을 청구할 수 있고, 공탁금 중에서 압류의 효력이 미치지 않는 부분에 대하여는 변제공탁의 예에 따라 피공탁자인 압류채무자가 출급을 청구할 수 있다.

⑥ 공탁금 중에서 압류의 효력이 미치지 않는 부분에 대하여는 공탁자가 민법 제489조 제1항에 의해 회수청구할 수 있으며, 이 경우에는 집행법원으로부터 공탁서를 보관하고 있다는 사실을 증명하는 서면을 교부받아 이를 공탁금 회수청구서에 첨부하여야 한다.

⑦ 둘 이상의 채권압류(가압류를 포함한다)가 있고 압류된 채권액의 합계액이 압류와 관련된 금전채권액보다 적어 압류와 관련된 금전채권 전액을 공탁할 경우에 사유신고는 먼저 송달된 압류명령의 발령법원에 하여야 한다.

2) 금전채권에 대하여 압류경합이 있는 경우의 공탁

① 이 경우의 공탁은 전형적인 집행공탁이므로 그 공탁 및 지급절차도 앞에서 설명한 '압류된 금전채권액만을 공탁하는 경우'와 동일하다. 다만 압류채권액의 총액이 피압류채권액보다 많은 중복압류(압류와 가압류의 경합 포함)의 경우에 각 압류의 효력은 그 채권 전액에 확장되므로 단일압류 등의 경우처럼 금전채권 중 일부만 공탁할 수 없다.

② 이때 공탁근거 법령조항은 민사집행법 제248조 제1항으로 하고, 공탁서의 피공탁자란은 기재하지 않으며, 공탁시 압류결정문 사본을 첨부하여야 한다.

③ 한편 제3채무자가 민사집행법 제248조 제1항에 따라 압류가 경합되어 있음을 이유로 한 공탁이 유효하려면 피압류채무에 해당하는 채무 전액을 공탁하여야 하지만 압류 및 추심명령의 제3채무자가 채무 전액을 공탁하지 않아 집행공탁의 효력이 인정되지 않는다고 하여도 그 공탁이 수리된 후 공탁된 금원에 대하여 배당이 실시되어 배당절차가 종결되었다면 그 공탁되어 배당된 금원에 대하여는 변제의 효력이 있다고 할 것이다.

④ 공탁한 제3채무자는 즉시 공탁서를 첨부하여 그 내용을 서면으로 집행법원에 신고하여야 하며, 사유신고할 법원은 먼저 송달된 압류명령의 발령법원이다.

3. 의무공탁(민사집행법 제248조 제2항 · 제3항)

1) 의의

① 금전채권에 관하여 배당요구서를 송달받은 제3채무자는 배당에 참가한 채권자의 청구가 있으면 압류된 부분에 해당하는 금액을 공탁하여야 한다. 또한 금전채권 중 압류되지 아니한 부분을 초과하여 거듭 압류명령 또는 가압류명령이 내려진 경우에 그 명령을 송달받은 제3채무자는 압류 또는 가압류채권자의 청구가 있으면 그 채권의 전액에 해당하는 금액을 공탁하여야 한다. 여기서 배당에 참가한 채권자라 함은 집행력 있는 정본에 의한 채권자이든 우선변제청구권이 있는 채권자이든 묻지 않으며 배당요구채권자 이외에 배당요구와 동일한 효력이 있는 중복압류채권자나 교부청구채권자를 포함한다.

② 제3채무자는 채권자가 경합하는 경우에 채권자가 경합하는 사정만으로는 공탁의무가 생기는 것이 아니고 위와 같은 배당을 받을 채권자의 청구가 있는 때에만 공탁의무가 생긴다. 그러나 압류가 중복되어 경합하는 경우에도 경합한 집행채권의 합계액보다 피압류채권의 총액이 더 많은 때에는 민사집행법 제248조 제3항에서 말하는 압류의 경합이 아니므로 채권자의 청구가 있더라도 공탁할 의무는 없다.

③ 그리고 추심소송에서 추심채권자에게 채무액을 직접 지급하라는 판결이 있은 뒤에 중복압류나 배당요구를 한 다른 채권자는 추심채권자에게 채무액의 공탁을 청구할 수 있다.

2) 공탁의무의 성격 등

① 제3채무자가 공탁의무를 이행하지 않는 경우에도 특별한 제재는 없다. 그러나 공탁의무가 발생하지 않은 경우에는 제3채무자가 집행공탁이 아닌 정당한 추심권자 1인에게 직접 변제하는 등의 방법으로도 그 채무의 소멸을 다른 채권자 및 채무자에게 주장할 수 있는 반면, 공탁의무가 발생한 경우에는 제3채무자가 공탁의 방법에 의하지 않고는 면책을 받을 수 없다. 따라서 공탁의무가 있는데도 불구하고 제3채무자가 추심채권자 중 한 사람에게 임의로 변제하거나 일부 채권자가 강제집행절차 등에 의하여 추심한 경우 제3채무자는 이로써 '공탁청구한 채권자'에 대한 관계에서 채무의 소멸을 주장할 수 없고 이중지급의 위험을 부담한다.

▶ 다만 그러한 경우에도 제3채무자는 '공탁청구한 채권자 외의 다른 채권자'에 대한 관계에서는 여전히 채무의 소멸을 주장할 수 있다. 그리고 비록 공탁청구를 한 채권자라고 하더라도, 제3채무자를 상대로 추심할 수 있는 금액은 '제3채무자가 공탁청구에 따라 그 채권전액

에 해당하는 금액을 공탁하였더라면 공탁청구 채권자에게 배당될 수 있었던 금액' 범위로 한정되고, 이러한 금액은 공탁청구 시점까지 배당요구한 채권자 및 배당요구의 효력을 가진 채권자에 대하여 배당을 할 경우를 전제로 산정할 수 있으며, 이때 배당받을 채권자, 채권액, 우선순위에 대하여는 제3채무자가 주장·증명하여야 한다.

② 이러한 공탁의무는 민사제도의 목적에서 생기는 제3채무자의 절차협력의무이고, 제3채무자의 실체법상 지위를 변경하는 것이 아니므로 제3채무자가 채무자에 대하여 기한 미도래, 동시이행, 선이행의 항변 등 지급거절사유를 갖는 때에는 집행의 경합이 있더라도 공탁의무를 부담하지 아니한다. 또한 어음·수표금채권에 대하여는 그 제시가 없는 한 공탁의무가 없다.

③ 제3채무자가 배당요구채권자의 공탁청구에도 불구하고 공탁의무를 이행하지 않을 때에는 민사집행법 제249조 제1항에 따라 소로써 공탁을 명하는 추심소송을 제기할 수 있다. 이 규정에 따라 추심의 소에 의해 공탁을 구하려면 추심명령을 받은 경우에 한하여 제기할 수 있는 것이므로 추심명령을 받지 아니한 상태에서는 이를 제기할 원고 적격이 없다. 배당요구채권자 또는 압류채권자는 해당 채권을 압류한 후 추심명령을 얻거나 혹은 압류된 채권에 대하여 추심명령을 받은 다음에 제3채무자에게 공탁을 명하는 취지의 추심소송을 제기하여 그 판결에 기초한 강제집행으로 공탁을 강제할 수 있으며, 그 공탁이 이루어져 사유신고가 있은 때에 배당요구의 종기에 이르게 된다.

3) 공탁하여야 할 금액

① 민사집행법 제248조 제2항에 따른 배당요구의 경우에는 배당요구 자체에 압류경합의 경우와 달리 압류의 확장효가 없으므로 공탁의무의 대상이 되는 것은 당초 압류된 부분에 해당하는 금액이다. 즉 甲의 乙에 대한 1,000만 원의 대여금채권 중 甲의 채권자 丙이 600만 원에 대하여 압류한 후에, 甲의 다른 채권자 丁이 500만 원의 채권을 가지고 배당요구한 다음 제3채무자 乙에게 공탁을 청구하였다면, 乙로서는 당초 압류된 금액인 600만 원만 공탁하면 된다. 그런데 만일 丙이 甲의 대여금채권 1,000만 원 전액에 대하여 압류를 하였다면 그 압류의 효력은 압류할 시점에 현실로 존재하는 목적채권의 전부에 미치고(대결 1973.1.24, 72마1548), 민사집행법 제248조 제2항의 '압류된 부분에 해당하는 금액'이란 집행채권액이 아닌 압류의 효력이 미치는 피압류채권액을 의미하므로 제3채무자인 乙로서는 1,000만 원 전액을 공탁하여야 한다.

② 또한 민사집행법 제248조 제3항에 따른 압류경합의 경우에는 각각 압류의 효력이 채권 전액으로 확장되므로(민사집행법 제235조) 그 채권 전액을 공탁하여야 한다. 즉, 위 예에서 丁이 압류채권자라면 丙과 압류의 경합이 있는 것이어서 丙의 600만 원에 대한 압류도 피압류채권 전액으로 그 효력이 확장되고, 丁의 500만 원에 대한 압류도 그 전액으로 효력이 확장되므로 채권자 중 1인인 丁이 공탁을 청구하면 제3채무자인 乙은 피압류채권 전액인 1,000만 원을 공탁해야 하는 것이다. 일단 압류가 경합하여 압류의 효력이 압류채권 전액에 확장된 후 일부의 압류가 취소되거나 취하되었다고 하더라도 확장효는 유지된다.

4. 민사집행법 제248조에 의한 공탁의 효과

1) 채무변제의 효과

① 제3채무자가 민사집행법 제248조에 따라 공탁을 하게 되면 기본적인 효과로써 채무자에 대한 채무를 면하게 된다.

② 민사집행법 제248조가 정하는 제3채무자의 공탁은 채무자의 제3채무자에 대한 금전채권의 전부 또는 일부가 압류된 경우에 허용되므로 그러한 공탁에 따른 변제의 효과 역시 압류의 대상에 포함된 채권에 대해서만 발생한다.

2) 압류명령의 취하 또는 취소의 불가

① 채권자는 현금화절차가 끝나기 전까지 압류명령의 신청을 취하할 수 있는데 채권자가 채무자의 제3채무자에 대한 채권을 압류한 상태에서 제3채무자가 민사집행법 제248조에 따라 공탁을 하게 되면 압류명령은 공탁에 의한 목적달성으로 인하여 그 존재 의의를 잃고 장래에 향하여 소멸하게 된다. 즉, 제3채무자가 민사집행법 제248조에 따라 공탁을 하게 되면 압류된 채권이 현금화된 것으로 볼 수 있고, 압류명령으로 인한 집행이 종료된다.

② 따라서 위 공탁 이후에는 압류채권자의 지위가 배당받을 채권자의 지위로 전환되므로 사유신고 전이라 하더라도 압류채권자의 압류명령 신청의 취하가 허용되지 않는다. 압류채권자가 신청취하서를 제출하더라도 취하의 효력이 발생하지 않고, 압류채권자의 '배당금 교부청구권의 포기'일 뿐이라고 보아야 하며 집행법원에서는 그대로 배당재단을 유지하면서 배당절차를 진행하게 되는데, 위 신청취하서를 제출한 압류채권자는 배당에서 제외된다. 따라서 민사집행법 제248조에 의해 공탁된 후에 압류채권자가 압류명령을 취하하거나 또는 압류명령이 취소된다 해도 그것이 압류명령의 효력을 소급적으로 변화 또는 소멸시키는 것은 아니며, 이는 배당수령권 여하의 문제로만 남게 된다.

3) 배당가입 차단효의 발생

① 배당가입의 차단효란 배당절차 등에 가입하는 것을 차단하는 효력을 말한다.

② 배당요구의 종기에 관하여 민사집행법 제247조 제1항 제1호는 제3채무자가 민사집행법 제248조 제4항에 의하여 공탁사유신고를 한 때까지라고 규정하고 있다. 금전채권의 일부만이 압류되었음에도 제3채무자가 민사집행법 제248조 제1항에 의하여 그 채권 전액을 공탁하고 공탁사유신고를 한 경우에는 그 공탁금 중 압류의 효력이 미치는 금전채권액은 그 성질상 당연히 집행공탁으로 보아야 하나, 압류금액을 초과하는 부분은 압류의 효력이 미치지 않으므로 집행공탁이 아니라 변제공탁으로 보아야 하고, 변제공탁한 부분에 대하여는 제3채무자의 공탁사유신고에 의한 배당가입 차단효가 발생할 여지가 없다.

③ 제3채무자가 채무자에 대하여 부담하고 있는 금전채권 중 일부에 대한 압류를 원인으로 금전채권 전액을 집행공탁하고 사유신고를 하는 경우 압류의 효력이 미치지 않는 부분은 변제공탁의 성질을 갖고 압류채무자인 피공탁자는 공탁금 출급청구권을 갖는데, 피공탁자(압류채무자)의 공탁금 출급청구권에 대하여 압류경합이 발생하면 공탁관이 사유신고를 하여야 한

다. 이때 제3채무자의 공탁사유신고로 인해 진행되는 배당절차사건과는 별개의 배당절차가 개시된다. 가령 제3채무자 甲은 乙에 대하여 부담하고 있는 대여금채무(100만 원) 중 일부(50만 원)에 대한 丙의 압류 및 추심명령을 송달받고 대여금 채무 전액(100만 원)을 민사집행법 제248조 제1항에 의한 집행공탁을 할 수 있다. 이때 공탁금 중 丙의 압류의 효력이 미치는 50만 원은 배당재단이 되겠지만 압류의 효력이 미치지 않는 나머지 50만 원은 변제공탁의 성격을 갖고 乙이 피공탁자로서 공탁금 출급청구권을 가진다. 그런데 乙이 가지는 공탁금 출급청구권(50만원)에 대하여 압류의 경합이 발생하면 공탁관이 사유신고를 하여야 하고, 이는 앞서 제3채무자 甲의 사유신고에 의하여 개시된 것과는 별개의 배당절차가 진행된다.

03 절 금전채권에 대한 가압류를 원인으로 하는 공탁

1. 의의

민사집행법은 제248조 제1항을 준용할 수 있는 원칙적 규정(민사집행법 제291조)을 두어 채권가압류의 경우에도 제3채무자가 공탁을 할 수 있도록 하는 한편, 그 가압류의 효력은 청구채권액에 상응하는 공탁금에 대한 채무자의 출급청구권에 대하여 존속하는 것으로 하였다.

2. 공탁의 법적 성질

① 민사집행법의 규정 형식으로만 본다면 채권가압류로 인한 공탁은 채권압류로 인한 공탁과 동일하게 집행공탁으로 취급한다고 볼 수도 있다. 그러나 가압류의 집행을 원인으로 하는 공탁은 원래의 채권자인 가압류채무자를 피공탁자로 하는 일종의 변제공탁이고, 가압류의 효력은 그 청구채권액에 해당하는 공탁금액에 대한 가압류채무자의 공탁금 출급청구권에 존속하는 것으로 보아야 하므로 채권압류를 원인으로 하는 민사집행법 제248조에 의한 공탁과는 그 성질이 다르고, 민사집행법 제291조에 의하여 민사집행법 제248조가 준용된다고 하더라도 이는 단지 공탁의 근거를 부여하는 데 불과하며, 민사집행법 제248조의 집행공탁과 같은 성질의 공탁이 이루어지는 것을 뜻하는 것이 아니다. 따라서 가압류의 집행을 원인으로 하는 공탁이 되더라도 그 공탁금으로부터 배당 등을 받을 수 있는 채권자의 범위를 확정하는 배당가입차단효도 없고, 배당절차를 개시하는 사유도 되지 아니한다.
② 금전채권의 일부만이 가압류된 경우에도 가압류에 관련된 금전채권 전액을 공탁할 수 있는 바, 공탁금 중 가압류의 효력이 미치지 않는 부분은 당연히 집행공탁에 포함시킬 수는 없고, 가압류채무자의 이익을 위해서 변제공탁절차의 예에 따라 피공탁자(가압류채무자)가 출급을 청구할 수 있으며, 공탁자도 회수청구할 수 있다.

3. 공탁신청 및 지급절차

가. 공탁절차

① 금전채권의 일부 또는 전부에 대하여 가압류가 있는 경우 제3채무자는 가압류된 채권액 또는 가압류와 관련된 금전채권액 전액을 공탁할 수 있고, 이때 공탁근거 법령조항은 민사집행법 제291조 및 제248조 제1항으로 한다.

② 공탁 이후에는 가압류의 효력이 그 청구채권액에 해당하는 공탁금액에 대한 가압류채무자의 출급청구권에 미치므로 채권압류를 원인으로 하는 집행공탁과는 달리 가압류된 금액만을 공탁하거나 가압류와 관련된 채권 전액을 공탁하는 경우에 가압류의 효력이 미치는 부분이나 미치지 않는 부분이나 모두 공탁신청 시에 피공탁자가 존재한다.

③ 공탁서의 피공탁자란에는 가압류채무자를 기재하고, 공탁신청 시 가압류결정문 사본과 공탁규칙 제23조에서 정한 공탁통지서를 첨부하여야 하며, 위 피공탁자(가압류채무자)에 대한 공탁통지서의 발송과 가압류채권자에 대하여 예규에서 정한 양식의 공탁사실 통지를 위해 필요한 우편료를 납입하여야 한다.

④ 공탁을 수리한 공탁관은 공탁금 출급청구권에 대한 가압류가 있는 경우에 준하여 처리하여야 하며, 피공탁자(가압류채무자)에게 공탁통지서를 발송하고, 가압류채권자에게는 공탁사실을 통지하여야 한다.

⑤ 채권가압류를 원인으로 제3채무자가 채무액을 공탁한 때에도 그 사유를 서면으로 법원에 신고하여야 한다. 이때 제3채무자가 공탁 후 그 내용을 서면으로 가압류발령 법원에 신고한다는 의미는 본압류를 위한 보전처분에 불과한 채권가압류를 원인으로 한 공탁 및 사유신고만으로는 그 공탁금으로부터 배당 등을 받을 수 있는 채권자의 범위를 확정하는 배당가입 차단효과도 없고 배당절차를 개시하는 사유도 되지 아니하므로 채권압류로 인한 공탁 후 하는 사유신고와는 그 의미가 달라서 단순히 가압류 발령법원에 공탁사실을 알려주는 의미밖에 없다.

나. 공탁금의 지급절차

1) 가압류가 본압류로 이전된 경우 사유신고

① 채권가압류로 인한 공탁 후 가압류채무자가 가지는 공탁금 출급청구권에 대하여 다른 채권자가 압류를 하여 압류의 경합이 생기면 공탁관은 먼저 송달된 압류명령의 발령법원에 사유신고를 하여야 한다. 공탁금은 사유신고 후 집행법원의 배당절차에 따른 지급위탁에 의하여 채권자들에게 지급된다.

② 채권가압류로 인한 공탁 후 그 가압류채권자가 가압류로부터 본압류로 이전하는 채권압류 및 추심명령이나 전부명령을 받은 경우에도 공탁관은 집행법원에 사유신고를 하여야 한다. 집행채권자가 1인일 경우에는 신속한 배당절차를 위하여 '채권 등에 대한 배당절차사건의 처리기간 및 간이 배당절차에 관한 예규'가 마련되어 있다.

③ 가압류를 원인으로 하는 공탁이 있은 후 가압류의 효력은 그 청구채권액에 해당하는 공탁금

액에 대한 피공탁자인 가압류채무자의 출급청구권에 미치는데, 그 후 채무자의 공탁금 출급청구권에 대한 압류가 이루어져 압류의 경합이 성립하거나 가압류를 본압류로 이전하는 압류명령이 국가(공탁관)에 송달되면 민사집행법 제291조, 제248조 제1항에 따른 공탁은 민사집행법 제248조에 따른 집행공탁으로 바뀌어 공탁관은 즉시 압류명령의 발령법원에 그 사유를 신고하여야 한다. 이로써 가압류의 효력이 미치는 부분에 대한 채무자의 공탁금 출급청구권은 소멸하고, 그 부분 공탁금은 배당재단이 되어 집행법원의 배당절차에 따른 지급위탁에 의해서만 출금이 이루어질 수 있게 된다.

④ 금전채권에 대한 가압류를 원인으로 한 제3채무자의 공탁에 의하여 채무자가 취득한 공탁금 출급청구권에 대하여 압류·추심명령을 받은 채권자는 그러한 공탁이 위에서 본 법리에 따라 민사집행법 제248조에 따른 집행공탁으로 바뀌는 경우에는 더 이상 추심권능이 아닌 구체적으로 배당액을 수령할 권리, 즉 배당금채권을 가지게 된다.

2) 제3채무자가 가압류된 채권액에 대하여만 공탁한 경우

피공탁자(가압류채무자)는 가압류가 실효되지 않는 한 공탁금의 출급을 청구할 수 없고, 가압류채권자의 가압류를 본압류로 이전하는 압류명령이 송달되면 공탁관은 즉시 압류명령의 발령법원에 그 사유를 신고하여야 하며 집행법원의 지급위탁에 의하여 공탁금의 출급이 이루어진다.

3) 제3채무자가 가압류에 관련된 금전채권전액을 공탁한 경우

① 공탁금 중에서 가압류의 효력이 미치는 부분에 대하여는 가압류채권자의 가압류를 본압류로 이전하는 압류명령이 송달되면 공탁관은 즉시 압류명령의 발령법원에 그 사유를 신고하여야 하고, 집행법원의 지급위탁에 의하여 공탁금의 출급이 이루어진다.

② 가압류의 효력이 미치지 않는 부분에 대하여는 가압류의 효력이 존속하지 않게 되므로, 피공탁자(가압류채무자)는 변제공탁의 예에 따라 그 부분에 해당하는 공탁금을 출급청구할 수 있으며, 공탁자는 회수청구할 수 있다.

③ 피공탁자(가압류채무자)가 가압류의 효력이 미치지 않는 부분에 대하여 공탁금을 출급청구할 때에는 공탁통지서를 첨부하여야 하며, 공탁자(제3채무자)가 가압류의 효력이 미치지 않는 부분에 대하여 회수청구를 할 때에는 공탁신고를 한 가압류 발령법원으로부터 공탁서를 보관하고 있다는 사실을 증명하는 서면을 교부받아 이를 공탁금 회수청구서에 첨부하여야 한다.

4) 가압류가 실효된 경우

① 금전채권에 대한 가압류를 이유로 제3채무자가 민사집행법 제291조 및 제248조 제1항에 따라 공탁한 후에 가압류명령이 취소되거나 신청의 취하 등으로 인하여 가압류가 실효된 경우 가압류채무자(피공탁자)는 공탁통지서와 가압류가 실효되었음을 증명하는 서면을 첨부하여 공탁관에게 출급청구할 수 있다.

② 보전처분의 이의신청에 대한 재판은 결정으로 하여야 하고, 위 결정은 상당한 방법으로 고지하면 그 효력이 발생하므로 가압류채무자가 가압류이의를 신청하여 가압류를 취소하는 결정

을 받았다면 가압류채무자는 공탁통지서와 가압류취소결정정본 및 그 송달증명을 첨부하여 공탁금의 출급을 청구할 수 있을 것이고, 이때 가압류취소결정의 확정증명을 별도로 첨부할 필요는 없다.

③ 2개 이상의 가압류가 경합되었음을 이유로 제3채무자가 공탁한 후 가압류채무자가 그중 1개의 가압류에 대하여 해방공탁을 하여 그 가압류집행이 취소되었다면, 가압류채무자는 집행공탁금 중 집행취소되지 않은 나머지 가압류 사건의 가압류청구금액을 초과하는 공탁금에 대하여 공탁통지서, 가압류집행취소결정정본, 송달증명서를 첨부하여 출급청구할 수 있다.

04 절 관련문제

1. 압류 및 전부명령이 있는 경우

가. 전부명령이 확정된 경우

전부명령이 확정된 때에는 피전부채권은 권면액으로 전부채권자에게 이전하는 것이므로 제3채무자로서는 채권양도의 경우와 동일하게 전부채권자에게 직접 지급하여야 한다. 전부명령의 확정에 의하여 전부채권에 대한 집행절차는 당연히 종료되고 압류의 효력도 그 목적을 이루어 소멸하므로 민사집행법 제248조 제1항에 의한 집행공탁도 인정되지 않는다. 다만 전부채권자의 수령거절 등 전부채권자에 대한 별도의 변제공탁사유가 있는 경우에는 민법 제487조 전단에 따라 변제공탁할 수 있다.

나. 전부명령이 확정되기 전의 경우

전부명령이 발령되어도 확정되기 전이라면 단순히 압류만이 존재하는 상태이므로 제3채무자는 민사집행법 제248조 제1항에 따라 권리공탁을 할 수 있다.

다. 전부명령의 확정 유무를 알 수 없는 경우

제3채무자에게 전부명령의 확정 여부를 조사할 의무가 있다고 보기 어렵고, 그로 인한 위험을 부담하도록 하는 것은 타당하지 않다. 따라서 이러한 제3채무자를 보호하는 관점에서 전부명령이 실제로 확정되었다고 하더라도 전부명령의 확정을 알 수 없는 제3채무자에 대하여 민사집행법 제248조 제1항에 의한 공탁을 인정하게 된다. 따라서 공탁서 기재상 전부명령이 확정되어 있음이 명확한 경우를 제외하고는 제3채무자의 민사집행법 제248조 제1항에 의한 공탁신청이 있는 경우에는 공탁관은 공탁을 수리할 수밖에 없다.

라. 전부명령과 다른 압류명령 등이 경합하는 경우

1) 가압류, 압류명령이 송달된 후에 전부명령이 송달된 경우

① 전부명령은 실질적으로 피압류채권을 압류채권자에게 이전시킴으로써 그에게 독점적인 만족

을 주는 제도이므로, 전부명령이 제3채무자에게 송달될 때까지 그 금전채권에 관하여 다른 채권자가 압류·가압류 또는 배당요구를 한 경우에는 전부명령이 효력을 가지지 않는다. 이 경우는 선행하는 가압류·압류명령과 전부명령의 전제가 되는 압류만이 경합하는 것으로 되기 때문에 제3채무자로서는 민사집행법 제248조 제1항 내지 제3항을 근거로 공탁을 할 수 있게 된다.

② 한편 (가)압류신청이 취하되면 법원사무관 등은 채무자뿐만 아니라 (가)압류명령을 송달받은 제3채무자에게도 그 사실을 통지하여야 한다. 따라서 압류명령 신청취하서가 제출·접수되면 채권압류명령은 그로써 효력이 소멸하지만 채권압류명령정본이 제3채무자에게 이미 송달되어 채권압류명령의 효력이 발생하였다면 그 취하통지서가 제3채무자에게 송달되었을 때에 비로소 압류명령의 효력이 장래를 향하여 소멸하고 이는 그 취하통지서가 제3채무자에게 송달되기 전에 제3채무자가 집행법원 법원사무관 등의 통지에 의하지 않은 다른 방법으로 압류신청 취하 사실을 알게 된 경우에도 마찬가지이다. 예를 들어, 대여금채권(100만 원)에 대하여 甲의 가압류결정(100만 원)이 제3채무자에게 송달된 후 甲이 가압류신청 취하서를 가압류 발령법원에 제출했지만 법원사무관 등의 취하통지서가 제3채무자에게 도달하기 전에 동일한 권리에 대하여 압류 및 전부명령(100만 원)이 제3채무자에게 도달한 경우 전부명령은 압류경합의 상태에서 발령난 것으로 무효가 된다. 이 경우 제3채무자는 압류경합을 이유로 집행공탁을 할 수 있다.

③ 동일한 채권에 대하여 중복하여 압류 등이 있다고 하더라도 그 압류 등의 효력이 미치는 범위가 채권의 각 일부에 국한되고, 이를 합산하더라도 총 채권액에 미치지 않을 때에는 여기서 말하는 압류의 경합이 있다고 할 수 없고, 이 경우에는 채권의 일부에 관하여 발령된 전부명령은 유효하다.

④ 우선권 있는 채권에 기초한 체납처분에 의한 압류와 경합하는 경우에는 압류의 효력 확장에 관한 민사집행법 제235조가 적용되지 않는다. 따라서 피압류채권의 일부에 대하여 체납처분에 의한 압류가 있은 후 그 나머지 부분을 초과하여 민사집행법에 의한 압류 및 전부명령이 있는 경우에 체납처분에 의한 압류는 민사집행법 제229조 제5항의 '다른 채권자의 압류'에 해당하므로 그러한 전부명령은 위 각 압류가 중첩되는 부분에 관하여는 무효이나, 체납처분에 의한 압류의 효력이 피압류채권의 전액으로 확장되는 것은 아니어서, 위 전부명령은 위 각 압류가 중첩되지 않는 나머지 부분(위 체납처분에 의한 압류의 효력이 미치지 않는 부분)에 관하여는 유효하다. 가령 피압류채권(100만 원) 중 일부(70만 원)에 대하여 체납처분에 의한 압류가 있은 후에 나머지 부분(30만 원)을 초과하여 민사집행법에 의한 압류 및 전부명령(50만 원)이 있는 경우에 위 전부명령은 위 각 압류가 중첩되는 부분(20만 원)에 관하여는 무효이나, 나머지 부분(30만 원)에 관하여는 유효하다. 하지만 이 경우도 제3채무자가 전부명령의 확정 여부를 알 수 없다면 압류된 금액 전액(100만 원)에 대하여 민사집행법 제248조 제1항에 의한 집행공탁을 할 수 있다.

2) 전부명령 송달 후에 가압류·압류명령 등이 송달된 경우

전부명령이 제3채무자에게 송달된 후에 다른 채권자의 가압류·압류명령 또는 배당요구가 있어도 그 후 전부명령이 확정되면 제3채무자에게 송달된 시점에 소급하여 채권 이전의 효력이 생긴다. 그 후의 가압류·압류 등이 제3채무자에게 송달되더라도 전부명령은 유효하게 확정된다. 그러므로 전부명령 송달 후 가압류·압류명령 등이 송달되고 그 후 전부명령이 확정된 경우에는 제3채무자는 전부채권자에 대하여 직접 변제하든가 또는 그가 수령을 거절하면 이를 이유로 민법 제487조 전단에 따라 변제공탁을 하면 된다. 다만 제3채무자로서는 선행의 전부명령이 확정되었는지 여부를 통상 알기 어려우므로 이러한 제3채무자 보호의 관점에서 민사집행법 제248조 제1항에 의한 공탁을 인정할 필요가 있다. 따라서 공탁서 기재상 선행의 전부명령이 확정되어 있음이 명확한 경우를 제외하고는 민사집행법 제248조 제1항에 의한 공탁신청이 있는 경우에는 공탁관은 공탁을 수리할 수밖에 없다.

3) 전부명령과 전부명령이 경합하는 경우

① 전부명령과 전부명령이 경합하는 경우 후행의 전부명령은 다른 채권자가 압류한 이후의 전부명령이므로 그 효력이 생기지 않기 때문에 전부명령 후에 다른 압류명령 등이 송달된 경우와 동일한 상황이 된다. 나중에 선행의 전부명령이 확정되면 그로 인해 강제집행은 이미 종료되었다고 할 것이므로 따라서 그 이후에 발령된 동일한 채권을 목적으로 하는 압류 및 전부명령은 무효가 된다. 가령 공탁금 회수청구권(100만 원)을 피압류채권으로 하는 甲의 압류 및 전부명령(100만 원)과 乙의 압류 및 전부명령(100만 원)이 순차적으로 공탁소에 도달한 경우 선행하는 甲의 전부명령이 확정되면 甲의 전부명령이 제3채무자에게 송달된 시점에 강제집행은 이미 종료되었다고 할 것이므로 그 이후에 발령된 동일한 채권을 목적으로 하는 乙의 전부명령은 무효가 되는데, 이 경우 피압류채권이 장래의 조건부 채권이거나 소멸할 가능성이 있는 것이라 하더라도 마찬가지이다. 그러나 이 경우도 제3채무자로서는 선행 전부명령의 확정 여부를 통상 알기 어려우므로 이러한 제3채무자 보호의 관점에서 민사집행법 제248조 제1항에 의한 공탁을 인정할 필요가 있다. 따라서 공탁서 기재상 선행의 전부명령이 확정되어 있음이 명확한 경우를 제외하고는 민사집행법 제248조 제1항에 의한 공탁신청이 있는 경우에는 공탁관은 공탁을 수리할 수밖에 없다.

② 동일한 채권에 대하여 두 개 이상의 채권압류 및 전부명령이 발령되어 제3채무자에게 동시에 송달된 경우에는 그 각 채권압류액을 합한 금액이 피압류채권액을 초과하는지 여부를 기준으로 전부명령의 효력을 가려야 하며, 전자가 후자를 초과한다면 그 전부명령들은 모두 채권의 압류가 경합된 상태에서 발령된 것으로써 무효이다.

4) 압류명령 등과 질권 등 담보권 실행에 의한 전부명령이 경합하는 경우

① 전부명령이 제3채무자에게 송달될 때까지 전부명령에 관계된 금전채권에 대하여 다른 채권자가 압류 등을 한 경우에는 그 전부명령의 효력이 생기지 않지만, 질권 등 담보권 실행에 기초한 채권자인 경우에는 그 전부명령은 유효하다. 채권에 대한 담보권의 실행이나 물상대

위권의 행사의 경우에도 채권에 대한 강제집행의 규정이 준용되므로 담보권 실행을 위한 압류와 일반 채권에 의한 압류가외형상 경합할 수 있지만, 담보권의 실행의 경우에는 담보권자에게 우선권이 있고, 이러한 우선변제권의 범위 내에서 압류의 효력이 확장되지 않기 때문에 일반채권에 의한 압류경합이 있더라도 담보권 실행에 의한 전부명령은 유효하다.

② 즉, 저당권이 설정된 전세권의 존속기간이 만료된 경우에 전세권부 저당권자가 저당권의 목적물인 전세권에 갈음하여 존속하는 것으로 볼 수 있는 전세금반환채권에 대하여 우선권 있는 채권에 기하여 전부명령을 받은 경우에는 전세권부 채권가압류결정이 위 전부명령에 앞서 제3채무자에게 송달되어 형식상 압류가 경합되었다 하더라도 그 전부명령은 우선권 있는 전세권부 저당권에 기한 것으로 형식상 압류의 경합이 발생하였는지와 무관하게 유효하다.

③ 따라서 질권 등 담보권에 기초한 압류명령 및 전부명령이 송달된 경우에는 그전에 다른 압류명령 등이 송달되어 있었더라도 제3채무자로서는 전부명령이 확정되면 전부채권자에게 직접 변제하면 된다.

④ 공탁된 토지수용보상금에 대해 물상대위에 의한 수 개의 채권압류 및 추심명령이 공탁관에게 송달된 경우 공탁관은 그 압류 및 추심채권자들 사이의 우열에 대한 판단이 곤란하여 사유신고를 할 수 있으므로 같은 취지에서 제3채무자 역시 민사집행법 제248조 제1항에 따라 공탁하는 것을 인정할 필요가 있다.

2. 체납처분에 의한 압류가 있는 경우

가. 의의

① 체납처분은 협의의 체납처분과 교부청구 및 참가압류로 나누어진다. 협의의 체납처분은 과세권자인 국가 또는 지방자치단체가 납세자의 재산을 압류하여 그것으로부터 조세채권의 만족을 얻는 절차로서 재산압류, 압류재산의 매각, 매각대금의 충당배분의 각 행정처분으로 이루어진다. 이러한 체납처분은 조세채권의 만족을 위한 강제처분으로 국세, 지방세 이외에도 국민건강보험법, 국민연금법 등의 특별법에 의한 건강보험료, 연금보험료 등의 징수에도 체납처분을 할 수 있다.

② 현재 민사집행절차와 체납처분절차는 각기 다른 법령과 집행기관에 의하여 별도의 독립한 절차로 진행되기 때문에, 동일한 채권에 대하여 (가)압류와 체납처분에 의한 압류가 경합하는 경우가 생기게 된다.

▶ 현행법상 체납처분절차와 민사집행절차는 별개의 절차이므로 체납처분에 의한 압류가 선행하는 경우에도 민사집행법상의 압류 및 추심명령은 가능하다. 그러나 압류채권자에게 독점적 만족을 주는 전부명령은 그렇지 않다. 피압류채권의 일부에 대하여 체납처분에 의한 압류가 있은 후 그 나머지 부분을 초과하여 민사집행법에 의한 압류 및 전부명령이 있는 경우에, 그러한 전부명령은 위 각 압류가 중첩되는 부분에 관하여는 무효이다.

③ 현재는 체납처분에 의한 채권압류와 민사집행법상 채권압류의 집행 선후관계 없이 집행공탁이 가능하다.

나. 체납처분에 의한 압류가 있는 경우

제3채무자는 하나 또는 여럿의 체납처분에 의한 채권압류가 있다는 사유만으로는 체납자를 피
공탁자로 한 변제공탁이나 민사집행법 제248조 제1항에 의한 집행공탁을 할 수 없다.

다. 민사집행법에 따른 압류와 체납처분에 의한 압류가 있는 경우(선후불문)

1) 변제공탁

제3채무자는 금전채권에 대하여 민사집행법에 따른 압류와 체납처분에 의한 압류가 있다는 사유
만으로는 체납자(압류채무자)를 피공탁자로 하여 민법 제487조에 의한 변제공탁을 할 수 없다.

2) 집행공탁

(1) 총칙

① 제3채무자는 민사집행법 제248조 제1항에 근거하여 압류와 관련된 금전채권액 전액을 공탁
할 수 있고, 공탁을 한 후 즉시 공탁서를 첨부하여 그 내용을 서면으로 압류명령을 발령한
집행법원에 사유신고하여야 한다. 이 경우 민사집행법에 따른 압류가 둘 이상 경합하는 경우
의 사유신고는 먼저 송달된 압류명령의 발령법원에 하여야 한다.

② 제3채무자는 공탁신청 시 압류결정문 사본(민사집행법에 따른 압류) 및 채권압류통지서 사본
(체납처분에 의한 압류)을 첨부하여야 하고, 공탁서의 공탁원인사실란에 민사집행법에 따른
압류사실 및 체납처분에 의한 압류사실을 모두 기재하여야 한다.

(2) 민사집행법에 따른 압류와 체납처분에 의한 압류금액의 총액이 피압류채권액을 초과하는 경우

① 공탁서의 피공탁자란은 기재하지 아니한다.

② 민사집행법에 따른 압류채권자 및 체납처분에 의한 압류채권자는 집행법원의 지급위탁에 의
하여 공탁금의 출급을 청구할 수 있다.

(3) 민사집행법에 따른 압류와 체납처분에 의한 압류금액의 총액이 피압류채권액을 초과하지 않는 경우

① 공탁절차 및 공탁관의 처리

ㄱ 공탁서의 피공탁자란에는 압류명령의 채무자를 기재한다.

ㄴ 제3채무자는 공탁신청 시 공탁규칙 제23조 제1항에서 정한 공탁통지서를 첨부하여야 하고,
위 공탁통지서의 발송과 아래 ㄷ에서 정하는 공탁사실 통지를 위하여 같은 조 제2항에 따른
우편료를 납입하여야 한다.

ㄷ 공탁을 수리한 공탁관은 피공탁자(압류채무자)에게 공탁통지서 및 별지 제1호 양식의 안
내문을 발송하고, 체납처분에 의한 압류채권자에게는 별지 제2호 양식에 의하여 공탁사실
을 통지하여야 한다.

ㄹ 공탁관은 공탁금 중에서 민사집행법에 따른 압류의 효력은 미치지 않지만 체납처분에 의
한 압류의 효력이 미치는 부분을 공탁금출급청구권에 대하여 체납처분에 의한 압류가 있
는 경우에 준하여 처리하여야 한다.

② 공탁금 지급절차

　　㉠ 공탁금 중에서 민사집행법에 따른 압류의 효력이 미치는 부분은 집행법원의 지급위탁에 의하여 공탁금의 출급을 청구할 수 있다.

　　㉡ 공탁금 중에서 민사집행법에 따른 압류의 효력은 미치지 않지만 체납처분에 의한 압류의 효력이 미치는 부분은 체납처분에 의한 압류채권자가 공탁관에게 공탁금의 출급을 청구할 수 있다.

　　㉢ 공탁금 중에서 민사집행법에 따른 압류의 효력 및 체납처분에 의한 압류의 효력이 미치지 않는 부분은 변제공탁의 예에 따라 피공탁자(압류채무자)가 출급을 청구할 수 있으며, 공탁자도 회수청구할 수 있다. 제3채무자가 회수청구를 할 경우에는 집행법원으로부터 공탁서를 보관하고 있다는 사실을 증명하는 서면을 교부받아 이를 공탁금회수청구서에 첨부하여야 한다.

라. 민사집행법에 따른 압류채권자의 공탁 및 사유신고 의무

　금전채권에 대하여 민사집행법에 따른 압류와 체납처분에 의한 압류가 있고(선후 불문) 그 압류금액의 총액이 피압류채권액을 초과하는 경우에 민사집행절차에서 압류 및 추심명령을 받은 채권자가 제3채무자로부터 압류채권을 추심하면 민사집행법 제236조 제2항에 따라 추심한 금액을 바로 공탁하고 그 사유를 신고하여야 한다.

마. 체납처분에 의한 압류와 채권가압류가 경합하는 경우

　동일한 채권에 대하여 체납처분에 의한 압류와 가압류가 경합하는 경우 제3채무자는 체납처분에 의한 압류권자와 추심권 행사에 응하여야 하고 이를 이유로 한 변제공탁이나 집행공탁은 허용되지 않는다. 또한 채권가압류를 원인으로 한 민사집행법 제248조 제1항 및 제291조에 의하여 집행공탁한 후 체납처분에 의한 압류통지가 이루어져서 체납처분에 의한 압류채권자가 추심청구를 하면 공탁관은 이를 거절할 수 없다. 체납처분에 의한 피압류채권에 대하여 근로기준법에 의한 우선변제권을 가지는 임금 등의 채권에 기한 가압류집행이 이루어진 경우라도 제3채무자는 그 가압류를 이유로 체납처분에 의한 압류채권자의 추심청구를 거절할 수는 없다.

　▶ 공탁금회수청구권에 대하여 민사집행법에 의한 가압류와 체납처분에 의한 압류가 경합하였다는 이유로 공탁관이 공탁규칙 제58조 제1항에 따라 집행법원에 사유신고를 하였다고 하더라도, 이러한 사유신고는 요건을 갖추지 못한 것으로 이로써 배당요구의 종기가 도래하거나 그 후의 배당요구를 차단하는 효력이 발생한다고 할 수는 없다.

사례

(1) ① 민사집행법에 따른 A압류(50만 원)와 체납처분에 의한 압류(50만 원)의 총액(100만 원)이 피압류채권액(70만 원)을 초과하는 경우에 제3채무자는 피압류채권전액(70만 원)을 공탁하고 사유신고를 하여야 하고, ② 각 압류금액의 총액(100만 원)이 피압류채권액(120만 원)에 미달하는 경우에는 민사집행법에 따른 A압류금액(50만 원)만 배당재단이 된다(행정예규 제1060호). 위 '②'의 경우, 공탁금 중에서 민사집행법에 따른 압류의 효력은 미치지 않지만 체납처분에 의한 B압류의 효력이 미치는 부분(50만 원)은 체납처분에 의한 압류채권자가 공탁관에게 공탁금의 출급을 청구할 수 있고, 공탁금 중에서 민사집행법에 따른 압류의 효력 및 체납처분에 의한 압류의 효력이 미치지 않는 부분(20만 원)은 변제공탁의 예에 따라 피공탁자(압류채무자)가 출급을 청구할 수 있으며, 공탁자도 집행법원으로부터 공탁서를 보관하고 있다는 사실을 증명하는 서면을 첨부하여 회수청구할 수 있다.

(2) 제3채무자가 민사집행법에 따른 압류와 체납처분에 의한 압류가 있음을 이유로 민사집행법 제248조 제1항 집행공탁을 한 경우에 집행공탁 당시에 민사집행법에 따른 A압류(50만 원)와 체납처분에 의한 B압류(50만 원)의 총액이 피압류채권(120만 원)을 초과하지 않았지만, 공탁된 후에 위 민사집행법에 따른 압류의 효력이 미치지 않는 부분의 공탁금 출급청구권(70만 원)에 대하여 새로이 민사집행법에 따른 C압류(50만 원)가 있는 경우 민사집행법에 따른 C압류와 체납처분에 의한 B압류를 합한 금액(100만 원)이 공탁금 출급청구권(70만 원)을 초과하므로 공탁관은 사유신고를 하여야 한다.

3. 민사집행법 제248조와 공탁사유신고

① 채권에 대한 압류·가압류명령은 그 명령이 제3채무자에게 송달됨으로써 효력이 생기므로 제3채무자의 집행공탁 전에 동일한 피압류채권에 대하여 다른 채권자의 신청에 따라 압류·가압류명령이 발령되었더라도 제3채무자의 집행공탁 후에야 그에게 송달된 경우 그 압류·가압류명령은 집행공탁으로 이미 소멸한 피압류채권에 대한 것이어서 압류·가압류의 효력이 생기지 아니한다. 하지만 다른 채권자의 신청에 의하여 발령된 압류·가압류명령이 제3채무자의 집행공탁 후에야 제3채무자에게 송달되었더라도 ㉠ 공탁사유신고서에 이에 관한 내용까지 기재되는 등으로 집행법원이 배당요구의 종기인 공탁사유신고 시까지 이와 같은 사실을 알 수 있었고, ㉡ 또한 그 채권자가 법률에 따라 우선변제청구권이 있거나 집행력 있는 정본을 가진 채권자인 경우라면 배당요구의 효력은 인정되나 집행법원이 공탁사유신고 시까지 이와 같은 사실을 알 수 없었던 경우라면 설령 이러한 압류·가압류명령이 공탁사유신고 전에 제3채무자에게 송달되었다고 하더라도 배당요구의 효력은 인정될 수 없다. 이러한 법리는 혼합공탁의 경우에도 그대로 적용되고, 나아가 다른 채권자의 신청에 의하여 발령된 압류·가압류명령이 제3채무자의 공탁사유신고 이후에 제3채무자에게 송달되었다고 하더라도 마찬가지이다.

② 가압류를 원인으로 제3채무자가 민사집행법 제291조 및 제248조 제1항에 의하여 공탁을 한 후에 공탁금 출급청구권에 대한 압류가 이루어져 압류의 경합이 성립하거나 공탁사유인 가압류를 본압류로 이전하는 압류명령이 있는 경우에는 공탁관이 사유신고를 하여야 한다. 한편 배당금지급청구권에 대한 가압류를 원인으로 담임법원사무관 등이 민사집행법 제291조, 제248조 제1항에 의하여 공탁을 한 후에 피공탁자(가압류채무자)의 공탁금 출급청구권에 대하여 압류가 이루어져 압류의 경합이 성립되거나 공탁사유인 가압류를본압류로 이전하는 압류명령이 발생한 경우에는 집행법원의 담임법원사무관 등이나 공탁서 등 보관책임자가 사유신고를 하여야 한다.

③ 제3채무자가 상당한 기간 내에 공탁사유신고를 하지 않으면 압류채권자, 가압류채권자, 배당에 참가한 채권자, 채무자 그 밖의 이해관계인이 그 사유를 법원에 신고할 수 있다.

④ 채권자가 경합되지 않는 경우라면 해당 압류명령을 발령한 법원에 사유신고를 하여야 한다. 채권자가 경합된 경우라면 그것이 진정한 압류경합이 아닌 경우(압류명령의 집행채권의 총액이 피압류채권액을 넘지 않는 경우)이든, 진정한 압류의 경합이 있는 경우이든 구별하지 않고 먼저 송달된 압류명령을 발령한 법원에 사유신고를 하여야 한다. 가압류명령과 본압류명령이 경합된 경우에는 본압류명령을 발령한 법원에 사유신고를 하여야 한다. 따라서 압류경합의 경우 뒤에 송달된 압류명령 발령법원에 사유신고서가 제출되거나 가압류와 압류가 경합된 경우에 가압류명령 발령법원에 사유신고서가 제출되었다면 먼저 송달된 압류명령 발령법원 또는 본압류명령 발령법원으로 배당사건을 이송함이 상당하다. 가압류명령만을 송달받은 제3채무자는 공탁을 한 후 즉시 공탁서를 첨부하여 가압류명령 발령법원에 신고하여야 하고, 둘 이상의 가압류가 있는 경우에는 먼저 송달된 가압류명령 발령법원에 신고해야 한다.

⑤ 금전채권에 대하여 압류가 경합된 상태에서 제3채무자가 민사집행법 제248조의 규정에 따라 집행공탁을 하게 되면 모든 압류는 실효되고 각 압류채권자는 배당받을 채권자의 지위로 전환되어 제3채무자의 공탁사유신고 시까지 배당요구를 하지 않더라도 그 배당절차에 참가할 수 있다. 이때 제3채무자가 민사집행법 제248조에 의한 집행공탁을 하고 사유신고를 하면서 경합된 압류 중 일부에 관한 기재를 누락했다고 하더라도 누락된 압류채권자는 배당절차에 참가할 수 있다. 그리고 누락된 압류가 체납처분에 의한 압류라 하더라도 마찬가지이다.

05 절 민사집행법 제282조에 의한 공탁(해방공탁)

1. 의의

① 가압류명령에는 가압류의 집행을 정지하거나 집행한 가압류를 취소시키기 위하여 채무자가 공탁할 금액을 적어야 한다. 가압류명령에 정한 금액을 공탁한 때에는 법원은 결정으로 집행한 가압류를 취소하여야 한다. 이와 같이 가압류의 집행정지나 집행한 가압류를 취소하기 위하여 채무자가 공탁할 금액을 해방금액 또는 해방공탁금이라 한다. 가압류채무자가 가압류명령에 정한 금액을 공탁하는 것이 민사집행법 제282조의 가압류해방공탁이다.

② 법원은 가압류명령을 발한 때에는 해방금액을 기재하여야 하고 그 전액을 공탁하였을 때에는 반드시 집행한 가압류를 취소하여야 한다.

2. 해방공탁금의 법적 성질

① 해방공탁금은 가압류의 집행정지나 취소로 인한 채권자의 손해를 담보하는 것이 아니고 가압류의 목적재산에 갈음하는 것이므로 소송비용의 담보에 관한 규정이 준용되지 않는다. 즉, 채권자는 가압류해방공탁금에 대하여 우선변제권이 없다. 따라서 가압류집행의 목적물에 갈음하여 가압류해방금이 공탁된 경우에 그 가압류의 효력은 공탁금 자체가 아니라 공탁자인 채무자의 공탁금 회수청구권에 대하여 미치는 것이므로 채무자의 다른 채권자가 해방공탁금 회수청구권에 대하여 압류명령을 받은 경우에는 가압류채권자의 가압류와 다른 채권자의 압류는 그 집행대상이 같아 서로 경합하게 된다. 결국 가압류해방공탁금은 가압류목적물에 갈음하는 것으로써 가압류해방공탁이 된 경우에 가압류명령 그 자체의 효력은 소멸되는 것이 아니라 공탁자인 가압류채무자의 공탁금 회수청구권에 미치게 되는 것이다.

② 가압류해방금액을 공탁하게 하는 목적은 가압류의 집행과 마찬가지로 피보전채권의 강제집행을 보전하는 데 있으므로 가압류해방공탁은 채무변제를 위한 공탁이 아니며, 따라서 가압류채무자는 가압류해방공탁에 의하여 채무의 소멸을 주장할 수 없다.

3. 공탁의 신청 등

가. 공탁당사자

1) 공탁자

가압류해방공탁을 할 수 있는 자는 가압류채무자이다. 만일 제3자의 해방공탁을 인정한다면 해방공탁금의 회수청구권은 공탁한 제3자가 가지므로 나중에 가압류채권자가 가압류채무자에 대한 집행권원을 가지고도 제3자의 공탁금 회수청구권에 대하여 강제집행이 불가능하게 되고, 결국 가압류채권자의 가압류집행은 아무런 실효를 거둘 수 없게 되기 때문에 제3자에 의한 가압류해방공탁은 허용되지 않는다. 실무상 가압류된 부동산의 소유권을 취득한 제3자가 가압류를 말소하기 위하여 해방공탁을 하려는 경우가 종종 있으나 제3취득자는 해방공탁을 할 수는 없다.

다만 가압류목적물에 대한 이해관계인으로서 채무자를 대위하여 그 피보전채권을 변제할 수는 있을 것이며, 이때에는 그에 따른 권리구제절차를 취할 수밖에 없다.

2) 피공탁자

가압류해방공탁에서 가압류채권자의 권리실행방법에 대하여 판례 및 실무입장인 '공탁금 회수청구권에 대한 집행설'을 따르면 피공탁자는 원시적으로 있을 수 없으므로 공탁서에 피공탁자를 기재해서는 안 된다. 이러한 이유로 공탁사무 문서양식에 관한 예규 '금전 공탁서(가압류해방)'에는 피공탁자란이 없다.

나. 공탁물

① 가압류해방금액은 채무자가 입을 수 있는 손해를 담보하는 취지의 이른바 소송상의 담보와는 달리 가압류의 목적물에 갈음하는 것으로써 금전에 의한 공탁만이 허용되고, 유가증권에 의한 공탁은 그 유가증권이 실질적 통용가치가 있는 것이라고 하더라도 허용되지 않는다.

② 또한 가압류채무자가 가압류의 집행취소신청을 하기 위해서는 가압류명령에서 정한 금액 전부를 공탁하여야 하며, 가압류명령에서 정한 금액의 일부만을 공탁하고 가압류집행의 일부취소를 구하는 것은 허용되지 않는다. 예컨대 가압류결정에서 가압류채무자 乙, 丙 및 丁을 공동채무자로 하여 청구금액 1억 원을 공탁하고 가압류의 집행취소를 신청할 수 있도록 정하여졌다면 丙 및 丁은 자신들의 상속 채무액만큼만 공탁하여 자신들이 공유하는 부동산에 대한 가압류의 집행취소를 구할 수는 없다(공탁선례 제2-291호).

③ 집행한 가압류를 취소시키기 위한 해방공탁을 하였으나 공탁금액이 가압류명령에 정한 해방금액 전부가 아니라 그 일부에 불과하였다면 그 공탁은 가압류의 집행을 취소시킬 수 있는 해방공탁으로써의 효력이 없어 '착오로 공탁을 한 경우'에 해당하므로, 채무자는 착오공탁임을 증명하는 서면을 첨부하여 공탁금을 회수할 수 있다. 구체적인 사안에서 착오를 증명하는 서면인지 여부는 해당 공탁관이 판단하여야 할 것이다.

④ 해방금액을 결정하는 기준은 실무상으로는 통상 청구채권의 금액과 같은 금액으로 하고 있다. 그러나 목적물의 가액이 청구금액보다 적은 경우에는 목적물의 가액 상당금액으로 정할 수 있고, 채권자의 청구권이 다른 방법에 의하여 그 일부가 보전되어 있다면 이를 고려하여 그 금액을 정할 수 있다.

다. 관할

가압류해방공탁은 집행공탁으로서 어느 공탁소에 하여도 무방하다.

라. 가압류집행취소결정

① 해방금액을 공탁한 채무자는 공탁서를 첨부하여 가압류집행법원에 가압류집행취소를 신청하고, 이러한 집행취소 신청이 있으면 집행취소의 결정을 한다. 이 결정에 대하여는 채권자가 즉시항고를 할 수 있으나, 이 취소결정은 확정되지 아니하여도 효력이 생긴다.

② 해방공탁으로 인한 가압류집행취소가 이루어져도 가압류명령 그 자체의 효력이 소멸되는 것이 아니라 공탁자인 가압류채무자의 공탁금 회수청구권에 대하여 미치게 된다.

③ 가압류가 본집행으로 이행된 경우 해방공탁으로 인한 가압류집행취소를 원인으로 본집행의 효력을 다툴 수 있느냐에 관하여, 판례는 가압류집행이 있은 후 가압류가 강제경매개시결정으로 인하여 본압류로 이행된 경우에 가압류집행이 본집행에 포섭됨으로써 당초부터 본집행이 있었던 것과 같은 효력이 있고 본집행의 효력이 유효하게 존속하는 한, 상대방은 가압류집행의 효력을 다툴 수는 없고 오로지 본집행의 효력에 관하여만 다투어야 하는 것이므로 본집행이 취소 또는 실효되지 않는 한 가압류집행이 취소되었다고 하여도 이미 그 효력을 발생한 본집행에는 아무런 영향을 미치지 않는다. 따라서 가압류등기 후 제3자 앞으로 소유권이전등기가 마쳐진 부동산에 대하여 가압류채권자의 신청에 의한 강제경매절차가 진행 중 가압류해방금액공탁으로 가압류집행이 취소되어 가압류등기가 말소된 경우 이를 이유로 강제경매개시결정을 취소할 수 없다고 한다.

4. 해방공탁금의 지급

가. 가압류채권자의 권리행사

① 가압류채권자의 해방공탁금에 대한 권리실행방법에 대하여는 가압류채권자가 본안승소의 확정판결을 첨부하여 바로 출급청구할 수 있다는 출급청구권설도 있으나, 실무에서는 가압류의 효력은 공탁금 자체가 아니라 공탁자인 채무자의 공탁금 회수청구권에 미치는 것이고 가압류채권자는 본안승소판결의 집행력 있는 집행권원에 기하여 가압류채무자가 가지는 해방공탁금 회수청구권에 대하여 집행법원의 현금화명령(전부명령 또는 추심명령)을 받아서 공탁금을 회수할 수 있다는 현금화명령설을 따르고 있다.

② 따라서 가압류채권자가 해방공탁금을 지급받기 위해서는 본안승소판결 등을 집행권원으로 하여 가압류채무자가 가지는 공탁금 회수청구권에 대하여 별도의 현금화명령(전부명령 또는 추심명령)을 받아야 한다(공탁선례 제2-295호). 즉, 가압류채권자는 본안승소확정판결 등을 집행권원으로 하여 공탁금 회수청구권에 대하여 가압류로부터 본압류로 이전하는 채권압류 및 추심명령이나 전부명령을 받아 공탁소에 대하여 회수청구를 할 수 있으며(전부명령은 확정증명, 추심명령은 송달증명 각 첨부), 그 경우의 집행권원으로는 확정판결뿐만 아니라 가집행선고부 종국판결도 포함된다.

③ 이 경우 채권압류가 가압류를 본압류로 이전하는 채권압류가 아닌 한 가압류의 피보전권리와 압류의 집행채권의 동일성을 소명해야 하는데, 그 소명방법으로 가압류신청서와 소장, 본안판결문 등을 제출하면 공탁관이 동일성 여부를 판단하게 될 것이다. 공탁관이 압류가 가압류로부터 이전된 것이 명백하지 않다고 하여 가압류와 압류가 경합되었음을 이유로(전부명령의 경우 효력이 없는 것으로 판단하여) 집행법원에 사유신고를 한 때에는 집행법원의 배당절차에 의한 지급위탁절차에 의하여 교부하는 증명서를 첨부하여 공탁금의 회수청구를 하게 된다.

④ 따라서 해방공탁금에 대하여 가압류채권자가 가압류채권의 피보전권리와 압류된 집행채권이 동일함에도 불구하고 가압류에서 본압류로 이전하지 않고 채권압류 및 전부명령이나 추심명령을 얻었을 경우 이를 송달받은 공탁관은 공탁금 지급청구권에 대하여 압류경합이 있음을

이유로 지체 없이 사유신고를 하게 되므로 가압류채권자는 공탁관이 압류경합을 이유로 집행법원에 사유신고를 하기 전까지만 가압류채권의피보전권리와 집행채권이 동일함을 소명하여 공탁금을 지급받게 될 것이다.

⑤ 채무자의 해방공탁금에 대하여 가압류채권자의 채권자들이 '가압류채권자의 채무자에 대한 본안재판 판결확정 후 제3채무자인 국가에 대하여 출급청구할 공탁금채권'에 대하여 압류 및 전부명령을 순차적으로 받은 경우 가압류채권자는 공탁금 회수청구권에 대하여 가압류를 본압류로 이전하는 압류 및 현금화명령을 얻어 채권의 만족을 얻을 수 있을 뿐이고 채무자의 가압류해방공탁으로 인하여 채권자에게 공탁금 출급청구권이 생기는 것은 아니므로 위의 압류 및 전부명령들은 그 대상채권이 존재하지 않아 무효라고 할 것이다. 따라서 공탁관은 압류경합을 이유로 사유신고하거나 형식상 전부명령이 확정된 채권자에게 공탁금을 지급할 수는 없다.

⑥ 한편 채무자의 다른 채권자가 가압류해방공탁금 회수청구권에 대하여 압류 및 전부명령을 받은 경우에는 전부명령은 효력이 없고, 가압류채권자의 가압류와 압류가 경합하게 되므로 공탁관의 사유신고로 개시되는 집행법원의 배당절차에서 배당금수령채권자로서 그 지급받을 자격을 증명하는 증명서를 교부받아야만 공탁금 회수청구를 할 수 있다.

⑦ 가압류채권자가 가압류목적물에 대하여 우선변제를 받을 권리가 없는 것과 마찬가지로 가압류해방공탁금에 대하여 가압류채권자는 우선변제권이 없다. 따라서 가압류해방공탁금 회수청구권에는 우선권 없는 보통의 가압류만이 된 상태이므로 가압류채무자에 대하여 채권을 가진 다른 채권자는 가압류해방공탁금에 대하여 가압류나 압류를 할 수도 있다. 이와 같이 공탁자인 가압류채무자의 다른 채권자가 가압류해방공탁금 회수청구권에 대하여 압류명령을 받은 경우에는 가압류채권자의 가압류와 다른 채권자의 압류는 그 집행대상이 같아 서로 경합하게 된다. 이 경우 공탁관은 지체 없이 집행법원에 그 사유를 신고하여야 하고, 압류 및 추심명령을 받은 채권자 등에게 공탁금을 지급하여서는 안 된다.

⑧ 공탁관은 사유신고를 할 때에 사유신고서에 민사집행규칙 제172조 제1항에 규정된 사항 이외에 해당 가압류사건의 표시 및 가압류채권자의 성명을 기재하고 공탁서 사본을 첨부하여야 한다. 제3채무자인 공탁관이 사유신고를 하게 되면 배당요구의 종기가 도달하여 더이상 다른 채권자가 배당요구 등을 할 수 없으므로 공탁사유의 신고를 받은 집행법원은 바로 배당절차를 개시할 수 있다.

⑨ 한편 가압류채무자에게 해방공탁금의 용도로 대여하여 가압류집행을 취소할 수 있도록 한 자는 특별한 사정이 없는 한 가압류채권자에 대한 관계에서 가압류해방공탁금 회수청구권에 대하여 위 대여금 채권에 의한 압류 또는 가압류의 효력을 주장할 수 없다는 판례가 있다.

나. 가압류채무자의 회수

① 가압류해방공탁금에 대하여는 가압류채권자의 공탁금 출급청구권은 없고 가압류채무자의 공탁금 회수청구권만 있다. 공탁자인 가압류채무자의 해방공탁금 회수청구권은 공탁원인의 소멸을 정지조건으로 하는 청구권이므로 그와 같은 조건이 성취되면 공탁자는 그것을 입증하고

해방공탁금을 회수할 수 있다. 채무자인 공탁자의 공탁금 회수청구권에 대한 양수인 등도 마찬가지이다.

② 따라서 해방공탁금을 가압류채무자인 공탁자가 회수하기 위해서는 가압류채무자가 해방공탁금 위에 미치고 있는 가압류의 효력을 이의신청 또는 사정변경에 의한 가압류결정취소신청 등으로 깨뜨리거나 가압류채권자와 합의를 보아 해방공탁금에 대한 가압류를 풀어야 하며, 회수 청구의 경우 첨부서면은 일반적인 첨부서면 이외에 공탁원인소멸을 증명하는 서면을 첨부하여야 한다. 가압류채무자는 가압류의 효력이 소멸되었음을 증명하는 서면의 경우로, 가압류를 취소하는 결정정본 및 송달증명(민사집행법 제286조 제6항의 효력유예선언이 있는 경우에는 효력발생기간 경과), 제소기간 도과로 인한 민사집행법 제287조 제3항의 가압류결정취소결정 및 송달증명, 집행 후 3년간 본안의 소 부제기로 인한 민사집행법 제288조 제1항 제3호의 가압류취소결정 및 송달증명, 가압류취하증명 등을 들 수 있다.

③ 가압류채권자가 본안소송에서 패소하여 그 판결이 확정되면 채무자가 사정변경에 따른 가압류취소신청을 하여 가압류취소결정을 받아 공탁금을 회수할 수 있다. 그리고 가압류해방공탁은 가압류로 인한 손해담보공탁이 아니므로 가압류해방공탁금 회수청구 시 담보취소결정이 필요 없음은 물론이다.

④ 가압류채권자의 채권자가 '가압류채권자의 가압류채무자에 대한 본안판결 확정 후 제3채무자인 국가에 대하여 회수청구할 공탁금채권'을 피압류채권으로 채권가압류를 받았다 하더라도 가압류의 효력이 소멸되었을 경우에 공탁자가 가지는 공탁금 회수청구권 행사에 아무런 영향도 줄 수 없으므로 공탁자인 가압류채무자가 일반적인 첨부서면 이외에 가압류해방공탁의 원인이 된 그 가압류의 효력이 소멸되었음을 증명하는 서면을 첨부하여 공탁금 회수청구를 하는 경우 공탁관은 그 회수청구를 인가하여야 한다.

⑤ 가압류채권자가 법원이 정한 제소기간 내에 제소증명서 등을 제출하지 않아 가압류채무자가 제소기간 도과에 의한 가압류결정취소결정을 받은 경우 가압류채무자는 일반적인 첨부서면 이외에 공탁원인의 소멸을 증명하는 서면으로 가압류결정취소결정정본 및 송달증명을 첨부하여 가압류해방공탁금을 회수할 수 있으며, 가압류취소결정의 확정증명을 요하지 않는다. 이는 가압류가 집행된 후 가압류채권자가 3년간 본안의 소를 제기하지 않아 가압류채무자가 가압류결정취소결정을 받은 경우에도 마찬가지이다.

⑥ 가집행선고부 판결에 의하여 집행이 완결된 사건에 있어서는 그 본안판결이 항소심에서 취소 또는 변경되더라도 이를 이유로 이미 완결된 강제집행을 취소할 수는 없으므로 가압류채권자인 甲이 가집행선고부 판결을 받아 해방공탁금의 회수청구권을 압류 및 전부명령을 받은 후라면 비록 전부채권자인 甲이 해방공탁금을 회수하기 전에 가압류채무자인 乙이 항소심에서 전부 승소판결(甲의 청구기각판결)을 받아 사정변경에 의한 가압류결정취소결정을 받았다 하더라도 乙은 이미 집행완료된 해방공탁금을 곧바로 회수할 수는 없다. 이 경우 乙은 甲으로부터 이미 전부된 회수청구권을 다시 양도(부당이득의 원상회복)받거나 甲을 상대로 손해배상 또는 부당이득금반환청구를 하여 별도의 집행권원을 얻어 집행하여야 한다.

⑦ 한편 가압류권자가 본안소송에서 일부 승소하는 등의 사정으로 가압류 청구금액 중 일부만 본압류로 이전한 경우 본압류로 이전되지 아니한 나머지 공탁금에 대하여는 여전히 가압류 집행의 효력이 유지되므로 공탁자인 가압류채무자가 회수하려면 가압류의 효력이 소멸되었음을 증명하는 서면을 제출하여야 한다.

다. 이자의 귀속문제

① 가압류로부터 본압류로 이전하는 압류 및 전부명령이 확정된 때에는 그 명령이 제3채무자인 국가에 송달된 때에 채무자의 공탁금 회수청구권은 지급을 갈음하여 전부명령상 권면액의 범위 내에서 채권자에게 이전하는 것이므로 공탁일부터 위 명령이 제3채무자인 국가에 송달되기 전일까지의 공탁금에 대한 이자는 공탁자(채무자)에게 지급되어야 하고, 그 이후의 공탁금에 대한 이자는 전부채권자에게 지급되어야 한다.

② 가압류해방공탁금의 회수청구권에 대하여 가압류로부터 본압류로 이전하는 압류·전부명령과함께 지연손해금채권으로 추가로 위 가압류해방공탁금의 회수청구권에 대하여 압류·전부명령을 한 경우라도 그 명령에 공탁금의 이자 채권에 대하여 언급이 없으면 공탁일부터 압류·전부명령이 제3채무자인 국가에 송달되기 전일까지의 공탁금에 대한 이자를 전부채권자에게 지급할 수 없다.

06 절 부동산경매절차에서 배당금의 공탁

1. 개설

① 민사집행법 제160조 제1항은 부동산에 대한 강제경매에서 배당액을 즉시 채권자에게 지급할 수 없거나 지급하는 것이 적당하지 아니한 경우에 법원사무관 등은 배당액을 직접 지급하지 않고 공탁하도록 규정하고 있다. 즉 배당받을 채권액에 대하여 ㉠ 정지조건 또는 불확정기한이 붙어 있는 때, ㉡ 가압류채권자의 채권인 때, ㉢ 민사집행법 제49조 제2호(강제집행의 일시정지를 명한 취지를 적은 재판의 정본) 및 제266조 제1항 제5호(담보권 실행을 일시정지하도록 명한 재판의 정본)에 규정된 문서가 제출되어 있는 때, ㉣ 저당권설정의 가등기가 마쳐져 있는 때, ㉤ 민사집행법 제154조 제1항에 의한 배당이의의 소가 제기된 때, ㉥ 민법 제340조 제2항 및 제370조에 따른 배당금액의 공탁청구가 있는 때에는 집행법원은 그에 따른 배당액을 공탁하여야 한다.

② 또한 민사집행법 제160조 제2항은 채권자가 배당기일에 출석하지 아니한 때에도 그에 대한 배당액을 공탁하도록 규정하고 있다.

③ 위의 민사집행법 제160조는 부동산에 대한 담보권실행을 위한 경매절차 및 채권에 대한 강제집행의 배당절차에도 준용된다. 다만 위 ㉣항은 그 성질상 채권에 대한 강제집행에 있어서는 제외된다.

④ 민사집행법 제160조의 공탁 및 공탁금의 지급절차는 법원사무관 등이 실시한다. 한편 민사집행ㆍ비송 전자소송이 2015.3.23. 도입됨에 따라 집행법원의 법원사무관 등은 전자공탁시스템을 이용하여 공탁할 수 있게 되었다.

2. 그 밖의 사유로 인한 배당액 공탁

가. 저당권부 채권이 압류 또는 가압류된 경우

저당권이 있는 채권이 압류(가압류를 포함한다)된 것만으로는 그 채권의 권리자가 바뀌는 것은 아니지만 저당권이 있는 채권에 대한 압류의 효력은 저당권자의 배당금청구권에 미친다고 해석되므로 압류가 존속하는 한 해당 배당금을 지급하지 않고 저당권자를 피공탁자로 하여 공탁을 한다.

나. 배당금 또는 잉여금 수령채권에 대하여 압류, 가압류 또는 전부명령, 추심명령 등이 발령된 경우 처리방법

1) 압류, 가압류된 경우

배당받을 채권의 존재 및 액수에 관하여 아무런 다툼이 없어 배당표가 확정되었지만 배당금수령채권이 압류(가압류를 포함한다)되어 있는 경우(채무자 등에게 지급될 잉여금 채권이 압류된 경우도 같음)에는 배당받을 채권자를 배당금수령권자로 기재하여 배당표를 작성하되 압류가 존속하는 한 해당 배당금을 지급하지 않고 공탁을 한다. 위의 경우에 하는 배당금의 공탁은 민사집행법 제160조에 의한 공탁이 아니라 민사집행법 제248조의 집행공탁에 해당한다. 이 경우 민법 제487조의 변제공탁은 허용되지 않는다는 견해가 타당하다. 실무에서도 민사집행법 제248조의 집행공탁으로 처리하고 있고, 민사집행법 제248조의 집행공탁을 할 때에는 공탁사유신고도 하여야 한다.

2) 전부명령, 추심명령이 발령된 경우

① 배당금수령채권에 대하여 추심명령이 발하여진 경우에 집행법원은 배당표상의 채권자란에 당초 채권자를 기재한 다음 그 옆 괄호 안에 추심권자 ○○○라고 기재하고, 이유란에 당초 채권자에 대한 배당사유(예를 들어, 근저당권자)를 기재하며, 추심권자가 배당기일에 출석하였거나 배당기일 후 공탁 전에 출급청구를 한 경우에는 추가로 다른 압류명령이 없다면 추심권자 앞으로 출급명령서를 작성하여 배당액을 지급한다.

② 반면에 추심채권자가 배당기일에 출석하지 아니한 때에는 민사집행법 제160조 제2항에 따라 공탁하여야 한다는 견해가 있을 수 있으나, 추심채권자를 피공탁자로 하여 같은 법 제160조 제2항에 따라 공탁을 한 후 추심채권자가 위 배당금채권을 추심하기 전에 당초 채권자(추심채무자)에 대한 다른 압류 등이 추가로 있는 경우 추심채권자로서는 후행 압류사실을 알 수가 없어 배당금을 수령한 후 압류경합을 이유로 공탁 및 사유신고를 해야 함에도 추심신고만 할 우려가 있으므로 당초 채권자의 배당금수령채권에 대하여 압류(추심)명령이 있음을 이유로 하여 같은 법 제248조의 집행공탁을 하고 공탁사유신고를 하여야 할 것이다.

③ 배당금수령채권에 대하여 전부명령이 발하여진 경우에 집행법원은 배당기일 전에 전부명령이 확정된 것으로 밝혀진 경우(전부채권자가 확정증명을 서면으로 제출한 경우로 한정하고, 확정 전이거나 확정여부를 알 수 없다면 압류만 있는 경우와 같이 처리하면 된다)에는 배당표상의 채권자란에 당초의 채권자 ○○○의 전부채권자 ○○○라고 기재하고 이유란에 당초 채권자에 대한 배당사유(예를 들어, 근저당권자)를 기재하며, 출급명령서를 전부채권자 앞으로 작성하여 배당액을 지급한다. 전부명령의 경우에는 배당금출급 전에 확정증명원을 제출하여야 한다. 전부채권자가 배당기일에 출석하지 않은 경우에는 전부채권자를 피공탁자로 하여 민사집행법 제160조 제2항에 따라 공탁할 수 있을 것이다. 다만 전부명령 이후 다수의 압류채권자가 경합되어 그 우선순위 등에 의문이 있는 경우에는 같은 법 제248조에 의한 집행공탁을 할 수 있다.

④ 한편 다수의 압류나 가압류로 인하여 채권자가 경합하거나 민사집행법 제248조 제2항과 제3항에 해당하는 경우에는 민사집행법 제248조의 해당 조문에 의하여 공탁하고 공탁사유신고를 하여야 한다.

3) 질권의 목적인 경우

① 배당금 수령채권을 질권의 목적으로 한 질권설정계약 사실을 통지받은 집행법원으로서는 배당을 실시함에 있어 공탁관에게 송부하는 지급위탁서와 질권자에게 교부하는 증명서의 수령인란에는 '채권자 甲의 질권자 乙'의 방식으로 위 배당금을 실제 지급받을 채권자가 질권자임을 명시하여야 한다.

② 저당권부 채권의 질권자가 부기등기를 하면 저당채권에 대한 질권자도 등기기록에 기입된 부동산 위의 권리자에 해당하므로 질권자가 집행법원에 직접 청구하지 않거나 압류가 없는 경우라도 질권자 앞으로 배당하여 유보공탁을 할 것이고, 저당권자에게 배당할 것은 아니다.

③ 한편 민법 제348조가 '저당권으로 담보한 채권을 질권의 목적으로 한 때에는 그 저당권등기에 질권의 부기등기를 하여야 그 효력이 저당권에 미친다'라고 규정한 취지는 질권의 효력이 저당권에 미치기 위한 요건을 정한 것에 불과하고, 위와 같은 부기등기를 마쳤다고 하여 곧바로 같은 법 제349조 제1항의 지명채권에 대한 질권의 대항요건이 갖추어졌다고 볼 수는 없다. 따라서 근저당권 일부 이전의 부기등기를 마쳤다고 하더라도 피담보채권의 양도인이 채무자에게 채권양도 사실을 확정일자 있는 증서로 통지하기 이전에 그 피담보채권에 관하여 가압류 집행이 이루어졌다면 가압류권자가 저당권부채권의 양수인에 우선한다.

다. 근저당권자의 배당금에 대하여 사해행위취소 가처분이 있어 공탁이 이뤄진 경우

① 근저당권자에게 배당하기로 한 배당금에 대하여 지급금지가처분결정이 있어 경매법원이 그 배당금을 공탁한 후에 그 근저당권설정계약이 사해행위로 취소된 경우 그 공탁금은 그 경매절차에서 적법하게 배당요구하였던 다른 채권자들에게 추가배당함이 상당하고, 그 공탁금 지급청구권에 관한 채권압류 및 추심명령은 추가배당절차에서 배당되고 남은 잉여금에 한하여 효력이 있을 뿐이다.

② 따라서 취소채권자나 적법하게 배당요구하였던 다른 채권자들로서는 추가배당 이외의 다른 절차를 통하여 채권의 만족을 얻을 수는 없으므로 취소채권자라고 하더라도 배당금지급청구권에 대한 채권압류 및 추심명령에 기하여 배당금을 우선 수령하는 것은 허용되지 아니하고, 취소채권자가 그와 같은 절차를 거쳐 배당금을 우선 수령하였다면 적법하게 배당요구하였던 다른 채권자들과의 관계에서 부당이득이 성립한다.

3. 공탁절차

① 배당액을 공탁할 사유가 있는 경우에는 공탁사무 문서양식에 의하여 공탁서 2통을 작성하여 공탁관에게 제출한다. 배당액의 공탁은 배당기일부터 10일 안에 하여야 한다.
② 배당재단이 공탁금인 경우에는 그 배당액에 상당한 금액을 출급한 후 다시 공탁하는 등의 이중의 절차를 밟을 필요는 없고 그 부분에 대한 공탁을 그대로 유지하면 된다. 이 경우 종전의 공탁서 원본에(지급위탁서에 이를 붙일 필요가 없으므로 그대로 편철되어 있게 된다) 그 사실을 덧붙여 적어 공탁서 등 보관책임자에게 인계하면 된다.
③ 배당재단이 법원보관금인 경우에는 법원사무관 등이 2통의 공탁서를 작성하여 공탁관에게 제출하고, 공탁관은 공탁서 1통에 공탁을 수리한다는 취지 등을 적은 다음 법원사무관 등에게 돌려주며, 법원사무관 등은 그 취지에 따라 공탁물보관자로 지정된 은행에 배당액을 공탁한다.

07 절 채권배당절차에서의 배당금의 공탁

1. 배당재단이 공탁금인 경우

① 민사집행법 제248조 공탁 등 공탁금을 배당재단으로 하여 배당절차가 진행된 결과 배당액에 대하여 민사집행법 제160조 공탁사유가 있는 경우에 현재의 실무는 집행법원의 법원사무관 등이 각 공탁사유에 해당하는 공탁금을 출급하여 다시 공탁하는 것이 아니라 기왕의 공탁을 유지한 채 종전의 공탁서에 그 사실을 덧붙여 적어 공탁서 등 보관책임자에게 인계하고 있다.
② 한편, ㉠ 배당받을 채권의 존재 및 액수에 관하여 아무런 다툼이 없어 배당표가 확정되었지만 배당금 지급청구권에 대하여 압류의 경합이 발생한 경우, ㉡ 민사집행법 제160조 제1항 각호의 지급제한사유가 있는 경우 배당금 지급청구권에 대하여 압류의 경합이 있더라도 그 사유가 해소된 경우, ㉢ 배당표가 확정된 배당금 지급청구권에 대하여 가압류가 있은 후 본압류로 이전하는 압류명령이 있거나 다른 압류가 있어 압류의 경합이 발생하는 경우 집행법원의 담임법원사무관 등이나 공탁서 등 보관책임자가 각 사유신고를 하여야 한다.

2. 배당재단이 보관금인 경우

① 유체동산 인도청구권에 대한 강제집행의 경우 집행관이 인도된 유체동산을 현금화하여 매각대금을 집행법원에 제출한 때, ② 금전채권에 대한 강제집행에 있어서 압류된 채권이 조건부 또는 기한부 그 밖의 이유로 추심하기 곤란하여 매각명령, 관리명령 등으로 현금화된 금전이 법원에 제출된 때, ③ 그 밖의 재산권에 대한 강제집행의 경우에는 주로 특별현금화방법에 의하여 현금화된 매각대금이나 재산을 관리하여 얻은 수익이 집행법원에 제출된 때 각 배당절차가 개시된다. 이 경우 부동산경매절차와 같이 배당재단이 보관금이므로 배당금 지급청구권에 대하여 민사집행법 제160조 공탁사유가 있는 경우에 부동산경매절차에서 배당금을 공탁하는 것과 동일한 공탁절차에 의한다.

08 절 민사집행법 제130조 제3항의 공탁(매각허가결정에 대한 항고보증공탁)

1. 의의

① 부동산에 대한 강제경매에서 매각허가결정에 대하여 항고를 하고자 하는 사람은 보증으로 매각대금의 1/10에 해당하는 금전 또는 법원이 인정한 유가증권을 공탁하여야 한다.
② 여기서 '법원이 인정한 유가증권'이란 항고하고자 하는 자가 미리 법원에 유가증권의 지정신청을 하여 법원으로부터 지정을 받은 유가증권을 말한다. 지급보증위탁계약 체결문서의 제출에 관한 보증의 제공은 허용되지 아니하며, 법원은 위 신청이 있으면 항고인이 보증으로 공탁할 수 있는 유가증권의 종류, 수량을 지정할 수 있다.
③ 무익한 항고를 제기하여 절차를 지연시키는 것을 방지하기 위하여 매각허가결정에 불복하는 모든 항고인에 대하여 보증금을 공탁하도록 되어 있다.
④ 위 규정은 매각허가결정에 대한 항고 시에 적용되는 것이므로 매각불허가결정의 항고에 대하여는 보증의 제공을 요하지 않는다.
⑤ 이 공탁은 항고인의 남항고에 대한 제재적 성격과 경매절차지연에 따른 채권자 등의 손해담보적 성격도 가지나, 항고가 기각된 때 또는 항고인이 항고를 취하한 경우 공탁물의 전부 또는 일부가 배당재단의 일부로써 집행절차에 따라 채권자 등에게 배당되는 점에서 집행공탁의 성질을 갖는다.

2. 공탁물의 지급

1) 항고가 기각(각하)된 경우

(1) 배당할 금액에 편입

① 채무자 및 소유자가 한 항고가 기각된 때에는 항고인은 보증으로 제공한 금전이나 유가증권

을 돌려줄 것을 요구하지 못하므로 그 전액을 배당할 금액에 편입시키고, 채무자 및 소유자 외의 사람이 한 항고가 기각된 때에는 항고인은 보증으로 제공한 금전이나 유가증권을 현금화한 금액 가운데 항고를 한 날부터 항고기각결정이 확정된 날까지의 매각대금에 대한 연 100분의 12의 이율에 의한 금액(보증으로 제공한 금전이나 유가증권을 현금화한 금액을 한 도로 한다)에 대하여는 돌려줄 것을 요구할 수 없으므로 그 지연손해금만을 배당할 금액에 포함시키고 나머지는 보증제공자에게 반환한다.

② 반환받지 못한 보증금은 나중에 배당할 금액에 산입되지만, 항고가 기각되었더라도 경매신청이 취하되거나 매각절차가 취소된 때에는 항고인은 보증금을 반환받을 수 있다.

③ 채무자 또는 경매 목적물의 소유자가 매각허가결정에 대하여 항고를 하면서 보증으로 공탁한 현금 또는 유가증권은 항고가 기각된 경우에는 배당할 금액에 포함되어 공탁자는 회수청구권을 행사할 수 없게 된다. 경매법원이 배당재단에 귀속된 공탁금을 배당채권자에게 배당하였을 때에는 배당채권자는 공탁금 출급청구권을 가지게 된다. 매각허가결정에 대한 항고가 기각되기 전에 항고인의 공탁금 회수청구권에 대하여 압류 및 전부명령이 있었다고 하여도 이는 집행채권자에게 그 회수청구권을 이전하게 하는 효과를 발생할 뿐 공탁금 출급청구권에는 아무런 영향을 미칠 수는 없는 것이므로 공탁금의 출급청구를 받은 공탁관으로서는 공탁금 회수청구권에 대한 압류 및 전부명령이 있었다는 이유로 출급청구를 거부할 수는 없다.

(2) 항고가 각하된 경우

민사집행법 제130조 제6항·제7항의 규정은 항고가 기각된 경우뿐만 아니라 항고가 각하된 경우에도 적용된다.

(3) 배당절차에서 잔여가 있는 경우

① 배당절차에서 채권자에게 배당하고 남은 금액이 있으면 채무자 또는 소유자에게 지급하는바, 남은 금액이 있다고 하더라도 채무자나 소유자 이외의 항고인이 출연한 보증금이 채무자나 소유자에게 귀속되는 것은 불합리하므로 채무자와 소유자를 제외한 항고인이 제공한 항고보증금이 배당할 금액에 편입된 경우에 배당하고 남은 금액이 있으면 배당 금액에 편입된 금액의 범위 안에서 이를 제공한 사람에게 돌려주어야 한다.

② 또한 배당하고 남은 금액을 돌려주는 경우에 돌려주기 부족한 경우로써 그 보증을 제공한 사람이 여럿인 때에는 배당할 금액에 편입된 각 보증 등의 비율에 따라 나누어 준다.

2) 항고인이 항고를 취하한 경우

① 항고인이 항고를 취하한 경우에도 항고가 기각된 경우와 같이 취급하므로 민사집행법 제130조 제6항·제7항의 규정이 준용되고, 따라서 위와 같이 보증의 반환이 제한된다.

② 재항고를 취하한 경우에는 항고기각으로 확정되고, 마찬가지로 항고가 기각된 경우에 따라 처리하게 되므로 역시 보증의 반환이 제한된다.

3) 항고가 인용된 경우

① 항고가 인용된 경우에는 확정증명을 제출하여 바로 보증금을 회수할 수 있으며, 공탁의 성질이 담보공탁이 아닌 집행공탁이기 때문에 담보취소절차를 밟을 필요가 없다.

② 항고인이 공탁물을 회수할 경우에는 공탁서와 항고인용의 재판이 확정되었음을 증명하는 서면 또는 해당 보증이 배당할 금액에 포함될 필요가 없게 되었음을 증명하는 서면(집행법원 법원사무관 등이 발급한 것에 한함)을 첨부하여 공탁물 회수청구를 할 수 있다.

4) 경매신청이 취하되거나 경매절차가 취소된 경우

항고인은 이러한 사실을 증명하는 서면을 첨부하여 공탁금의 회수청구를 할 수 있다.

09 절 그 밖의 집행공탁

1. 민사집행법 제198조 제4항에 의한 공탁(긴급매각)

① 유체동산 강제집행절차가 개시되어 절차진행 중에 강제집행의 일시정지를 명한 취지를 기재한 재판의 정본이 제출되거나 채권자가 변제를 받았다는 취지 또는 채무이행의 유예를 승낙한 취지를 기재한 증서가 제출된 때에는 강제집행을 정지하여야 하는데, 이 경우 압류물을 즉시 매각하지 아니하면 값이 크게 내릴 염려가 있거나 보관에 지나치게 많은 비용이 드는 등 압류물을 조기매각하여야 할 경우와 같은 사유가 있는 때에는 집행관은 압류물을 매각할 수 있고, 긴급매각한 경우 압류물의 매각대금은 공탁하여야 한다.

② 민사집행법상의 의무로써 집행관이 공탁하는 점에서 형식상 집행공탁이나, 목적물의 보관만을 목적으로 하는 점에서 실질상 보관공탁의 성격을 가진다 할 것이므로 출급청구권은 없고 공탁자인 집행관의 회수청구권만 있다. 집행관은 집행정지사유가 소멸되면 공탁금을 지급받아 채권자에게 교부하거나 배당하여야 하고, 강제집행이 취소되거나 취하된 때에는 채무자에게 교부하여야 한다.

2. 민사집행법 제222조 제1항에 의한 공탁(매각대금공탁)

① 유체동산에 대한 강제집행에 있어서 매각대금으로 배당에 참가한 모든 채권자를 만족하게 할 수 없고, 매각허가된 날부터 2주 이내 채권자 사이에 배당협의가 이루어지지 아니한 때에는 매각대금을 공탁하여야 한다. 여러 채권자를 위하여 동시에 금전을 압류한 경우에도 이와 같다. 위 공탁을 한 경우에 집행관은 집행절차에 관한 서류를 붙여 그 사유를 법원에 신고하여야 한다.

② 민사집행법 제222조의 규정에 따라 집행관이 공탁한 때에 법원은 배당절차를 개시하고, 배당절차를 거쳐 법원은 지급위탁서를 공탁관에게 송부하고, 지급받을 자에게는 그 자격에 관한 증명서를 교부하여 공탁금이 배당채권자에게 지급된다.

3. 민사집행법 제236조 제2항에 의한 공탁

1) 추심채권자의 추심신고의무

① 추심채권자가 채권을 추심한 때에는 추심한 채권액을 법원에 신고하여야 한다. 추심신고의무는 추심명령의 대상인 채권의 일부만이 추심된 경우에도 발생하고, 계속적 수입채권이 압류된 경우에는 매 추심시마다 신고를 하여야 한다.

② 추심신고는 집행법원에 하고, 사건의 표시, 채권자·채무자 및 제3채무자의 표시, 제3채무자로부터 지급받은 금액과 날짜를 적은 서면으로 하여야 한다.

③ 추심신고가 있으면 다른 채권자들에 의한 배당요구는 더 이상 허용되지 않는다. 따라서 추심신고가 있을 때까지 다른 채권자들의 배당요구가 없으면 추심채권자가 독점적으로 만족을 얻게 된다.

2) 추심채권자의 공탁 및 사유신고의무

① 채권자가 추심의 신고를 하기 전에 다른 압류·가압류 또는 배당요구가 있었을 때에는 채권자는 추심한 금액을 바로 공탁하고 그 사유를 신고하여야 한다. 제3채무자가 추심명령에 기한 추심에 임의로 응하지 않아 추심채권자가 제3채무자를 상대로 추심의 소를 제기한 후 얻어낸 집행권원에 기하여 제3채무자의 재산에 대하여 강제집행을 한 결과 취득한 추심금의 경우에도 마찬가지이다.

▶ 추심채권자의 추심신고 전에 객관적으로 다른 압류·가압류 또는 배당요구가 있으면 충분하고, 집행법원이나 다른 채권자가 추심채권자에게 이를 통지하여야 비로소 공탁 및 사유신고의무가 발생하는 것은 아니다.

▶ 체납처분에 의한 압류도 민사집행법 제236조 제2항의 '다른 압류'에 해당하므로 체납처분에 의하여 압류된 채권에 대하여 민사집행절차에서 압류 및 추심명령을 받은 채권자가 제3채무자로부터 압류채권을 추심한 경우에 위 조항에 따라 공탁의무가 발생하므로 추심한 금액을 바로 공탁하고 사유신고를 하여야 한다.

▶ 제3채무자가 민사집행법 제248조에 따라 공탁을 하여 배당절차가 개시되고, 그 집행법원의 배당절차에서 배당받은 경우에는 추심채권자로서는 그와 같이 배당받은 금액을 또다시 공탁하거나 그 사유를 신고할 필요가 없고, 추심채권자가 그와 같은 공탁이나 사유신고를 하더라도 추가적인 배당절차가 개시되지 않는다고 보아야 할 것이다.

② 만일 추심채권자가 추심을 마쳤음에도 지체 없이 공탁 및 사유신고를 하지 아니한 경우에는 그로 인한 손해배상으로써 제3채무자로부터 추심금을 지급받은 후 공탁 및 사유신고에 필요한 상당한 기간을 경과한 때부터 실제 추심금을 공탁할 때까지의 기간 동안 금전채무의 이행을 지체한 경우에 관한 법정지연손해금 상당의 금원도 공탁하여야 할 의무가 있다.

③ 압류 등의 경합이 있음에도 불구하고 추심을 완료한 채권자가 공탁의무를 이행하지 않을 경우에 다른 경합채권자는 추심채권자를 상대로 추심한 금원을 법원에 공탁하고, 그 사유를 신고할 것을 구하는 소를 제기할 수 있다.

4. 민사집행법 제296조 제4항 또는 제5항의 공탁

① 금전을 가압류하였을 때에는 이를 바로 채권자에게 인도할 것이 아니고 공탁하여야 한다. 또한, 가압류물은 현금화하지 못하는데, 가압류물을 즉시 매각하지 아니하면 값이 크게 떨어질 염려가 있거나 보관에 지나치게 많은 비용이 드는 경우에는 집행관은 그 물건을 매각하여 공탁하여야 한다.

② 민사집행법상의 의무로써 집행관이 공탁한다는 점에서 형식상 집행공탁이나, 목적물의 보관만을 목적으로 하는 점에서 실질상 보관공탁적인 성격을 가진다.

5. 채무자 회생 및 파산에 관한 법률 제618조 제2항 및 제623조 제2항의 항고인의 공탁

① 변제계획불인가의 결정 및 개인회생절차폐지의 결정에 대하여는 즉시항고를 할 수 있다. 이러한 항고가 있는 때에는 회생계속법원은 기간을 정하여 항고인에게 보증으로 대법원규칙이 정하는 범위 안에서 금전 또는 법원이 인정하는 유가증권을 공탁하게 할 수 있다.

② 항고가 기각되고 채무자에 대하여 파산선고가 있거나 파산절차가 속행됨으로써 보증으로 공탁한 현금 또는 유가증권이 파산재단에 속하게 된 경우에는 파산관재인이 위 사항을 증명하는 서면을 첨부하여 공탁물 출급청구를 할 수 있다. 위 증명서면은 파산사건 담당 재판부의 법원사무관 등이 발급한 것에 한한다.

③ 항고가 인용된 경우 또는 항고가 기각되고 채무자에 대하여 파산선고가 없으며 파산절차가 속행되지 않는 경우에는 공탁자가 공탁서와 항고인용의 재판이 확정되었음을 증명하는 서면 또는 채무자에 대하여 파산선고가 없으며 파산절차가 속행되지 않음을 증명하는 서면을 첨부하여 공탁물회수청구를 할 수 있다. 위 증명서면은 개인회생사건 담당 재판부의 법원사무관 등이 발급한 것에 한한다.

6. 채무자 회생 및 파산에 관한 규칙 제84조 제2항의 개인회생채권자를 위한 공탁

① 개인회생채권자는 개인회생채권자집회의 기일 종료 시까지 변제계획에 따른 변제액을 송금받기 위한 금융기관 계좌번호를 회생위원에게 신고해야 하는데, 위 신고를 하지 아니한 개인회생채권자에 대하여 지급할 변제액은 변제계획에서 정하는 바에 따라 공탁할 수 있다.

② 회생위원은 공탁하기 전에 개인회생채권자에게 공탁예정통지서를 발송하여 통지서를 송달받은 날부터 1주일 안에 계좌번호를 신고하지 아니하면 변제액을 공탁한다는 점을 알려주는 등의 절차를 거쳐 연 1회 변제액을 공탁할 수 있다.

③ 공탁금을 출급받으려는 채권자의 청구가 있는 경우 공탁규칙 제43조에 따라 회생위원은 공탁관에게 지급위탁서를 보내고 지급받을 채권자에게는 그 자격에 관한 증명서를 주어야 한다. 채권자는 증명서를 첨부하여 공탁규칙에 따라 공탁관에게 공탁금 출급청구를 하면 된다.

7. 채무자 회생 및 파산에 관한 법률 제617조의2 채무자를 위한 공탁

① 회생위원은 개인회생절차폐지의 결정 또는 면책의 결정이 확정된 후에도 임치된 금원(이자를 포함한다)이 존재하는 경우에는 이를 채무자에게 반환하여야 한다. 다만 채무자가 수령을 거부하거나 채무자의 소재불명 등으로 반환할 수 없는 경우에는 채무자를 위하여 공탁할 수 있다.

② 회생위원은 채무자가 개인회생절차개시신청서에 기재한 금융기관 계좌번호와 전화번호에 오류가 있고, 채무자의 소재불명 등의 사유로 채무자와 연락이 되지 않는 경우에는 채무자회생법 제617조의2에 따라 임치된 금원을 공탁할 수 있다. 이 경우 사전에 채무자용 공탁예정통지서를 발송할 수 있다.

③ 위와 같이 공탁된 공탁금을 출급받으려는 채무자가 있을 경우 회생위원은 공탁규칙 제43조에서 정한 절차에 따라 공탁관에게 지급위탁서를 보내고 지급받을 채무자에게 그 자격에 관한 증명서를 주어야 한다.

10 절 배당금수령채권에 대한 압류명령서 등의 처리

① 제3채무자의 민사집행법 제248조에 의한 집행공탁 등으로 개시된 공탁금을 배당재단으로 하는 채권배당절차에서 배당금수령채권(또는 공탁금 출급청구권)에 대하여 압류명령서 등이 접수된 때에는 접수연월일, 시, 분을 기재하여 기명날인하고 전산시스템에 압류명령서 등의 접수연월일, 배당금수령채권이 압류된 사실 등을 입력한 후 압류명령서 등의 사본을 집행법원에 송부하여야 한다.

② 부동산경매절차에서 집행법원이 배당금수령 채권을 민사집행법 제160조 등의 사유로 공탁한 후 배당금수령채권(또는 공탁금 출급청구권)을 피압류채권으로 하는 압류명령서 등이 접수된 때에도 위와 같다.

③ 공탁관이 (집행법원의) 공탁사유신고에 따른 배당요구종기가 도래된 이후에 공탁금 출급·회수청구권에 대한 압류명령서 등을 접수한 때에도 접수연월일, 시, 분을 기재하여 기명날인하고 전산시스템에 압류명령서 등의 접수연월일, 공탁금 출급 또는 회수청구권에 압류된 사실 등을 입력한 후 압류명령서 등의 사본을 집행법원에 송부하여야 한다.

Chapter

05

혼합공탁

01 절 총설

1. 의의

① 혼합공탁이란 공탁원인사실 및 공탁근거법령이 다른, 실질상 두 개 이상의 공탁을 공탁자의 이익보호를 위하여 하나의 공탁절차에 의하여 하는 공탁을 말한다.

② 혼합공탁은 실무상 인정되는 일괄공탁과도 구별된다. 공탁은 1건마다 별도의 공탁서를 작성하여 제출함이 원칙이지만, 공탁당사자가 같고 공탁원인사실에 공통성이 있는 경우(수개월분의 차임공탁) 또는 공탁당사자가 다르더라도 공탁원인사실에 공통성이 있고 공탁물의 출급·회수가 일괄하여 행해질 개연성이 높은 경우(교통사고 피해자가 여러 명이고 주소지가 모두 같은 공탁소인 경우 손해배상금 공탁)에는 수 건의 공탁을 1건의 공탁서로 작성·제출할 수 있는데, 이를 강학상 일괄공탁이라 한다.

2. 혼합공탁의 요건

① 혼합공탁은 공탁원인사실 및 공탁근거법령이 다른, 실질상 두 개 이상의 공탁을 공탁자의 이익보호를 위하여 하나의 공탁절차에 의하여 행하는 것이다. 이러한 혼합공탁은 주로 변제공탁과 집행공탁 사이에 발생한다. 변제공탁과 집행공탁을 원인으로 혼합공탁을 하려면 채권자 불확지 변제공탁 사유와 집행공탁 사유가 함께 존재하여야 한다.

② 채권자 불확지란 객관적으로는 채권자가 존재하나 변제자가 선량한 관리자의 주의의무를 다하여도 채권자가 누구인지 알 수 없는 경우를 말한다. 혼합공탁은 채권양도의 효력 자체에 대하여 다툼이 있는 등 채권자 불확지 변제공탁을 할 만한 사정이 있어야 하므로 단순히 채권양도와 가압류 또는 압류가 경합한다는 사정만으로는 혼합공탁을 할 수 없다.

   ▶ 확정일자 있는 채권양도통지를 받은 후 양도인을 가압류채무자로 하는 채권가압류(3건)가 있는데 선행 채권양도에 대한 다툼이 없고, 채권자 불확지변제공탁을 할 만한 사정이 없는 데도 제3채무자가 피공탁자를 '양도인 또는 양수인'으로 지정하고, 공탁근거법령으로 민법 제487조, 민사집행법 제248조 제1항 및 제291조에 의한 혼합공탁을 한 경우 이는 혼합공탁의 요건을 갖추지 못해 유효한 공탁으로 볼 수 없으므로 공탁자(제3채무자)는 착오로 인한 공탁금 회수청구를 할 수 있다.

   ▶ 채권양도의 효력에 다툼이 있지만 그 원인이 '채권자취소에 따른 원상회복청구권을 피보전권리로 하는'이거나 '채권자취소소송이 제기 중'이라는 이유로 채권자불확지 변제공탁과 집행공탁을 결합한 혼합공탁을 할 수 없다.

③ 그리고 혼합공탁을 하기 위한 요건으로 집행공탁 사유가 존재하여야 한다. 민사집행법 시행으로 인하여 단일의 압류, 압류경합이 없는 복수의 압류, 단일 또는 복수의 가압류일 경우에

도 집행공탁을 인정하고 있으므로 현행 민사집행법에서는 혼합공탁을 하기 위한 요건으로 집행공탁사유는 반드시 압류경합이 있어야 하는 것은 아니다.

④ 채무자 甲이 채권자 乙에게 지급할 채무금 전액에 대한 채권양도통지(양수인 丙, 확정일자부 아닌 통지)가 있은 후 위 채무금 전액에 대한 채권양도통지(양수인 丁, 확정일자부 통지)와 乙을 채무자로 하는 가압류결정정본(채권자 丙)이 甲에게 같은 날짜에 도달되어 그 도달의 선후를 알 수 없고, 이어서 乙을 채무자로 하는 여러 건의 가압류 및 압류가 순차적으로 있는 경우에는 채무자 甲은 민법 제487조 및 민사집행법 제248조 제1항을 공탁근거법령으로, '양도인 乙 또는 양수인 丁'을 피공탁자로 하여 혼합공탁을 할 수 있다.

3. 혼합공탁의 효력

① 혼합공탁은 변제공탁에 관련된 채권자들에 대하여는 변제공탁으로서의 효력이 있고, 집행공탁에 관련된 집행채권자들에 대하여는 집행공탁으로서의 효력이 있다.

② 혼합공탁을 하였을 때에 그 공탁이 변제공탁과 집행공탁 중 어느 한 공탁의 절차 내지 요건이 갖추어지지 아니하여 효력을 인정할 수 없는 경우 나머지 하나의 공탁으로써는 공탁의 절차 및 요건이 갖추고 있다 하여 그 공탁으로써만 효력을 인정한다면 채무자로서는 채무불이행 책임 또는 이중지급의 위험 중 어느 한 가지 위험을 피할 수가 없게 된다. 이는 채무자가 혼합공탁을 한 본래의 뜻에 반하는 결과가 발생하게 되어 부당하다. 따라서 혼합공탁이 공탁의 절차 내지 요건의 미비로 변제공탁이나 집행공탁 중 어느 하나라도 효력이 없다면 혼합공탁 전체로써 효력이 없다고 보는 것이 타당하고 공탁자의 의사에도 부합한다.

관/련/판/례 (대판 2005.5.26, 2003다12311)

▶ 채권양도 등과 종전 채권자에 대한 압류가 경합되었다고 하여 항상 채권이 누구에게 변제되어야 하는지 과실 없이 알 수 없는 경우에 해당하는 것은 아니고, 설령 그렇게 볼 사정이 있다고 하더라도 공탁은 공탁자가 자기의 책임과 판단하에 하는 것으로서, 채권양도 등과 압류가 경합된 경우에 공탁자는 나름대로 누구에게 변제를 하여야 할 것인지를 판단하여 그에 따라 변제공탁이나 집행공탁 또는 혼합공탁을 선택하여 할 수 있다.

▶ 집행공탁의 경우에는 배당절차에서 배당이 완결되어야 피공탁자가 비로소 확정되고, 공탁 당시에는 피공탁자의 개념이 관념적으로만 존재할 뿐이므로, 공탁 당시에 피공탁자를 지정하지 아니하였더라도 공탁이 무효라고 볼 수 없으나, 변제공탁은 집행법원의 집행절차를 거치지 아니하고 피공탁자의 동일성에 관한 공탁공무원의 형식적 심사에 의하여 공탁금이 출급되므로 피공탁자가 반드시 지정되어야 하며, 또한 변제공탁이나 집행공탁은 공탁근거조문이나 공탁사유, 나아가 공탁사유신고의 유무에 있어서도 차이가 있으므로, 제3채무자가 채권양도 등과 압류경합 등을 이유로 공탁한 경우에 제3채무자가 변제공탁을 한 것인지, 집행공탁을 한 것인지, 아니면 혼합공탁을 한 것인지는 피공탁자의 지정 여부, 공탁의 근거조문, 공탁사유, 공탁사유신고 등을 종합적·합리적으로 고려하여 판단하는 수밖에 없다.

▶ 혼합공탁사유가 있더라도 공탁자가 공탁서에 피공탁자를 전혀 기재하지 아니하여 변제공탁일 수 있다는 취지를 짐작하게 하는 기재가 없고, 공탁근거조문으로 집행공탁 근거조문인 구 민사소송법 제581조만을 기재하였고, 채권자 불확지 변제공탁의 근거조문인 민법 제487조 후단을 전혀 기재하지 않았으며 또한 공탁원인사실에도 채권자를 알 수 없어 공탁한다는 취지의 기재를 하지 아니한 경우 새로운 채권자에 대한 변제공탁으로써의 효력은 없다.

02 절 혼합공탁의 신청절차 등

1. 공탁서의 기재

① 채권양도와 채권가압류의 경합을 원인으로 한 혼합공탁의 공탁근거 법령조항란에는 민법 제487조 후단 및 민사집행법 제291조·제248조 제1항을, 채권양도와 채권압류의 경합을 원인으로 한 혼합공탁의 공탁근거 법령조항란에는 민법 제487조 후단 및 민사집행법 제248조 제1항을 기재한다.

② 공탁서상의 피공탁자란에는 양도인(집행채무자) 또는 양수인을 피공탁자로 기재하고, 집행채권자(가압류나 압류채권자)들은 공탁서에 피공탁자로 기재하지 않는다. 다만 공탁원인사실란에는 가압류나, 압류, 압류경합 등의 사실을 구체적으로 기재하여야 한다.

③ 채권 전부 가압류, 채권 전부 양도, 가압류나 압류(압류경합 불문)가 있는 경우에는 채권양도 전에 발령되었으나 송달이 양도통지 이후에 있는 가압류나 압류에 관하여 선행의 압류명령에 대한 배당요구의 효력을 인정할 것인가 아닌가에 의해 배당받을 채권자의 범위가 달라질 수 있으므로 공탁서에는 중간의 채권양도 및 그 후의 가압류나 압류명령의 송달이 있었던 사실을 함께 기재한다.

2. 공탁통지

① 피공탁자들(양도인과 양수인)에게 대하여는 변제공탁인 점에서 공탁통지를 하여야 한다. 따라서 공탁할 때에 피공탁자 수만큼의 공탁통지서를 첨부하고, 우편법 시행규칙 제25조 제1항 제4호 다목의 배달증명으로 할 수 있는 가액의 우편료를 납입하여야 한다.

② 또한 채권양도와 채권가압류의 경합을 원인으로 한 혼합공탁의 경우에는 가압류채권자에게도 공탁사실을 알려 줄 필요가 있으므로 행정예규 제1018호에서 정한 별지 소정 양식의 공탁사실통지서 발송에 필요한 우편료도 함께 납입하여야 한다.

3. 관할

집행공탁은 원칙적으로 관할에 관한 규정이 없고, 변제공탁은 채무이행지 주소지(지참채무의 원칙상 채권자의 주소지)에 공탁하도록 되어 있기 때문에 변제공탁의 일면을 가지는 혼합공탁에 있어서 채권자인 피공탁자의 주소지 공탁소가 관할공탁소가 될 것이다. 또한 상대적 불확지 변제공탁에 있어 채권자들의 주소지가 달라 채무이행지가 다른 경우에는 그중 1인의 주소지 관할공탁소에 공탁하여도 무방하므로 채권자 불확지 변제공탁과 집행공탁을 합한 혼합공탁에서 관할공탁소는 피공탁자 어느 1인의 주소지 공탁소 중 한 곳이 관할공탁소가 될 것이다. 즉 채권가압류 이후에 채권양도가 있어 제3채무자가 양도인 또는 양수인을 피공탁자로 하는 채권자 불확지 변제공탁과 채권가압류가 있음을 이유로 한 집행공탁을 합한 혼합공탁을 하는 경우 위 채무가 지참채무라면 피공탁자들 중 1인의 주소지 공탁소가 관할공탁소가 된다.

4. 집행법원에 대한 사유신고

① 혼합공탁도 집행공탁의 일면을 가지므로 공탁자는 공탁한 후 즉시 집행법원에 사유신고를 하여야 한다.

② 제3채무자가 민사집행법 제248조 제4항에 따라 공탁서를 붙여서 집행법원에 공탁사유신고를 하면 일반적인 집행공탁의 경우와 마찬가지로 심사를 하고, 문제가 없으면 채권 등 집행사건의 배당절차사건으로 수리하게 된다. 그러나 혼합공탁을 전제로 하는 사유신고를 받은 집행법원은 채권양도의 유·무효가 확정되지 않는 이상 그 후의 절차를 진행할 수 없으므로 그 유·무효가 확정될 때까지는 사실상 절차를 정지하여야 한다. 집행법원이 배당절차를 진행하기 위해서는 압류의 대상이 된 채권이 압류채무자에게 귀속하는 것을 증명하는 문서(혼합해소문서)를 제출하여야 한다. 만일 압류채무자에게 피압류채권이 귀속되지 않는 것으로 확정된 경우에는 정지조건의 불성취가 확정되었으므로 사유신고를 불수리하여야 할 것이다.

③ 민사집행법 제247조 제1항에 의한 배당가입 차단효는 배당을 전제로 한 집행공탁에 대하여만 발생하므로 집행공탁과 변제공탁이 혼합된 소위 혼합공탁의 경우 변제공탁에 해당하는 부분에 대하여는 제3채무자의 공탁사유신고에 의한 배당가입 차단효가 발생할 여지가 없다. 따라서 제3채무자가 혼합공탁을 하고 그 공탁사유신고를 한 후에 채무자의 공탁금 출급청구권에 대하여 압류 및 추심명령을 받은 채권자는 집행공탁에 해당하는 부분에 대하여는 배당가입차단효로 인하여 적법한 배당요구를 하였다고 볼 수 없으나 변제공탁에 해당하는 부분에 대하여는 적법한 배당요구를 한 것이므로 집행공탁에 해당하는 부분으로부터 배당받은 사람에 대하여는 배당이의의 소를 제기할 원고적격이 없고, 변제공탁에 해당하는 부분으로부터 배당받은 사람에 대하여는 배당이의의 소를 제기할 원고적격이 있다.

④ 채권양도와 가압류를 원인으로 하는 혼합공탁의 경우에도 공탁사실을 가압류 발령법원에 신고하여야 할 것이지만, 압류와는 달리 가압류를 원인으로 한 경우에는 집행공탁을 하더라도 배당가입의 차단효가 발생하지 않고 단지 가압류채무자가 가지는 공탁금 출급청구권 위에 가압류의 효력이 존속하는 것으로만 되어 있기 때문에 배당절차를 개시하는 사유가 되지 않고, 나중에 가압류에서 본압류로 이전하는 채권압류가 있으면 공탁관이 집행법원에 사유신고하고 그때 배당절차를 진행하기 위한 요건의 충족 여부를 판단하여야 할 것이다.

⑤ 한편 가압류채권자가 본안소송에서 승소하는 등으로 집행권원을 취득하게 되면 채권가압류의 처분금지효력이 미치는 범위 내에서 채권양도는 무효가 되면서 혼합관계가 해소된다.

03 절 유형별 혼합공탁의 처리

1. 채권 전부에 대하여 채권양도가 선행하는 경우

① 확정일자 있는 채권양도통지가 제3채무자에게 먼저 송달된 후에 채권이 가압류되거나 압류된 경우에는 원칙적으로 채권양도가 우선하게 되고, 가압류나 압류채권자는 존재하지 않는 채권을 가압류나 압류한 셈이 되어 그 채권가압류나 압류는 효력을 발생할 수 없게 된다. 따라서 제3채무자는 양수인에게만 변제의무를 부담하게 되므로 양수인에게 지급하거나 양수인의 수령거절 등으로 변제공탁사유가 있어야 민법 제487조에 의한 변제공탁을 할 수 있다.

② 그런데 양도된 채권에 대하여 양도금지특약이 있거나 채권자로부터 양도철회 내지 취소통지 등 채권양도의 효력 유무에 대하여 다툼이 있는 경우에는 제3채무자는 객관적으로는 자신의 채권자가 존재하고 있으나 선량한 관리자의 주의를 다하여도 채권자가 누구인지 알 수 없는 경우에 해당된다고 볼 수 있으므로 민법 제487조 후단에 의하여 양도인 또는 양수인을 피공탁자로 하는 채권자 불확지 변제공탁을 할 수 있다. 그러나 양도인의 다른 채권자가 양도인을 채무자로 하는 채권가압류나 압류가 있으므로 채권자 불확지 변제공탁만으로는 부족하고, 채권양도가 무효일 경우에 양도인을 채무자로 한 가압류나 압류가 있음을 원인으로 집행공탁을 합한 혼합공탁을 해야만 한다. 이 경우 집행공탁은 채권양도가 무효일 것을 조건으로 하여 이루어지게 된다. 채권양도 이후에 압류가 있는 경우와 가압류가 있는 경우를 나누어서 살펴보기로 한다.

가. 채권양도 후에 압류가 있는 경우

1) 공탁절차 등

① 채권이 양도되었으나 채권양도의 효력 유무에 대하여 의문이 있고 양도 이후에 압류가 있는 경우에는 전형적인 혼합공탁에 해당한다. 이와 같은 사유로 혼합공탁을 하게 될 경우에 공탁서상의 피공탁자는 양도인 또는 양수인이 되고, 공탁근거 법령조항은 민법 제487조 후단, 민사집행법 제248조 제1항이 된다.

② 집행공탁에서 피공탁자는 장래 집행법원이 행하는 배당절차 등에 의해 확정되므로 압류채권자를 공탁서의 피공탁자란에 기재하지 않고, 공탁원인사실에 압류사실을 구체적으로 기재한다. 이와 같은 사유로 제3채무자가 혼합공탁을 한 때에는 정지조건부 집행공탁의 측면도 있으므로 공탁서를 붙여 그 내용을 서면으로 집행법원에 사유신고하여야 한다.

2) 집행채권자가 출급받는 방법

(1) 혼합해소문서의 필요성

집행법원의 배당절차를 통하여 집행채권자가 공탁금에서 그 채권액을 배당받기 위해서는 압류의 대상이 된 채권이 집행채무자에게 귀속하는 것을 증명하는 문서가 집행법원에 제출되어야 한다. 이를 실무상 혼합해소문서라고 한다.

(2) 대표적인 혼합해소문서

① 예컨대, 채무자에게 공탁금 출급청구권이 있다는 것을 증명하는 확인판결정본 및 그 판결의 확정증명서, 위와 동일한 내용의 화해 또는 조정조서 정본, 위와 동일한 내용을 담은 양수인의 동의서(인감증명서, 본인서명사실확인서나 전자본인서명확인서 첨부) 등이 이에 해당한다.

② 그러나 집행채권자가 압류·전부명령에 기한 전부금채권을 가지고 있다는 것을 증명하는 확인판결은 이에 해당하지 않는다.

③ 한편 A압류, B가압류와 채권양도(채권양도의 효력에 다툼이 있음), C압류가 경합한다는 이유로 제3채무자가 민법 제487조 후단 채권자 불확지 변제공탁과 민사집행법 제248조 제1항 집행공탁을 결합한 혼합공탁을 하고 사유신고를 한 후 채권자취소판결에 따라 채권양도가 사해행위임을 이유로 취소되고, 그 취지에 따라 대한민국에 양도통지가 이뤄진 경우 채권자취소 확정판결의 비소급효에 의하여 C압류는 무효이지만, A압류, B가압류에 대하여는 배당절차를 진행할 수 있다는 점에서 혼합관계가 해소된 것으로 볼 수 있다. 즉 A압류(50만 원), B가압류 (50만 원)와 채권양도(150만 원), C압류(100만 원)가 경합하고 채권양도의 효력에 다툼이 있다는 이유로 제3채무자가 민법 제487조 후단 채권자 불확지 변제공탁과 민사집행법 제248조 제1항 집행공탁을 결합한 혼합공탁(150만 원)을 하고 사유신고를 하였는데, D가 채권양도계약을 취소하고 혼합공탁금에 대한 출급청구권을 양도하고 대한민국(소관 공탁관)에게 양도통지를 하라는 취지의 확정판결을 받아 이를 공탁소에 제출한 후 채무자의 책임재산으로 복귀한 공탁금 출급청구권(50만 원)에 대하여 D압류 및 추심명령(100만 원)과 E압류 및 추심명령 (100만 원)이 각 도달한 경우 ㉠ C압류는 이미 대항요건을 갖추어 양도된 채권을 대상으로 한 것으로 무효이고, 채권자취소소송에서 채권양도가 취소되었더라도 채권자취소판결에 소급효가 없기 때문에 무효인 압류가 유효로 되진 않는다. ㉡ 공탁금 150만 원 중 100만 원은 제3채무자 A의 사유신고에 의하여 배당재단에 편입되어 배당절차가 진행되고, 나머지 50만 원은 채무자의 책임재산으로 복귀하여 변제공탁의 성격을 가지므로 제3채무자의 사유신고에 의한 배당가입차단효가 미치지 않는다. 그리고 채권자취소판결에 따라 채무자의 책임재산으로 복귀한 공탁금 출급청구권(50만 원)에 대하여 D와 E의 압류의 경합이 발생하였으므로 공탁관이 사유신고를 하게 된다.

(3) 채권양수인이 공탁금을 출급받는 방법

① 양수인이 출급받으려면 후술하는 나. '채권양도 후에 가압류가 있는 경우'와 마찬가지로 양도인 및 압류채권자의 승낙 또는 그에 대항하는 판결이 있어야 한다. 따라서 혼합공탁에 있어서 피공탁자(양수인)는 공탁물의 출급을 청구함에 있어서 다른 피공탁자(채무자)에 대한 관계에서만 공탁물 출급청구권이 있음을 증명하는 서면을 갖추는 것으로는 부족하고, 집행채권자에 대한 관계에서도 공탁물 출급청구권이 있음을 증명하는 서면을 구비·제출하여야 한다. 양수인은 위 서류를 집행법원이 아닌 공탁소에 제출하여 공탁금을 지급받으면 된다.

② 이때 집행법원의 불수리결정을 요하는지 여부와 관련하여 현재 다수의 실무는 집행법원의 사유신고 불수리결정을 제출받은 후 공탁금 출급청구를 인가하고 있다.

3) 공탁자가 공탁원인소멸을 이유로 공탁금을 회수하는 방법

① 甲이 乙에 대하여 가지고 있는 물품대금채권을 丙에게 양도하고 확정일자 있는 증서에 의한 채권양도통지를 하여 乙이 송달받은 후 甲의 채권자 丁이 위 양도대상 채권에 대하여 채권압류 및 추심명령을 하여 乙에게 송달되었는데, 乙이 채권양도의 효력에 의문이 있다고 하여 혼합공탁을 하였고, 丙이 乙을 상대로 제기한 양수금청구소송에서 얻은 화해권고결정을 집행권원으로 乙의 다른 책임재산에 대한 강제집행에 의하여 채권만족을 얻은 경우에는 乙은 공탁원인소멸을 이유로 양도인 甲 및 압류채권자 丁의 승낙서와 양수인 丙의 변제확인서(각 인감증명서 또는 본인서명사실확인서나 전자본인서명사실확인서 첨부)나 양수금 전액을 지급받았음을 증명하는 서면을 첨부하여 회수할 수 있을 것이다.

② 한편 丁이 사해행위취소소송을 제기하여 패소한 판결정본은 丁의 승낙서에 갈음할 수 없고, 丁의 승낙서에 갈음하여 丁을 상대로 하여 丁의 채권압류 및 추심명령 송달 당시 이미 압류대상채권이 양도되어 부존재한다는 확인판결을 받아 공탁원인소멸을 증명하여야 할 것이다.

나. 채권양도 후에 가압류가 있는 경우

1) 공탁절차 등

① 선행의 채권양도의 효력에 의문이 있고 그것이 가압류의 효력에 영향을 미칠 경우 현행 민사집행법이 가압류에 대하여도 집행공탁을 인정하고 있으므로 제3채무자는 채권자 불확지 변제공탁과 집행공탁을 합한 혼합공탁을 할 수 있다.

② 공탁서상의 피공탁자는 양도인(가압류채무자) 또는 양수인으로 기재하고, 공탁근거 법령조항은 민법 제487조 후단, 민사집행법 제291조·제248조 제1항으로 기재하며, 공탁원인사실란에 가압류명령이 있는 사실을 구체적으로 기재한다. 제3채무자는 공탁신청 시 가압류결정문 사본과 공탁규칙 제23조 제1항에서 정한 공탁통지서를 첨부하여야 하며, 공탁통지서 및 공탁사실통지서(가압류채권자에게 공탁사실을 알려주는) 발송에 필요한 우편료도 함께 납부하여야 한다.

③ 공탁한 때에는 공탁서를 붙여 그 내용을 서면으로 가압류 발령법원에 신고하여야 한다. 그러나 압류와 달리 가압류의 경우에는 집행공탁을 하더라도 배당가입의 차단효가 발생하지 않는다.

2) 가압류채권자가 출급받는 방법

공탁 이후에 채권양도가 무효로 판명되면 양도인에 대한 채권가압류명령은 유효하기 때문에 가압류를 본압류로 이전하는 압류명령이 송달되면 공탁관이 사유신고를 하게 되고, 집행법원의 지급위탁에 의하여 공탁금 지급이 이루어진다.

3) 채권양수인이 공탁금을 출급받는 방법

① 혼합공탁은 변제공탁과는 달리 집행채권자도 피공탁자가 누구인가에 관하여 이해관계가 있게 되므로 양수인은 양도인뿐만 아니라 집행채권자에 대하여도 양도의 유효성을 주장하지 않으면 안 된다.

② 피공탁자인 양수인은 다른 피공탁자인 양도인의 승낙서(인감증명서 첨부)나 양도인에 대한 공탁금 출급청구권 승소확정판결 이외에 가압류채권자들의 승낙서(인감증명서 첨부) 또는 그들을 상대로 한 공탁금 출급청구권확인 승소확정판결을 출급청구권을 갖는 것을 증명하는 서면으로 첨부하여야만 공탁금을 출급할 수 있다.

③ 한편 공탁자가 피공탁자를 甲 또는 乙로 한 상대적 불확지 변제공탁과 乙을 채무자로 하는 丙의 채권가압류로 인한 집행공탁을 합한 혼합공탁을 한 경우 피공탁자 甲이 乙을 상대로 공탁금 출급청구권 확인소송을 제기하여 승소판결이 확정되었고, 丙을 상대로 제3자 이의소송을 제기하여 강제집행을 불허한다는 판결을 받아 가압류결정의 집행이 모두 해제되었다면 甲은 가압류채권자인 丙의 승낙서나 그에 대한 공탁금 출급청구권 확인판결 없이도 乙을 상대로 한 공탁금 출급청구권 확인판결과 丙의 채권가압류의 효력이 실효되었음을 증명하는 서면(가압류집행취소결정정본과 송달증명)을 첨부하여 공탁금 출급청구를 할 수 있다. 한편, 혼합공탁 이후에 乙을 채무자로 하는 채권(가)압류 등을 한 채권자가 있는 경우에도, 甲은 위 채권자들의 승낙서나 위 채권자들을 상대로 한 공탁금 출급청구권 확인판결을 첨부하지 않고서도 출급청구를 할 수 있다.

2. 채권 전부에 대하여 가압류·압류가 선행하는 경우

가. 가압류 이후 채권양도가 있는 경우

① 가압류 이후에 채권양도가 있는 경우 가압류는 이후에 취하 또는 취소되거나 혹은 본안소송의 패소로 인하여 그 효력을 상실할 수도 있으므로 가압류 중인 상태에서 제3채무자로서는 채권자가 양도인이 될지 양수인이 될지 알 수 없다. 채권가압류의 처분금지의 효력으로 인하여 가압류채권자가 본안소송에서 승소하는 등으로 집행권원을 취득하는 경우 그 가압류에 의하여 권리가 제한된 상태의 채권을 양수받는 양수인에 대한 채권양도의 효력은 무효가 되고, 반대로 가압류 채권자가 본안소송에서 패소하거나 가압류신청이 취하되거나 가압류결정이 취소되면 채권양도는 완전히 유효하게 된다. 따라서 이와 같은 경우에 제3채무자는 위 양도인 또는 양수인을 피공탁자로 하는 채권자 불확지 변제공탁과 채권가압류가 있음을 이유로 한 집행공탁을 합한 혼합공탁을 할 수 있다.

▶ 이와 같은 혼합공탁에 있어서는 가압류의 효력 여하에 따라 채권양도의 효력 유무가 결정되므로 채권양도 그 자체의 효력 유무(양도금지특약이나 통지 후 철회통지 등)는 혼합공탁의 요건이 아니다.

② 혼합공탁 신청서의 피공탁자란에는 양도인 또는 양수인을 기재하고, 공탁근거 법령조항란에는 민법 제487조 후단, 민사집행법 제291조, 제248조 제1항을, 공탁원인사실란에는 가압류 및 가압류 이후에 채권양도의 통지가 있다는 것을 구체적으로 기재하면 될 것이다.

▶ 제3채무자는 공탁신청 시 가압류결정문 사본과 공탁규칙 제23조 제1항에서 정한 공탁통지서를 첨부하여야 하며, 공탁통지서 및 공탁사실통지서 발송에 필요한 우편료도 함께 납부하여야 한다.

③ 가압류를 원인으로 집행공탁을 하더라도 배당가입이 차단되지 않고 배당절차를 진행할 수도 없으며, 단지 채무자가 가지는 공탁금 출급청구권 위에 가압류의 효력이 존속하는 것에 불과할 따름이다. 따라서 혼합공탁 이후에 가압류가 본압류로 이전되면 중간의 채권양도 자체는 유효하더라도 가압류채권자와의 관계에서는 대항할 수 없으므로 공탁 이후에 가압류채권자의 가압류에서 본압류로 이전하는 채권압류 및 추심명령이나 전부명령이 송달되면 공탁관이 집행법원에 사유신고 후 집행법원의 지급위탁절차에 의하여 공탁금이 지급될 것이다.

나. 압류 이후 채권양도가 있는 경우

① 동일채권에 대하여 압류집행을 한 자와 채권양수인 사이의 우열은 채권압류명령의 송달과 확정일자 있는 채권양도의 통지의 선후에 의하여 결정된다.

② 따라서 확정일자 있는 채권양도의 통지의 도달 이전에 채권압류명령의 송달을 받은 경우에는 압류채권자만이 우선하여 배타적인 집행채권자로서의 지위에 서게 된다. 이후 압류채권자가 추심 또는 전부명령을 얻은 경우에(압류명령과 동시에 얻는 경우가 대부분이다) 제3채무자는 추심 또는 전부명령을 얻은 압류채권자에게만 변제의무를 부담하므로 혼합공탁은 문제되지 않는다.

3. 기타 문제되는 경우

가. (가)압류명령과 채권양도통지가 동시에 도달된 경우

1) 가압류명령의 송달과 확정일자 있는 채권양도의 통지가 동시에 도달된 경우

① 동일한 채권에 관하여 확정일자 있는 증서에 의한 채권양도통지와 채권가압류결정정본이 제3채무자에게 동시에 도달한 경우에는 그들 상호 간에 우열이 없어 채권양수인이나 가압류채권자는 모두 제3채무자에게 완전한 대항력을 갖추었다고 할 것이어서 그 전액에 대하여 채권양수금, 압류전부금 또는 추심금(본압류로 이전하는 현금화명령까지 받은 경우)의 청구를 할 수 있고, 제3채무자로서는 그들 중 누구에게라도 그 채무 전액을 변제하면 다른 채권자에 대한 관계에서 유효하게 면책된다.

② 그러나 제3채무자에게 이중지급의 위험이 있을 수 있으므로 확정일자 있는 증서에 의한 채권양도 통지와 채권가압류 결정정본이 동시에 송달된 경우에도 제3채무자는 피공탁자를 양도인 또는 양수인으로, 공탁근거 법령조항란에는 민법 제487조 후단 및 민사집행법 제291조·제248조 제1항을, 공탁원인사실란에는 채권가압류 결정정본과 채권양도통지가 동시에 송달되어 지급할 수 없다는 취지 및 가압류사실을 구체적으로 기재하여 채권자 불확지 변제공탁과 집행공탁을 합한 혼합공탁을 하고, 공탁한 이후에 공탁서를 붙여 그 내용을 서면으로 가압류 발령법원에 신고하여야 한다. 제3채무자는 공탁신청 시 가압류결정문 사본과 공탁규칙 제23조 제1항에서 정한 공탁통지서를 첨부하여야 하며, 공탁통지서 및 공탁사실통지서 발송에 필요한 우편료도 함께 납부하여야 한다.

③ 혼합공탁한 이후에 채권양도 통지 및 가압류결정정본 송달의 선후불명 또는 동시로 판명되면 채권양수인과 가압류채권자는 서로 대등한 법률상의 지위에 서게 되며 양수채권액과 가압류 채권액의 합계가 제3채무자에 대한 채권을 초과하면 각 채권액에 안분하여 이를 내부적으로

정산할 의무가 있으므로 양수인과 가압류에서 이전하는 압류명령을 얻은 가압류채권자가 각각의 정산비율에 의한 공탁금 출급청구권의 분할취득을 입증한 때에 공탁관의 사유신고에 의하여 집행법원의 배당절차가 개시되고 지급위탁에 의하여 공탁금이 지급될 것이다.

④ 그러나 채권가압류명령의 송달이 확정일자 있는 채권양도의 통지보다 선행인 것으로 판명되고 이후 가압류채권자가 가압류에서 본압류로 이전하는 압류명령을 받은 경우 채권양도는 무효가 되고 양도인이 진정한 채권자로 되어 양도인에 대한 채권가압류명령은 유효하게 된다. 이때에 비로소 혼합공탁은 정지조건의 성취로 집행공탁의 효력이 확정적으로 생기게 되고, 공탁관의 사유신고와 집행법원의 지급위탁절차에 의하여 공탁금이 지급될 것이다. 반대로 확정일자 있는 채권양도의 통지가 채권가압류명령의 송달보다 선행인 것으로 판명되면 채권양도가 유효하여 양수인이 진정한 채권자로 되고 양도인에 대한 채권가압류명령은 무효로 되며 양수인은 양도인에 대한 출급청구권이 있음을 증명하는 서면을 첨부하여 공탁금의 출급을 청구할 수 있다.

⑤ 동일한 채권에 관하여 가압류 또는 압류명령과 확정일자 있는 양도통지가 동시에 제3채무자에게 도달한 경우 그 후에 다른 채권압류 또는 가압류가 이루어졌다 하더라도 그 후행 압류 또는 가압류 당시에 피압류채권은 이미 존재하지 않는 것과 같아 압류 또는 가압류로서의 효력이 없으므로 그러한 후행 압류권자 등은 더 이상 그 채권에 관한 집행절차에 참가할 수 없고, 채권양수인과 선행 (가)압류채권자 사이에서만 채권액에 안분하여 배당하여야 한다.

2) 압류명령의 송달과 확정일자 있는 채권양도의 통지가 동시에 도달된 경우

① 제3채무자는 피공탁자를 양도인 또는 양수인으로, 공탁근거 법령조항을 민법 제487조 및 민사집행법 제248조 제1항으로 하여 채권자 불확지 변제공탁과 집행공탁을 합한 혼합공탁을 할 수 있다.

② 공탁을 한 때에는 공탁서를 붙여 그 내용을 서면으로 집행법원에 사유신고하여야 한다. 공탁이후 채권양도통지서 도달 및 압류명령 송달의 선후가 불명하거나 동시인 것으로 판명되면 채권양수인과 압류채권자 상호 간에는 법률상의 지위가 대등하므로 양수채권액과 압류채권액 합계가 제3채무자에 대한 채권액을 초과한 때 각 채권액에 안분하여 이를 내부적으로 다시 정산할 의무가 있다. 따라서 각각의 정산비율에 의한 공탁금 출급청구권의 분할취득을 입증하면 집행법원의 배당절차가 개시되고 집행법원의 지급위탁에 의하여 공탁금의 출급을 청구할 수 있을 것이다.

③ 그러나 채권압류명령의 송달이 확정일자 있는 채권양도의 통지보다 선행인 것으로 판명되면 채권양도로 압류채권자에게 대항할 수 없으므로 정지조건의 성취로 집행공탁의 효력이 확정적으로 생기게 된다. 따라서 압류채권자는 집행법원의 지급위탁절차에 의하여 공탁금을 지급받게 된다. 반대로 확정일자 있는 채권양도의 통지가 채권압류명령의 송달보다 선행인 것으로 판단되면 채권양도가 유효로 되어 양수인이 진정한 채권자가 되고 양도인에 대한 채권압류명령은 무효로 되며, 양수인은 양도인에 대한 출급청구권의 확정을 입증하여 공탁금의 출급을 청구할 수 있다.

나. 혼합공탁 후 양수인이 제3채무자의 책임재산으로 채권만족을 얻은 경우

① 제3채무자가 채권양도통지를 받은 후 채권가압류결정 정본을 송달받았고, 그 후 채권양도의 효력에 다툼이 있어 제3채무자는 민법 제487조 후단 및 민사집행법 제291조·제248조 제1 항에 의하여 혼합공탁을 하였는데, 그 후 양수인이 제3채무자를 상대로 양수금청구소송에서 얻은 집행권원으로 제3채무자의 다른 책임재산에 대한 강제집행에 의하여 채권만족을 얻은 경우 제3채무자는 공탁원인소멸을 원인으로 하는 공탁금 회수청구를 하면 된다.

② 이러한 경우 공탁원인소멸을 증명하는 서면으로는 양도인의 채권포기서 내지 제3채무자의 채무가 부존재한다는 확인서(인감증명서 또는 본인서명사실확인서나 전자본인서명확인서 첨부)와 가압류채권자의 승낙서(인감증명서 또는 본인서명사실확인서나 전자본인서명확인서 첨부) 및 제3채무자가 양수인에게 양수금 전액을 지급하였음을 증명하는 서면을 첨부하면 된다. 또한 양도인의 확인서 또는 가압류채권자의 승낙서를 갈음하여 양도인을 상대로 양도 인의 제3채무자에 대한 채권은 채권양도로 양수인에게 귀속되어 부존재한다는 판결을 얻고, 가압류채권자를 상대로 가압류 대상채권인 양도인의 제3채무자에 대한 채권이 가압류결정정 본 송달 당시에 이미 양수인에게 이전 귀속되어 부존재한다는 확인판결을 받아 그 판결서정 본을 첨부할 수도 있다.

다. 근저당권부 채권에 대하여 압류가 경합된 경우 담보부동산의 제3취득자의 공탁

근저당권부 채권에 대하여 압류 등이 경합된 부동산의 제3취득자는 근저당권을 소멸시키기 위하 여 변제공탁과 집행공탁이 결합된 혼합공탁을 하여야 하고, 공탁서에 피공탁자를 채무자(근저당 권자)로 기재하여야 한다. 공탁근거법령으로는 제3취득자가 근저당권을 소멸시키기 위한 변제 공탁과 근저당권부 채권에 대한 압류경합으로 인한 제3채무자를 대위한 집행공탁이 결합된 혼합 공탁으로 민법 제364조 및 제487조, 민사집행법 제248조 제1항을 기재하여야 한다.

라. 공동명의 예금채권자들 중 일방을 채무자로 하는 압류가 있는 경우

甲을 채무자로 하는 丙의 압류 및 추심명령이 은행에 도달하였는데 甲과 乙 공동명의 예금채권 100만 원이 있는 경우에 제3채무자로서는 위 예금채권이 동업자금으로써 준합유관계에 있는 채 권인지 아니면 甲과 乙 각자 지분에 따라 분량적으로 귀속하는지 여부를 알 수 없다면 제3채무 자는 피공탁자를 '甲 또는 乙'로 기재하고, 丙의 압류가 있음을 이유로 민법 제487조 후단 및 민사집행법 제248조 제1항을 결합한 혼합공탁을 할 수 있다.

마. 공동수급체의 구성원 중 일부를 채무자로 하여 공사대금채권을 압류한 경우

甲, 乙, 丙 공동수급체의 공사대금채권(100만 원)에 대하여 甲을 채무자로 하는 丁의 압류 및 추심명령(1,000만 원)이 도급인 戊에게 송달된 경우에 제3채무자 戊는 공사대금채권에 대하여 공동수급체 구성원들 상호 간에 지분을 인정하는 약정을 하였는지 여부를 알 수 없기 때문에 피공탁자 '甲 또는 乙 또는 丙, 丁의 압류를 이유로 민법 제487조 후단 및 민사집행법 제248조 제1항 을 근거로 하는 혼합공탁을 할 수 있다.

바. 하도급대금 직접청구권과 (가)압류 등이 경합하는 경우

수급사업자의 발주자에 대한 하도급대금 직접청구권과 원사업자의 채권자가 원사업자의 공사대금채권에 대하여 한 압류나 가압류가 경합하는 경우 제3채무자인 발주자는 수급사업자의 직접청구권 발생 여부나 수급사업자의 직접청구권과 압류나 가압류 사이에 그 우열을 알 수 없는 경우 채권자 불확지 변제공탁과 집행공탁을 결합한 혼합공탁을 할 수 있는데, 공탁근거법령은 '민법 제487조 후단, 민사집행법 제248조 제1항(또는 민사집행법 제291조), 하도급법 시행령 제9조 제2항'으로 기재한다.

Chapter

06 사유신고

01 절 공탁관의 사유신고

1. 의의

① 공탁금 지급청구권에 대한 압류의 경합 등으로 공탁관이 집행법원에 사유신고할 사정이 발생하였을 때에는 제3채무자인 국가(소관 공탁관)는 공탁을 지속하고 그 사실을 집행법원에 신고하여야 한다.

② 일반 제3채무자는 압류경합 등이 있을 경우 반드시 공탁할 의무가 있는 것이 아니라 배당에 참가한 채권자나 압류채권자, 가압류채권자의 청구가 있어야 비로소 공탁의무가 발생하고(의무공탁), 공탁한 이후에는 집행법원에 사유신고를 하여야 한다. 그러나 공탁금 지급청구권에 대한 압류경합 등으로 사유신고할 사정이 발생한 경우에는 일반 제3채무자와는 달리 공탁관은 공탁을 지속하면서 그 사실을 집행법원에 반드시 신고하여야 하고, 추심채권자 등의 공탁금 지급청구를 수리하여서는 안 된다. 판례는 공탁규칙 제58조 제1항의 사유신고에 관한 규정을 공탁관이 사유신고할 경우의 세부절차만을 정한 규정이 아니라 공탁금 지급청구권에 대한 압류경합 등의 사정이 있는 경우 공탁관은 반드시 집행법원에 그 사유를 신고하여야 한다는 직무상의 의무규정이라고 해석하고 있다.

③ 채권압류(압류채권자 甲)의 집행권원에 표시된 집행채권이 압류채권자 甲의 채권자 乙에 의해 이미 압류나 가압류, 처분금지가 처분된 때에는 위 甲의 채권압류명령의 효력은 보전적 처분으로써 유효한 것이고 현금화나 만족적 단계로 나아가는 데에는 집행장애사유가 존재하므로 이를 원인으로 한 공탁에는 가압류를 원인으로 하는 공탁과 마찬가지의 효력만이 인정된다고 보아야 하므로 위와 같은 공탁에 따른 사유신고는 부적법하고, 이로 인하여 채권 배당절차가 실시될 수 없으며, 만약 그 채권배당절차가 개시되었더라도 배당금이 지급되기 전이라면 집행법원은 공탁사유신고를 불수리하는 결정을 하여야 한다.

2. 사유신고의 요건

1) 일반적인 경우

공탁금 지급청구권에 대하여 채권자 경합이 생기고 [① 압류명령을 송달받은 후 다른 채권자의 배당요구통지를 받은 때, ② 압류(또는 가압류)명령을 송달받은 후 다른 채권자의 전부(추심)명령을 송달받은 때, ③ 압류명령을 송달받은 후 다른 채권자의 압류명령 또는 가압류명령을 송달받은 때 등], 집행채권의 총액이 피압류채권(공탁금 지급청구권) 총액을 초과하여 재판상 배당을 필요로 하는 경우에 공탁관은 사유신고를 하여야 한다. 다만 동일한 채권자가 서로 다른 채권에 기초하여 압류를 한 후 다시 압류(또는 가압류)를 한 경우에도 채권자 경합이 있는 것으로 본다.

2) 특별한 경우

① 금전채권에 대한 가압류를 원인으로 제3채무자가 민사집행법 제291조 및 제248조 제1항에 의하여 공탁한 후에 피공탁자(가압류채무자)의 공탁금 출급청구권에 대한 압류가 이루어져 압류의 경합이 성립하거나 공탁사유인 가압류를 본압류로 이전하는 압류명령이 국가(공탁관)에게 송달되면 민사집행법 제291조 및 제248조 제1항에 따른 공탁은 민사집행법 제248조에 따른 집행공탁으로 바뀌어 공탁관은 즉시 압류명령의 발령법원에 그 사유를 신고하여야 한다.

  ▶ 그러나 금전채권에 대한 가압류의 경합을 원인으로 민사집행법 제291조 및 제248조 제1항을 근거법령으로 공탁한 경우에 대한민국(소관 : ○○법원 공탁관)이 아닌 공탁자를 제3채무자로 하는 압류 및 전부명령은 제3채무자의 상이 및 선행하는 가압류로 인하여 무효이므로 공탁관의 사유신고 대상이 될 수 없다.

② 공탁금 지급청구권에 대하여 민사집행법에 따른 압류와 체납처분에 의한 압류가 있고(선후 불문) 그 압류금액의 총액이 피압류채권액을 초과하는 경우에는 공탁관은 집행법원에 사유신고를 하여야 한다.

③ 공탁금 지급청구권에 대하여 복수의 압류명령 등이 있더라도 각 압류의 법률적 성질상 압류액의 총액이 피압류채권액을 초과하지 아니하여 본래의 의미에서의 압류의 경합으로 볼 수 없는 경우에도 공탁관이 그 우선순위에 문제가 있는 등 압류의 경합이 있는지 여부에 대한 판단이 곤란하다고 보이는 객관적 사정이 있는 경우에는 공탁관은 사유신고를 할 수 있다.

3. 사유신고 요건에 해당하지 않는 경우

다음과 같은 경우는 비록 복수의 압류가 있고 집행채권의 총액이 피압류채권(공탁금 지급청구권) 총액을 초과하더라도 사유신고의 대상이 아니다.

① 복수의 가압류만 있는 경우
② 가압류와 체납처분에 의한 압류가 있는 경우(그 선후를 불문한다)
③ 공탁금 지급청구권이 제3자에게 양도되어 대항요건을 갖춘 후에 압류·가압류 등이 경합한 경우
④ 선행의 압류(또는 가압류) 후에 목적채권인 공탁금 지급청구권이 제3자에게 양도되어 대항요건을 갖춘 후 압류·가압류 등이 경합한 경우
⑤ 금전공탁이 아닌 유가증권 또는 물품공탁의 지급청구권에 대하여 압류가 경합된 경우

4. 사유신고의 대상이 되는지 여부

1) 공탁금 지급청구권에 대한 (가)압류명령이 송달된 경우

① 압류의 경합이 없는 한 공탁금 지급청구권에 대하여 압류 또는 가압류가 있는 경우에도 민사집행법 제248조 제1항의 공탁 및 공탁사유신고를 하지 아니한다. 따라서 압류와 동시 또는 압류 이후에 추심 또는 전부명령이 있으면 추심 또는 전부채권자의 청구에 의하여 공탁금을 지급하면 된다.

② 다만 제3채무자가 가압류를 원인으로 민사집행법 제291조 및 제248조 제1항에 의하여 공탁을 하면 가압류의 효력은 그 청구채권액에 해당하는 공탁금액에 대한 채무자의 공탁금 출급청구권에 대하여 존속하고, 그 후 공탁금 출급청구권에 대한 압류가 이루어져 압류의 경합이 성립하거나 가압류를 본압류로 이전하는 압류명령이 국가(소관 공탁관)에 송달되면 민사집행법 제291조 및 제248조 제1항에 따른 공탁은 민사집행법 제248조에 따른 집행공탁으로 바뀌어 공탁관은 즉시 압류명령의 발령법원에 그 사유를 신고하여야 한다. 이로써 가압류의 효력이 미치는 부분에 대한 채무자의 공탁금 출급청구권은 소멸하고, 그 부분 공탁금은 배당재단이 되어 집행법원의 배당절차에 따른 지급위탁에 의해서만 출급이 이루어질 수 있게 된다.

2) 물상대위에 의한 수 개의 채권압류 등

공탁된 토지수용보상금에 대하여 물상대위에 의한 수 개의 채권압류 및 추심명령이 공탁관에게 송달된 경우 공탁관은 그 압류 및 추심채권자들 사이의 우열에 대한 판단이 곤란하다고 보아 사유 신고할 수 있다.

3) 가압류해방공탁금의 회수청구권

① 가압류해방공탁금의 회수청구권에 대하여 압류명령이 송달된 때에는 공탁관은 지체 없이 집행법원에 그 사유를 신고하여야 한다. 다만 그 압류가 가압류로부터 본압류로 이전된 것임이 명백하고 다른 (가)압류의 경합이 없는 때에는 사유신고할 필요가 없다.

② 가압류해방공탁금 회수청구권에 대하여 가압류채권자가 가압류에서 본압류로 이전하지 않고 별도의 압류명령을 송달받은 때에는 가압류의 피보전권리와 압류의 집행채권의 동일성 여부가 불명하므로 공탁관은 압류의 경합에 준하여 사유신고를 하여야 한다. 그러나 사유신고 이전에 채권자가(추심이나 전부 등 현금화명령까지 받은 경우) 가압류채권의 피보전권리와 압류채권의 동일성을 소명하는 서면(예컨대 가압류신청서, 소장, 판결 등)을 첨부하여 지급청구할 경우 양채권의 동일성이 인정되면 공탁관은 사유신고절차를 거칠 필요 없이 공탁금을 지급해야 한다.

4) 체납처분에 의한 압류와 강제집행에 의한 (가)압류가 있는 경우

① 현행법상 체납처분절차와 민사집행절차는 별개의 절차이고 두 절차 상호 간의 관계를 조정하는 법률의 규정이 없어 한쪽의 절차가 다른 쪽의 절차에 간섭할 수 없으므로 체납처분에 의하여 압류된 채권에 대하여도 민사집행법에 따라 압류 및 추심명령을 할 수 있고, 그 반대로 민사집행법에 따른 압류 및 추심명령의 대상이 된 채권에 대하여도 체납처분에 의한 압류를 할 수 있다.

② 이처럼 민사집행법에 따른 압류 및 추심명령과 체납처분에 의한 압류가 경합하는 경우에 제3채무자는 민사집행절차에서 압류 및 추심명령을 받은 채권자와 체납처분에 의한 압류채권자 중 어느 한쪽의 청구에 응하여 그에게 채무를 변제하고 그 변제 부분에 대한 채무의 소멸을 주장할 수 있으며, 또한 민사집행법 제248조 제1항에 따른 집행공탁을 하여 면책될 수도 있다. 같은 취지에서 공탁금 지급청구권에 대하여 민사집행법에 따른 압류와 체납처분에 의한

압류가 있고(선후 불문) 그 압류금액의 총액이 피압류채권액을 초과하는 경우에도 공탁관은 집행법원에 사유신고를 하여야 한다. 가압류와 체납처분의 경우 그 선후의 구별 없이 사유신고의 대상이 아니다.

5) 전부명령이 있는 경우

① 공탁금 지급청구권에 대하여 압류 및 전부명령을 송달받은 공탁관은 그 전부명령이 확정되기 전에 다른 압류 및 전부명령을 송달받은 경우 선행의 전부명령이 실효되지 않는 한 압류의 경합은 생기지 아니하므로 차후에 선행의 전부명령이 확정되면 전부채권자는 특정승계인으로서 공탁금을 지급청구할 수 있을 것이나, 선행의 전부명령의 확정 여부를 알 수 없는 공탁관으로서는 선행의 압류 및 전부명령과 후행의 압류 및 전부명령의 유효 여부와 우선순위 문제, 압류의 경합이 있는지에 관하여 판단이 어려운 처지에 있다고 보이므로 공탁사유신고를 할 수 있다.

② 선행의 가압류가 있고 후행의 압류 및 전부명령이 있을 경우 집행채권의 총액이 피압류채권 총액을 초과하여 압류가 경합되었다면 후행의 전부명령은 무효이며 가사 선행의 가압류가 해제되더라도 전부명령은 부활되지 않으므로 공탁관은 집행법원에 사유신고하여 집행법원의 배당절차에 의하여 공탁금을 지급하여야 한다.

5. 사유신고의 시기

1) 일반적인 경우

공탁금 지급청구권에 대하여 압류가 경합되고 집행채권의 총액이 피압류채권 총액을 초과하는 등으로 사유신고를 할 사정이 발생한 때(예컨대 경합하는 압류명령 등이 송달된 때)에는 공탁관은 지체 없이 집행법원에 사유신고를 하여야 한다. 여기서 '지체 없이'란 사유신고 할 사정이 발생한 그 익일부터 3일 이내를 말한다.

2) 예외적인 경우(행정예규 제1225호)

다음의 경우에는 그 지급요건이 충족된 때에 사유신고를 하여야 한다.

① 재판상 담보공탁금의 회수청구권에 압류의 경합이 있는 경우에는 공탁원인의 소멸을 증명하는 서면(법원의 담보취소결정정본 및 확정증명서)이 제출된 때

② 재판상 담보공탁금의 출급청구권에 압류의 경합이 있는 경우에는 담보권실행요건을 갖춘 때(출급청구권 입증서면이 제출되거나 질권실행을 위한 압류 및 현금화명령이 효력을 발생한 때)

③ 상대적 불확지공탁에 있어서 피공탁자 중 일방의 공탁금 출급청구권에 대하여 압류의 경합이 있는 경우에는 해당 피공탁자에게 공탁금 출급청구권이 있음을 증명하는 서면이 제출된 때

6. 사유신고절차

① 공탁관은 사유신고를 할 사정이 발생한 때는 지체 없이 사유신고서 2통을 작성하여 그 1통을 관할 집행법원에 보내고 다른 1통은 해당 공탁기록에 편철한다.

② 공탁관은 사유신고서에 공탁서 사본과 경합된 압류, 가압류 또는 배당요구 통지서 등의 사본을 첨부하여야 한다. 제3채무자가 국가이고 그 소관이 공탁관이기 때문에 재공탁을 하지 않고 공탁을 그대로 지속하면서 사유신고하기 때문에 일반의 제3채무자와는 달리 공탁서 원본을 첨부할 필요가 없다.

7. 사유신고를 할 법원

경합된 압류명령이 서로 다른 법원에 의하여 발하여진 경우에는 공탁관은 먼저 송달된 압류명령을 발령한 법원에 사유신고를 하여야 하고, 가압류명령과 압류명령이 경합하는 경우에는 공탁관은 압류명령을 발령한 법원에 사유신고를 하여야 한다.

8. 사유신고 이후의 절차

① 사유신고에 의하여 배당요구의 종기가 확정된다.

② 공탁금 지급청구권에 대한 압류의 경합으로 공탁관이 집행법원에 사유신고를 한 이후에 다른 채권자로부터 압류나 가압류 등이 있더라도 추가로 사유신고를 할 필요는 없다.

③ 공탁관이 공탁사유신고에 따른 배당요구종기가 도래된 이후에 공탁금 출급·회수청구권에 대한 압류명령서 등을 접수한 때에도 접수연월일, 시, 분을 기재하여 기명날인하고, 전산시스템에 압류명령서 등의 접수연월일, 공탁금 출급 또는 회수청구권이 압류된 사실 등을 입력한 후 압류명령서 등의 사본을 집행법원에 송부하여야 한다.

02 절 집행법원의 사유신고[재민 2020-1]

1. 일반적인 경우

① 배당금지급청구권 등에 대하여 압류의 경합 등이 발생하였거나 압류의 경합이 있는지 여부에 대한 판단이 곤란하다고 보이는 객관적 사정이 있는 경우에 배당기일을 진행하는 집행사건의 담임 법원서기관, 법원사무관, 법원주사 또는 법원주사보(이하 '담임 법원사무관 등') 또는 집행사건에 있어서 배당액 등의 공탁 및 공탁배당액 등의 관리절차에 관한 예규의 주무과장이 지정하는 보관책임자(이하 '공탁서 등 보관책임자')는 민사집행법 제248조 제4항 본문에 따라 사유신고를 하여야 한다.

② 특히 배당금지급청구권 등에 대하여 가압류를 원인으로 민사집행법 제291조, 제248조 제1항에
의하여 공탁한 후에 피공탁자(가압류채무자)의 공탁금 출급청구권에 대하여 압류가 이루어져
압류의 경합이 성립하거나 공탁사유인 가압류를 본압류로 이전하는 압류명령이 있는 경우,
배당금지급청구권 등에 대하여 민사집행법에 따른 압류와 체납처분에 의한 압류가 있고(선후
불문) 그 압류금액의 총액이 피압류채권액을 초과하는 경우에도 집행법원의 사유신고대상이
라는 점을 유의하여야 한다.

2. 특별한 경우

① 다만 배당금지급청구권 등에 대하여 민사집행법 제160조 제1항 각 호 등의 사유가 있는 경
우에는 그 사유가 해소되어 배당금 지급요건이 충족된 후에 하여야 하고, 사안복잡, 집행기
록 폐기 등의 특별한 사유가 없는 한 집행법원이 최후의 압류명령서 등의 사본을 송부받은
다음 날부터 5일 이내에 하여야 한다.
② 담임 법원사무관 등 보관책임자는 사유신고서에 공탁서, 배당표, 배당기일조서의 사본과 압
류명령서, 가압류명령서 또는 배당요구통지서 등의 사본을 첨부하여야 한다.

공탁금 지급청구권의 소멸시효와 국고귀속 등

1. 의의

① 공탁금 지급청구권은 공탁당사자가 그 권리를 행사할 수 있는 때로부터 10년간 행사하지 아니하면 시효에 의하여 소멸된다.

② 소멸시효가 완성된 공탁금은 국고수입 납부 전이라도 출급·회수청구를 인가할 수 없음에 주의하여야 한다.

③ 그러나 공탁유가증권 및 공탁물품에 대하여는 소유권에 관한 청구가 가능하므로 소멸시효가 완성되지 않는다.

④ 공탁금 지급청구권의 소멸시효기산점은 공탁금 지급청구권을 행사할 수 있는 때이다.

2. 공탁금 지급청구권의 소멸시효 기산일 등

1) 변제공탁

변제공탁의 경우 공탁금 회수청구권은 '공탁일'로부터, 공탁금 출급청구권은 '공탁통지서 수령일'로부터 기산함이 원칙이나, 다음의 경우에는 그 기산일에 주의를 요한다.

① 공탁의 기초가 된 사실관계에 대하여 공탁자와 피공탁자 사이에 다툼이 있는 경우에는 공탁금출급 및 회수청구권은 모두 그 '분쟁이 해결된 때'로부터 기산한다.

② 채권자의 수령불능을 원인으로 한 공탁과 절대적 불확지공탁의 경우 공탁금 출급청구권은 공탁서정정 등을 통한 공탁통지서의 수령 등에 의하여 '피공탁자가 공탁사실을 안 날(공탁통지서 수령일)'부터 기산한다. 피공탁자의 불확지로 공탁통지를 하지 못한 상태에서는 소멸시효기간도 진행되지 않는다.

③ 상대적 불확지공탁의 경우, 공탁금 출급청구권은 '공탁금의 출급청구권을 가진 자가 확정된 때'로부터 기산된다.

④ 공탁에 반대급부의 조건이 있는 때에는 '반대급부가 이행된 때'로부터, 공탁이 정지조건 또는 시기부 공탁인 경우에는 '조건이 성취된 때 또는 기한이 도래한 때'로부터 기산한다.

> ▶ 반대급부의 조건이 있는 변제공탁의 경우에는 반대급부가 이행된 때로부터 소멸시효가 진행되므로 반대급부가 이행되지 않고 있는 한 소멸시효는 진행되지 아니하므로 공탁관은 공탁규칙 제64조에 의하여 착오로 국고 귀속된 공탁금을 반환받아 공탁절차를 회복하여야 하고, 그 후 공탁자는 공탁서 정정신청을 할 수 있는 것이다.

2) 재판상 담보(보증)공탁

① 담보권리자(피공탁자)의 공탁금 출급청구권의 기산일은 담보권을 행사할 수 있는 사유가 발생한 때로부터 기산한다.

② 담보제공자(공탁자)의 공탁금 회수청구권의 기산일은, 담보제공자가 본안소송(화해, 인낙,

포기 포함)에서 승소한 때에는 '재판확정일 또는 종국일'로부터, 패소한 때에는 '담보취소결정 확정일'로부터 각 기산한다. 본안소송 종국 전에 담보취소결정을 한 경우 또는 재판(결정)이 있은 후 그 재판(결정)을 집행하지 않았거나 집행불능인 경우에는 '담보취소결정확정일'로부터, 재판(결정) 전에 그 신청이 취하된 경우에는 '취하일'로부터 각 기산한다.

3) 집행공탁

배당 기타 관공서의 결정에 의하여 공탁물의 지급을 하는 경우에는 그 '증명서 교부일'로부터 기산하고, 경매절차에서 채무자에게 교부할 잉여금을 공탁한 경우 또는 배당받을 채권자의 불출석으로 인하여 민사집행법 제160조 제2항에 따라 공탁한 경우에는 '공탁일'로부터 기산한다. 단, 배당재단이 공탁금인 경우 이미 되어 있는 공탁을 유지하고 별도의 공탁을 하지 않는 것이 민사집행실무이므로 '공탁일'의 의미가 최초의 공탁일을 의미하는 것이 아니라, '배당기일'을 의미하는 것으로 해석하는 것이 타당하다.

4) 기타

① 위에 포함되지 아니한 공탁사건의 공탁금 지급청구권의 소멸시효는 원칙적으로 '공탁금의 지급청구권'을 행사할 수 있는 때'로부터 기산한다.

② 공탁원인이 소멸된 경우 공탁금 회수청구권의 소멸시효는 '공탁원인이 소멸된 때'로부터 기산하고, 착오공탁의 경우 공탁금 회수청구권의 소멸시효는 '공탁일'로부터 기산한다.

③ 공탁유가증권의 상환으로 인하여 그 상환금·이자가 대공탁 또는 부속공탁된 경우도 일반 금전공탁과 마찬가지로 소멸시효의 대상이 된다. 그 공탁금 회수청구권의 소멸시효 기산일은 대공탁 및 부속공탁을 한 날이 되는 것이 원칙이지만, 공탁에 반대급부의 조건이 있는 경우에는 그 반대급부가 이행된 때부터 소멸시효가 진행된다.

④ 공탁으로 인하여 소멸한 채권의 소멸시효는 공탁금 지급청구권의 소멸시효와 관련이 없다.

5) 공탁금 이자

일반적으로 공탁금 이자는 원금과 같이 지급되어 이자청구권 자체의 소멸시효는 문제되지 않으나, 예외적으로 공탁금과 이자의 수령권자가 다른 경우에는 공탁금 이자의 지급청구권의 소멸시효는 '공탁금 원금 지급일'로부터 기산한다.

6) 지급인가된 청구서에 의한 현금청구권의 소멸시효 여부

공탁금 지급청구가 이유 있다 하여 지급인가된 동 청구서에 의한 현금청구권도 소멸시효의 대상이 된다.

3. 소멸시효 진행의 중단사유 해당 여부 등

1) 소멸시효 진행의 중단사유로 볼 수 있는 사유

① 시효기간 중에 공탁사실증명서를 교부한 경우 이는 채무의 승인으로써 그때 시효가 중단된다. 다만 공탁사실증명서는 공탁당사자 등 지급청구권자에게 교부한 것만이 시효중단사유가 된다.

② 공탁관이 공탁자 또는 피공탁자 등 정당한 권리자에 대하여 공탁사건의 완결 여부의 문의서를 발송한 경우에는 시효가 중단된다.

③ 공탁금의 지급청구에 대해 첨부서면의 불비를 이유로 불수리결정을 한 경우 이는 채무의 승인으로 보아 시효가 중단된다.

④ 공탁관이 공탁자 또는 피공탁자에 대하여 해당 사건의 공탁금을 지급할 수 있다는 취지를 구두로 답한 경우에는 시효가 중단된다. 즉, 공탁금의 수령방법 등에 관한 질문에 대하여 공탁관이 공탁자 또는 피공탁자에 대하여 해당 사건의 공탁금을 지급할 수 있다는 취지를 구두로 답한 경우에는 채무의 승인으로써 볼 수 있기 때문이다. 그러나 공탁금의 수령방법 등에 관한 질문에 대하여 일반적으로 지급절차의 설명만 하고 해당 공탁금에 관한 지급가능 여부에 대하여 답변하지 않았다면 시효는 중단되지 않는다.

⑤ 공탁의 확인을 목적으로 공탁관계서류를 열람시킨 경우에는 시효가 중단된다.

⑥ 일괄 공탁한 공탁금의 일부에 대해 출급 또는 회수청구를 인가하였다면 나머지 잔액에 대하여도 시효가 중단된다.

⑦ 불확지공탁을 하였다가 공탁물을 수령할 자를 지정하거나 공탁원인사실을 정정하는 공탁서정정신청을 인가한 경우 공탁금 회수청구권의 소멸시효는 중단된다.

⑧ 행정예규 제1203호에 의한 '공탁금 출급·회수청구에 관한 안내문'이 공탁자·피공탁자에게 송달된 때에는 공탁금 출급·회수청구권의 시효가 중단된다.

2) 소멸시효 진행의 중단사유로 볼 수 없는 사유

① 변제공탁에 대해 피공탁자로부터 제출된 수락서를 공탁관이 받았다 해도 그것만으로 출급청구권의 시효가 중단되지 않는다.

② 공탁금 지급청구권에 대한 압류, 가압류, 가처분은 피압류채권, 즉 공탁금 지급청구권의 시효중단사유가 되지 않는다. 다만 채권자가 확정판결에 기한 채권의 실현을 위하여 채무자의 제3채무자에 대한 채권에 관하여 압류 및 추심명령을 받아 그 결정이 제3채무자에게 송달되었다면 거기에 소멸시효 중단사유인 최고로써의 효력은 있다.

③ 시효의 중단은 시효중단에 직접 관계된 공탁당사자 및 그 승계인에게만 효력이 있으므로 피공탁자가 수인인 경우 그 1인에 대한 시효중단사유는 다른 출급청구권자의 시효진행에 영향을 미치지 않는다.

④ 공탁금 회수청구권에 대한 시효중단은 출급청구권의 시효진행에 영향을 미치지 않고, 그 반대의 경우도 동일하다.

⑤ 공탁관이 피공탁자의 요구에 대해 지급절차 등에 대해 일반적인 설명을 한 것만으로는 시효의 중단사유로 되지 않는다.

3) 시효중단 시 공탁관의 처리

시효중단의 효과는 공탁당사자 및 공탁관에게 중대한 영향을 미치므로 공탁금 지급청구권에 대한 소멸시효 중단사유가 발생한 경우에는 공탁관은 공탁기록 표지 비고란 등에 시효중단의 뜻과 그 연월일을 기재하고 날인한 다음 전산시스템('사건메모'란 등)에 이를 입력하여야 한다.

4. 시효이익의 포기 간주

공탁금 지급청구권에 대한 소멸시효가 완성된 후 공탁사실증명서의 교부청구가 있는 경우에는 그 증명서를 교부해서는 아니 되나, 착오로 이를 교부한 경우에는 시효이익을 포기한 것으로 처리한다.

5. 공탁금의 편의 시효처리절차 등

1) 시효완성 여부가 불분명한 경우

① 변제공탁을 한 후 10년을 경과한 공탁금에 대하여 출급 또는 회수청구가 있을 경우 공탁서, 지급청구서, 그 밖의 첨부서류, 전산시스템에 입력된 사항 등에 의하여 소멸시효의 완성 여부가 불분명한 경우에는 이를 인가하여도 무방하다.

② 그리고 공탁관은 공탁원금 및 이자의 출급·회수청구권의 소멸시효 완성시기 등을 조사하기 위하여 법원, 그 밖의 관공서에 공탁원인의 소멸 여부와 그 시기 등을 조회할 수 있다.

2) 편의적 국고귀속조치

공탁일로부터 15년이 경과된 미제 공탁사건의 공탁금은 편의적으로 소멸시효가 완성된 것으로 보아 국고귀속조치를 취하되, 그 후 소멸시효가 완성되지 아니한 사실을 증명하여 공탁금 지급청구를 한 경우에는 착오 국고귀속 공탁금의 반환절차에 따라 처리한다.

3) 공탁유가증권상의 상환청구권이 시효소멸된 경우의 조치

① 공탁유가증권의 상환금청구권이 시효소멸된 경우에도 그 소유권에 기한 반환청구는 인정된다.

② 공탁된 유가증권의 상환금청구권이 시효소멸된 경우 공탁유가증권의 유가증권성도 소멸하므로 그러한 유가증권을 공탁물보관자에게 계속 보관토록 하는 것은 적당하지 않다. 따라서 공탁유가증권의 상환금청구권이 시효소멸된 경우 공탁관은 그 시효완성을 이유로 유가증권 보관은행 등에 대하여 매년 1회 이상 시효소멸된 해당 유가증권의 회수청구를 할 수 있다.

③ 보관은행 등으로부터 유가증권을 회수한 경우 공탁관은 공탁서 및 공탁기록 표지 비고란에 그 취지를 기재하고 날인한 다음 전산시스템('사건메모'란 등)에 이를 입력하고, 그 사건은 완결된 것으로 처리하며, 해당 유가증권은 공탁기록에 편철하여 5년간 공탁기록과 같이 보관한다. 이 절차를 마친 경우에도 폐기 전에는 해당 공탁유가증권의 소유권에 기한 반환청구는 인정된다.

6. 소멸시효가 완성된 공탁금에 대한 국고귀속절차

① 공탁관은 공탁금의 국고귀속조치를 취하기 전에 공탁금 지급청구권의 시효소멸 여부 및 그 시기 등을 법원, 그 밖의 관공서에 조회를 통하여 조사할 수 있다.

② 소멸시효가 완성된 공탁금은 국고수입 납부 전이라도 이를 지급하여서는 아니 된다.

7. 착오로 국고귀속된 공탁금의 반환절차

① 공탁금 지급청구권 소멸시효가 완성되지 않았음에도 불구하고 공탁관이 착오로 공탁금의 국고 귀속조치를 취한 경우에는 공탁관을 과오납부자로 보아 공탁규칙 제64조의 규정에 의하여 처리한다.

② 공탁관은 착오로 국고귀속조치를 시킨 공탁금이 있음을 알거나 그 공탁금에 대한 소멸시효가 완성되지 아니한 사실을 증명하는 서면을 첨부한 공탁금 지급신청이 있는 경우에는 '공탁금반환신청서'를 수입징수관에게 제출하여 착오로 국고귀속된 공탁금의 반환신청을 하여야 한다.

8. 공탁금 출급 · 회수청구 안내문 발송

1) 목적

① 공탁금 출급·회수청구 안내문 발송제도는 일정 기간이 지나도록 출급되지 아니한 변제공탁, 집행공탁, 재판상 보증공탁, 그 밖에 공탁사건의 공탁금 출급·회수청구권 행사를 촉구하는 취지의 안내문을 발송함으로써 소멸시효 완성으로 인하여 국고로 귀속되는 공탁금을 줄이려는데 그 목적이 있다.

② 법원행정처장은 공탁법 제9조에 따른 시효가 완성되기 전에 우편 등으로 공탁금 출급·회수에 관한 안내를 할 수 있다. 안내를 위하여 필요한 경우에는 해당 정보를 보유하는 공공기관·전기통신사업자 등 단체·개인 또는 외국의 공공기관에 다음의 개인정보가 포함된 자료의 송부를 요구할 수 있다. 안내의 절차 및 방법 등 필요한 사항은 대법원예규로 정한다.

2) 담당 및 안내방법

① 안내에 관한 업무는 법원행정처 사법등기국에서 처리하며 사법등기심의관이 담당한다.

② 안내는 공탁금 출급·회수청구에 관한 안내문(이하 '안내문'이라 한다)을 발송하는 방법으로 한다. 안내문은 우편으로 발송하되, 필요한 경우 전자적인 방법 등을 이용하여 알릴 수 있다.

3) 대상사건 및 대상자

① 직전 연도 말 기준 만 2년, 4년, 6년 및 8년 전인 해에 수리된 공탁사건 중 잔액이 10만 원 이상인 다음의 사건 및 대상자를 안내 대상으로 한다. 다만, 절대적 불확지 변제공탁사건 또는 대상자의 주소가 불명인 경우에는 안내 대상에서 제외한다.

　㉠ 변제·집행공탁사건의 피공탁자

　㉡ 재판상 보증공탁사건의 공탁자

　㉢ 개인회생채권자 및 채무자를 위한 공탁사건의 피공탁자

② ①의 경우 공탁금 출급·회수청구권에 관한 지급제한사유가 있는지 여부와 관계없이 안내문을 발송할 수 있다.

③ 공탁종류, 잔액 그 밖의 사정에 따라 안내문 발송이 필요하다고 판단하는 경우에는 ① 이외의 공탁사건 및 대상자에 대하여도 안내문을 발송할 수 있다.

④ 공탁관이 장기미제 공탁사건 등 관할 공탁사건에 대하여 안내문 발송을 요청하는 경우에는
① 이외의 공탁사건 및 대상자에 대하여도 안내문을 발송할 수 있다.

4) 안내문 발송

① 안내문 발송 대상자에 대하여 주소변경 여부 등을 전산시스템 등으로 조회하고 주소가 변경
된 경우에는 변경된 주소로 발송한다.

② 안내문이 반송된 경우에는 폐기한다. 다만, 반송사유가 폐문부재 또는 수취인부재일 경우에
는 안내문을 다시 발송할 수 있다.

③ 안내문을 발송한 경우 그 송달정보는 전산시스템에 의하여 관리하여야 한다.

④ 소멸시효가 진행 중인 사건의 공탁자 또는 피공탁자에게 안내문이 송달된 경우에는 시효가
중단되고 송달된 날부터 다시 10년의 소멸시효가 진행한다. 다만, 공탁일부터 15년이 경과하
면 편의적 국고귀속 처리한다.

⑤ 소멸시효가 진행 중인 사건에 관하여 안내문이 송달되지 않은 경우에는 공탁금 출급·회수
청구권을 행사할 수 있는 때부터 10년이 경과하면 국고귀속 처리한다.

⑥ 소멸시효가 진행하지 않은 사건은 안내문의 송달 여부와 관계없이 공탁일부터 15년이 경과
하면 편의적 국고귀속 처리한다.

⑦ 안내문은 공탁서 또는 공탁통지서를 대신하여 공탁금 출급·회수청구 시의 첨부서류가 될
수 없다.

공탁금 지급청구권의 변동

01 절 총설

공탁물 지급청구권은 공탁자 또는 피공탁자에게 귀속하는 일종의 지명채권의 성질을 가지며 일신전속권이 아니므로 상속의 대상이 되고, 양도·질권설정 등의 임의처분은 물론 압류·가압류·가처분·전부·추심명령·체납처분 등 집행의 대상이 될 수 있으며, 채권자대위권의 목적이 될수 있다.

02 절 공탁물 출급청구권과 공탁물 회수청구권의 상호관계

1. 일방 권리의 처분이 타방 권리에 미치는 영향

① 공탁물 출급청구권과 공탁물 회수청구권은 동일한 공탁물에 대한 두 개의 권리인 점에서 각각의 청구자에게 속하는 독립·별개의 권리이므로, 원칙적으로 일방에 대한 양도, 질권설정, 압류 그 밖의 처분은 타방에 대하여 아무런 영향을 미치지 아니하고, 따라서 일방의 양도 후에도 타방에 대한 양도·압류 등의 처분이 가능하다. 즉, 두 청구권은 별개의 독립된 청구권으로 존재한다.

② 그러나 공탁물은 하나이므로 출급 또는 회수의 어느 일방의 청구권이 일단 행사되어 공탁물이 지급됨으로써 공탁관계가 종료되면 다른 청구권도 당연히 소멸된다. 이 점에서 두 청구권은 전혀 별개의 청구권은 아니고 상호 관련성이 있다.

2. 양 권리의 우선적 효력

1) 재판상 담보공탁의 우선성

재판상 담보공탁은 담보권리자가 받게 될 손해를 담보하기 위한 공탁으로 피공탁자는 담보물에 대하여 질권자와 동일한 권리를 가진다. 따라서 피공탁자는 피담보채권이 발생하였음을 증명하여 공탁물에 대하여 담보권을 실행할 수 있다. 그러나 공탁자가 회수청구권을 행사하려면 담보취소가 선행되어야 하므로 재판상 담보공탁의 공탁물 출급청구권은 공탁물 회수청구권보다 우선한다. 따라서 재판상 담보공탁의 공탁물 회수청구권에 대한 양도·전부 등이 있더라도 담보권이 소멸되지 않는 한 양수인 등이 권리를 행사할 수는 없으며, 피공탁자는 여전히 출급청구권을 행사할 수 있다.

2) 변제공탁 출급청구권의 비우선성

변제공탁 이외의 공탁은 착오나 공탁무효, 공탁원인이 소멸되지 않는 한 회수청구권은 인정하지 않음이 원칙이나, 변제공탁에 있어서는 민법 제489조의 회수청구권이 소멸되지 않는 한 공탁자는 자유롭게 공탁물 회수청구권을 행사할 수 있으므로 회수청구권과 출급청구권은 우열이 없어 먼저 행사한 쪽이 우선한다.

3) 그 밖의 공탁

가압류해방공탁, 보관공탁 등과 같이 회수청구권만 있고 출급청구권이 없는 공탁도 있다.

4) 선후결정의 기준

공탁물 출급청구권과 공탁물 회수청구권 행사의 선후관계를 결정함에 있어서도 공탁관이 지급인가한 때가 아니라 지급요건이 충족된 지급청구 접수된 때를 기준으로 선후관계를 결정하는 것이 타당하다.

▶ 변제공탁금에 대하여 공탁물수령자로서 1973.2.12. 10:00 공탁관에게 대하여 공탁물의 출급청구를 하고 공탁관이 위 공탁금 출급청구서에 공탁통지서의 첨부가 없다고 지적하자 같은 날 13:00 공탁통지서를 보정하여 제출하였으나 공탁관은 이미 같은 날 11:30 본건 공탁물 출급청구원에 대하여 제3자로부터의 가압류 결정이 송달되었다는 이유로 위 공탁물 출급청구를 불수리하였는바, 1973.2.12. 10:00에는 재항고인의 공탁물 출급청구서의 제출이 있었으나 서류미비로 공탁공무원은 이를 아직 수리하지 아니하였다는 원결정 판단 취의로 해석될 뿐만 아니라 재항고인이 같은 날 13:00 미비서류를 제출 보완하였다고 하여 이를 가지고 이미 가압류한 제3자에게 대항할 수 없는 법리라고 해석함이 상당하다.

03 절 공탁물 출급청구권의 처분

1. 양도

1) 대항요건

① 공탁물 지급청구권의 양도도 통상의 지명채권양도의 경우와 같이 양도인과 양수인의 낙성·불요식의 양도계약에 의하여 그 효력이 생긴다고 할 것이나 채무자인 국가(소관 공탁관)에게 통지하거나 채무자가 승낙하지 아니하면 채무자 기타 제3자에게 대항하지 못하고, 위 통지나 승낙은 확정일자 있는 증서에 의하지 아니하면 채무자 이외의 제3자에게 대항하지 못하므로 실제로는 서면(양도통지서)에 의한 통지가 이루어지고 있다.

② 상속인 중의 1인이 다른 상속인들 중 일부로부터 출급청구권을 양도받아 공탁금 출급청구권자가 된 경우에는 양수사실을 증명하는 서면의 첨부 외에 양도인이 채무자인 국가(소관 ○○

법원 공탁관)에게 그 사실을 통지하는 것이 필요하므로 공탁금 출급청구권을 양도받은 사실을 이유로 국가를 상대로 공탁금수령권한이 있다는 확인판결을 받은 것만으로는 양도를 증명하는 서면은 갖추었으나 양도인의 적법한 통지가 있다고 볼 수 없으므로 공탁금을 출급청구할 수 없다.

③ 공탁관이 공탁물 지급청구권의 양도통지서를 받은 때에는 그 서면에 접수 연월일, 시, 분을 적고 기명날인하며 그 내용을 해당 기록표지에 적은 다음 원장에 등록하여야 하는바, 국가기관인 공탁소에서 사문서인 양도통지서에 기입한 일자는 확정일자로 볼 수 있으므로 별도의 확정일자 있는 증서에 의하지 아니하여도 공탁관의 접수시부터 채무자 이외의 제3자에게 대항할 수 있다.

2) 통지의 주체

채권양도의 통지는 양도인이 채무자에게 하여야 하며, 양수인 자신이 통지하거나 양도인을 대위하여 통지할 수는 없다. 다만 양수인은 양도인의 사자 또는 대리인의 자격으로써 통지할 수는 있을 것이다.

3) 양도통지의 방법

① 공탁금 지급청구권의 양도통지서에 날인된 양도인의 인영에 대하여 인감증명서가 첨부되지 아니한 경우라 하더라도 공탁관은 일단 적법한 양도통지가 있는 것으로 취급하여야 하므로 양도인의 인감증명서가 첨부되지 아니한 경우라도 양도인의 공탁금 회수청구에는 응할 수 없으나, 나중에 양수인이 공탁금 회수청구를 할 경우에는 양도인의 인감증명서를 제출하여야 한다. 다만, 양도증서를 공증받은 경우에는 양도인의 인감증명서는 첨부하지 않아도 된다.

② 공탁금 지급청구권의 채무자는 국가이기 때문에 양도통지서가 내용증명 우편으로 검찰청을 통하여 도달되는 경우가 많다.

▶ 양도통지가 검찰청을 통하여 이루어지지 않고 직접 공탁관에게 도달된 경우라도 유효하다.

③ 공탁금 출급청구권 양도의 의사표시 및 그 통지를 명하는 판결이 확정되었다면 양도의 의사표시가 있는 것으로 의제되고 양수인은 위 판결과 그 확정증명 등을 채무자인 대한민국(소관 ○○법원 공탁관)에 송부하거나 제시하고 공탁금을 출급받을 수 있다.

4) 양수인의 지급청구

① 양수인이 공탁금의 지급을 청구할 때에는 지급청구권의 요건사실 및 양수사실을 증명하는 서면을 첨부하여야 한다.

② 반대급부가 붙어 있는 변제공탁의 출급청구권을 양도받은 양수인은 그 반대급부의 이행을 증명하지 아니하면 출급청구권을 행사하지 못하고, 담보공탁의 회수청구권을 양도받은 양수인은 공탁원인소멸(담보취소)을 증명하여야 회수청구권을 행사할 수 있다.

③ 양도통지서에 공탁금뿐만 아니라 그 이자까지 양도한다는 취지의 기재가 있는 경우에는 양도 전후의 모든 이자가 양수인에게 귀속되나, 이자에 대한 명시적인 의사표시가 없는 경우에는 양도통지서가 도달된 날 이후의 이자만 양수인에게 귀속되는 것으로 해석된다.

5) 동시도달된 경우

현실적으로 다수의 우편물을 동시에 수령하는 것이 보통이므로 공탁관이 실제로 동시도달된 우편물을 뜯어 본 순서대로 접수 시, 분을 기재하는 것은 타당하지 않고, 공탁관이 동시에 2개 이상의 양도통지서 또는 (가)압류명령을 받았을 때는 접수순위는 동일하며 선후관계는 없는 것으로 처리하여야 할 것이다.

6) 양도계약의 해제 · 취소

공탁물 지급청구권의 양도계약이 적법하게 해제된 경우에는 그 해제통지를 양수인이 채무자인 국가(소관 공탁관)에게 하여야만 채무자 기타 제3자에게 대항할 수 있으므로, 양도인이 공탁관에 대하여 공탁물 지급청구권의 양도통지를 한 후 양도인이 다시 일방적으로 양도계약을 해제한다는 뜻의 통지를 하여도 양수인이 양도인의 위 채권양도통지철회에 동의하였다고 볼 증거가 없으면 그 효력이 생기지 아니한다.

2. 질권설정

1) 질권설정 절차

① 공탁물 지급청구권에 대한 질권의 설정도 질권설정자가 제3채무자인 국가(소관 공탁관)에게 질권설정의 사실을 통지하거나 제3채무자가 이를 승낙하지 아니하면 제3채무자 기타 제3자에게 대항하지 못하고, 질권설정의 통지나 승낙은 확정일자 있는 증서에 의하지 아니하면 제3채무자 이외의 제3자에게 대항하지 못한다.

② 다만 공탁관이 질권설정통지서를 받은 때에는 양도통지를 받은 경우와 마찬가지로 그 통지서에 접수 연월일, 시, 분을 적고 기명날인하여야 하는데, 이는 공무소가 사문서인 질권설정통지서에 기입한 일자이므로 확정일자로 볼 수 있고, 따라서 확정일자 없는 질권설정의 통지라도 공탁관의 접수시부터 제3자에게 대항할 수 있다.

2) 질권의 실행

① 직접청구

질권자는 질권의 목적인 공탁물 출급청구권 또는 회수청구권을 직접 행사하여 자기 명의로 제3채무자인 국가(소관 공탁관)에 대하여 공탁물의 출급 또는 회수를 청구할 수 있다. 따라서 질권자는 공탁물이 금전인 때에는 자기채권의 한도에서 직접 청구할 수 있고, 공탁물이 유가증권인 때에는 유가증권의 인도를 받아 집행관에게 제출하면 집행관이 강제집행규정을 준용하여 이를 경매하고 그 매각대금에서 우선변제를 받을 수 있다. 그리고 이때 공탁서 또는 공탁통지서를 첨부하여야 한다.

② 강제집행

질권자는 민사집행법에서 정한 집행방법, 즉 채권에 대한 강제집행방법에 의하여 질권을 실행할 수도 있다. 따라서 공탁물이 금전인 경우 질권자는 집행권원 없이 질권의 존재를 증명하는 서류를 첨부하여 질권의 목적인 공탁금 출급청구권 또는 회수청구권에 대하여 압류 및 추심명령 또는 전부명령을 얻어 공탁물의 출급 또는 회수를 청구할 수 있다. 강제집행에 의하여 공탁물을 출급 또는 회수할 경우에는 공탁서 또는 공탁통지서는 첨부하지 않아도 된다.

3. 압류명령

① 토지수용에 대한 손실보상금채권에 대한 압류 및 전부명령은 사업시행자가 장래에 보상을 현금으로 지급하기로 선택하는 것을 정지조건으로 하여 발생하는 손실보상금채권을 그 대상으로 하는 것이므로 현금이 아닌 채권(債券)으로 공탁하였다면 그 부분에 대하여는 정지조건이 성취되지 아니하는 것으로 확정되어 피압류채권인 손실보상금채권이 존재하지 아니하는 것으로 밝혀져 그 부분에 관한 전부명령의 실체적 효력은 소급하여 실효된다.

② 추심명령이나 전부명령은 금전채권에 대한 강제집행이므로 공탁유가증권 지급청구권에 대한 강제집행은 유체동산인도청구권에 대한 강제집행절차에 의하여야 한다.

③ 제3채무자인 국가(소관 공탁관)에 대한 송달은 국가를 당사자로 하는 소송에 관한 법률 제9조를 준용하여 소관청이 아니라 집행법원을 기준으로 서울·대전·대구·부산·광주·수원지방법원과 그 지원인 경우에는 해당 고등검찰청의 장에게, 그 밖의 경우에는 해당 지방검찰청의 장에게 송달한다.

④ 본래의 채권이 압류금지채권인 경우 예를 들면, 사용자가 퇴직한 직원의 퇴직금을 민법 제487조의 규정에 의하여 근로자의 수령거부 또는 수령불능을 원인으로 변제공탁한 경우 그 공탁금은 임금채권의 성질을 유지하고 있다고 보아야 한다. 따라서 압류금지채권인 본래의 채권과 공탁금 출급청구권은 동일한 채권이기 때문에 그 경우의 공탁금 출급청구권도 압류금지채권이다.

4. 추심명령

① 금전채권에 대하여 압류 및 추심명령이 있었다고 하더라도 추심명령은 강제집행절차에서 압류채권자에게 채무자의 제3채무자에 대한 채권을 추심할 권능만을 부여하는 것으로써 강제집행절차의 환가처분의 실현행위에 지나지 않으며, 이로 인하여 채무자가 제3채무자에게 대하여 가지는 채권이 압류채권자에게 이전되거나 귀속되는 것은 아니다. 또한 추심권능은 그 자체로서 독립적으로 처분하여 환가할 수 있는 것이 아니어서 압류할 수 없는 성질의 것이므로 이러한 추심권능에 대한 가압류결정은 무효이다. 즉, 추심권능을 소송상 행사하여 승소확정판결을 받았다 하더라도 그 판결에 기하여 금원을 지급받는 것 역시 추심권능에 속하는 것이므로 이러한 판결에 기하여 지급받을 채권에 대한 가압류결정도 무효라고 보아야 한다.

② 추심채권자는 집행법원의 수권에 따라 일종의 추심기관으로서 제3채무자로부터 추심을 하는 것이므로 제3채무자로부터 압류된 채권을 추심하면 그 범위 내에서 피압류채권은 소멸한다. 따라서 제3채무자가 압류된 채권을 추심채권자에게 지급한 후에 추심채권자가 추심신고하기 전에 압류·가압류명령이 제3채무자에게 송달되었다고 하더라도 추심권자가 추심한 금원에 그 압류·가압류의 효력이 미친다고 볼 수 없고, 추심채권자에게 추심금을 공탁할 의무가 발생하지 않는다.

5. 전부명령

① 민사집행법상 채권압류의 경합에 관한 규정들은 경합하는 집행채권자들이 평등한 관계가 있음을 전제로 하여 그들 사이의 이해관계를 조절하기 위한 것이므로 우선변제권이 있는 담보권리자가 민법에서 정한 바에 따라 물상대위권을 행사하기 위하여 피담보채권을 압류한 경우에는 채권압류의 경합에 관한 규정들이 적용될 수 없다. 판례는 재판상 담보공탁의 피공탁자인 담보권리자가 공탁금 회수청구권을 압류하고 추심명령이나 전부명령을 받은 후 담보취소결정을 받아 공탁금 회수청구를 하는 경우에도 그 담보공탁금의 피담보채권을 집행채권으로 하는 이상 그에 선행하는 일반채권자의 압류 및 추심명령이나 전부명령으로 대항할 수 없다고 하였다.

② 전부명령의 효력에 의문이 있는 때에는 전부채권자의 공탁금 지급청구도 불수리하여야 할 것이다(공탁선례 제2-89호). 민사집행법 제246조 제1항 제4호의 압류금지채권인 급여채권의 2분의 1 상당액을 변제공탁한 경우 위 변제공탁금 출급청구권은 급여채권의 성질을 유지하고 있으므로 이에 대한 압류 및 전부명령은 무효이다. 따라서 공탁관은 피공탁자에게 지급해야 한다(공탁선례 제2-277호, 대판 1987.3.24, 86다카1588 참조).

③ 장래의 불확정채권에 대하여 수 개의 전부명령이 존재하고, 그 후 확정된 피압류채권액이 각 전부금액의 합계액에 미달하는 경우에도 각 전부명령은 그 송달 당시 압류의 경합이 없다면 유효하다. 이 경우 각 전부채권자는 확정된 피압류채권액의 범위 안에서 자신의 전부금액 전액의 지급을 제3채무자에 대하여 구할 수 있고, 제3채무자는 전부채권자 중 누구에게라도 그 채무를 변제하면 다른 채권자에 대한 관계에서도 유효하게 면책되며, 한편 제3채무자는 이중지급의 위험이 있을 수 있으므로 상대적 불확지 변제공탁을 함으로써 법률관계의 불안으로부터 벗어날 수 있지만, 제3채무자가 전부명령의 확정 여부를 알수 없다면 압류경합을 이유로 민사집행법 제248조 제1항에 따른 집행공탁을 할 수 있다.

6. 체납처분에 의한 압류

① 체납처분에 의한 압류의 효력이 발생하면 세무서장 또는 지방자치단체의 장은 국세 또는 지방세, 가산금과 체납처분비를 한도로 하여 피압류채권의 채권자인 체납자를 대위한다. 여기서 대위라 함은 세무서장이 공탁물 지급청구권의 추심권을 취득한다는 의미로 해석할 수 있을 것이므로 제3채무자인 공탁관은 이행기가 도래한 때에 대위채권자인 세무서장 또는 지방자치단체의 장에게 공탁금을 지급할 의무가 생긴다. 국세징수법 제31조 제2항 또는 지방세징수법 제33조 제2항에 의하여 국세 또는 지방세확정 전의 압류로써 채권을 압류한 경우에는 국세 또는 지방세가 확정되었을 때 국가 또는 지방자치단체가 피압류채권에 대하여 추심권을 취득한다.

② 강제집행압류에 있어서는 채권의 일부가 압류된 뒤에 그 나머지 부분을 초과하여 다시 압류명령이 내려진 때에는 각 압류의 효력은 그 채권의 전부에 미치나, 체납처분압류에 있어서는 피압류채권의 일부를 특정하여 압류한 경우 그 특정한 채권 부분에 한하여 압류의 효력이

미치는 것이며, 그 후 강제집행에 의한 압류가 있고 그 압류된 금액의 합계가 피압류채권의 총액을 초과한다고 하더라도 우선권 있는 채권에 기한 체납처분의 압류의 효력이 피압류채권 전액으로 확장되지 아니한다. 따라서 체납처분에 의한 압류 후에 전부명령이 발령된 경우에는 체납처분에 의한 압류가 미치는 범위를 제외한 나머지 부분에 대하여는 전부명령의 효력이 있다.

③ 선행가처분이 있는 경우에는 이후 가처분채권자가 본안소송에서 승소판결을 받아 확정이 되면 그 피보전권리의 범위 내에서 가처분위반행위가 체납처분에 기한 것이라 하여 달리 볼 것이 아니므로 체납처분압류에 의한 세무서장 또는 지방자치단체의 장의 지급청구가 있으면 공탁관은 이를 불수리하여야 할 것이다.

7. 도산절차와의 관계

가. 파산·면책절차에서의 처분

① 파산채권에 기하여 파산재단에 속하는 재산에 대하여 한 강제집행, 가압류 또는 가처분은 파산선고로 인하여 파산재단에 대하여는 그 효력을 잃는다. 또한 면책신청이 있고 파산폐지 결정의 확정 또는 파산종결결정이 있는 때에는 면책신청에 관한 재판이 확정될 때까지 채무자의 재산에 대하여 강제집행 등은 금지 또는 중지되고, 면책결정이 확정된 때에는 면책절차 중에 중지된 강제집행 등은 그 효력을 잃는다.

② 국세징수법 또는 지방세징수법에 의하여 징수할 수 있는 청구권(국세징수의 예에 의하여 징수할 수 있는 청구권으로서 그 징수우선순위가 일반 파산채권보다 우선하는 것 포함)에 기해 파산선고 전에 착수한 체납처분은 파산선고와 무관하게 속행하여 파산절차에 의하지 아니하고 채권을 변제받을 수 있다.

나. 회생절차에서의 처분

① 회생절차의 개시결정이 있으면 회생채권 또는 회생담보권에 기하여 채무자의 재산에 대한 강제집행 등이 금지 또는 중지되고, 회생계획 인가결정이 있으면 중지된 강제집행 등은 그 효력을 잃는다.

② 하지만 회생채권 또는 회생담보권이 아닌 근로자의 임금 등 공익채권에 기한 강제집행 또는 가압류는 회생에 현저한 지장을 초래한다는 등의 사정이 없는 한 원칙적으로 회생절차에 영향을 받지 않는다.

다. 개인회생절차에서의 처분

① 개인회생절차가 개시되면 개인회생채권목록에 기재된 개인회생채권에 기해 채무자 재산에 대하여 강제집행이나 체납처분 등이 금지 또는 중지되고, 변제계획인가결정이 있으면 중지한 강제집행 등은 변제계획 또는 변제계획인가결정에서 다르게 정한 경우를 제외하고는 그 효력을 잃는다.

② 그러나 담보권실행을 위한 경매절차는 오히려 인가의 효력에 의하여 속행할 수 있게 되고(채무자회생법 제600조 제2항), 체납처분은 인가결정이 있더라도 실효되지 않는다. 따라서 채무자가 변제계획에 따라 조세채무를 변제하지 않아서 개인회생절차가 폐지될 경우 체납처분의 속행이 가능하게 된다.

04 절 공탁물 출급청구권에 대한 처분의 경합

① 선행하는 채권양도가 유효하다면 후행하는 압류 및 추심명령은 효력을 발생할 수 없다.
② 채권이 양도되고 가압류까지 된 경우 확정일자 있는 채권양도통지와 가압류결정정본의 국가(소관 공탁관)에 대한 도달의 선후에 의하여 그 우열을 결정하여야 한다.
   ▶ 동일한 공탁금 지급청구권에 관하여 가압류명령과 확정일자 있는 양도통지가 동시에 국가(소관 공탁관)에게 도달한 경우 채권양수인은 그 후에 압류나 가압류를 한 다른 채권자에 대해서는 이미 채권이 전부 양도되었음을 주장하여 대항할 수 있으므로 그러한 후행 압류권자 등은 더 이상 공탁금 지급청구권에 관한 집행절차에 참가할 수 없다.
③ 수 개의 질권이 경합했을 때 그 우열은 대항요건 구비의 전후에 의한다.
   ▶ 입질된 채권에 대한 전부명령은 질권자가 질권을 실행하고, 질권자의 채권액을 공제한 후 잔존금액이 존재하지 않는다면 그 효력이 발생하지 않는다.
④ 공탁금 출급청구권에 대하여 처분금지가처분결정과 위 가처분채무자에 대하여 가지는 조세채권에 기한 체납처분에 의한 압류통지가 순차적으로 제3채무자 국가(소관 공탁관)에게 송달된 후 위 가처분채권자가 본안소송에서 승소하여 확정된 사안에서, 판례는 '가처분결정의 송달 이후에 실시된 가압류 등의 보전처분 또는 그에 기한 강제집행은 가처분의 처분금지 효력에 반하는 범위 내에서는 가처분채권자에게 대항할 수 없다'고 판시한 바 있다.
⑤ 채권압류의 효력발생 후에 동일채권에 다시 제3자가 처분금지가처분을 했다 하더라도 선행의 압류채권자에 대항하지 못한다. 따라서 이 경우에 압류채권자가 얻은 전부명령은 유효하다. 선행압류의 효력이 우선하므로 그것을 해치지 않는 한도 내에서 후행 가처분의 효력이 있다.

Chapter 09 보관·몰취공탁 등

01 절 보관공탁

1. 의의

보관공탁이란 목적물 그 자체의 보관을 위한 공탁이다. 변제공탁, 담보공탁, 집행공탁은 궁극적으로 청구권의 만족을 위한 제도이나, 보관공탁은 그와 같은 목적이 없고 단순히 목적물 자체의 보관을 위한 공탁으로서 피공탁자가 원시적으로 존재하지 아니하므로 공탁물 출급청구권은 없고, 회수청구권만 존재한다. 순수한 보관만을 목적으로 하는 보관공탁을 형식적 공탁이라 하고, 변제공탁이나 담보공탁과 같이 보관 이상의 법률적 효과를 달성하기 위하여 하는 공탁을 실질적 공탁이라고 구분하기도 한다.

2. 보관공탁의 종류

1) 상법 제491조 제4항에 의한 보관공탁

① 사채의 종류별로 해당 종류의 사채 총액(상환받은 액은 제외한다)의 10분의 1 이상에 해당하는 사채를 가진 사채권자는 회의 목적인 사항과 소집 이유를 적은 서면 또는 전자문서를 사채를 발행한 회사 또는 사채관리회사에 제출하여 사채권자집회의 소집을 청구할 수 있다. 이때 소집청구를 받은 회사가 그 소집절차를 이행하지 아니할 경우 사채권자는 법원의 허가를 받아 비로소 자신이 소집을 할 수 있게 된다.

② 하지만 무기명식 사채권을 소지하고 있는 사채권자가 위 집회소집권을 가지고 있는 회사에 대하여 사채권자집회의 소집청구를 할 때에는 그 채권을 사전에 공탁하여야만 위 소집청구를 할 수 있다(상법 제491조 제4항). 이 공탁은 사채권자집회 소집청구권자의 확인과 소집청구권의 남용을 방지하기 위한 것이다.

2) 상법 제492조 제2항에 의한 보관공탁

위 사채권자집회에서 각 사채권자는 그가 가지는 해당 종류의 사채 금액의 합계액(상환받은 액은 제외한다)에 따라 의결권을 가진다. 이때에도 무기명식 사채권을 소지한 자는 집회일로부터 1주간 전까지 채권을 공탁하지 아니하면 그 의결권을 행사하지 못하므로 의결권을 행사하기 위해서는 채권을 공탁하여야만 한다. 이는 사채권자집회에서의 의결권자임을 확인함과 동시에 의결권의 개수를 확인하기 위한 것이다.

3) 담보부사채신탁법 제50조 제3항에 의한 보관공탁

① 사채권자집회의 소집절차 또는 그 결의방법이 담보부사채신탁법 또는 위탁회사와 신탁업자 간의 신탁계약의 조항에 위반하였을 때에는 위탁회사, 신탁업자 또는 각 사채권자는 위 결의한 날로부터 1개월 이내에 법원에 결의무효를 청구할 수 있다. 이때 사채권자가 결의무효청

구를 하는 경우에는 자신이 소지한 사채권을 공탁하여야 한다. 이 공탁은 사채권자집회결의 무효청구권자의 확인과 결의무효청구권의 남용을 방지하기 위한 것이다.

② 상법 제491조 제4항과 제492조 제2항에 의한 공탁은 사채권자가 집회소집청구를 회사에 대하여 하기 때문에 회사는 기명식 사채권자를 이미 알고 있어 무기명식 사채권 소지자만 공탁하지만, 담보부사채신탁법 제50조 제3항에 의한 공탁은 결의무효청구를 법원에 대하여 하므로 법원으로서는 청구자가 기명식 사채권 소지자인지, 무기명식 사채권 소지자인지 알 수 없으므로 무기명식 사채권 소지자는 물론이고 기명식 사채권 소지자도 공탁하여야 한다.

4) 담보부사채신탁법 제84조 제2항에 의한 보관공탁

위탁회사, 사채권자집회에서 선임된 대표자 또는 사채총액의 10분의 1 이상에 해당하는 사채권자는 언제든지 신탁업자의 담보물 보관상태를 검사할 수 있도록 하고 있다. 이때 무기명식 사채권을 소지한 사채권자는 신탁업자에게 사채권을 공탁하여야 한다. 이 공탁은 사채권자가 신탁업자에 대하여 자신이 담보물보관상태 검사권자임을 확인시키기 위한 것이다.

3. 공탁의 신청

1) 신청서 작성 등

피공탁자는 원시적으로 존재하지 아니하므로 기재하지 않는다.

2) 공탁물

상법상의 공탁은 '무기명식 사채권', 담보부사채신탁법상의 공탁은 '사채권'으로 법정되어 있다.

3) 관할

① 상법 제492조 제2항에 따라 무기명식 사채권을 공탁하고자 하는 사람은 시·군법원 공탁소를 제외한 모든 공탁소에서 공탁할 수 있다.

② 다만 상법 제491조 제4항, 제492조 제2항 또는 그 준용규정에 의하여야 할 공탁은 공탁관에게 하지 아니하는 경우에는 대법원장이 정하는 은행 또는 신탁회사에 하여야 하므로 대법원장에게 공탁기관의 지정을 구하여 그 지정된 은행 또는 신탁회사에 공탁할 수도 있다(공탁관에게 공탁을 하든지 아니면 대법원장이 정하는 은행 또는 신탁회사에 하든지 공탁자가 임의로 공탁할 공탁소를 정할 수 있다. 지정된 은행 또는 신탁회사는 특별공탁 기관의 일종으로 볼 수 있다).

③ 또한 담보부사채신탁법 제84조 제2항에 의하여 사채총액의 10분의 1 이상에 해당하는 사채권자 중 무기명식 채권을 가진 자는 그 채권을 신탁업자에게 공탁하여야만 신탁업자의 담보물 보관 상태를 검사할 수 있는바, 이 규정에 의한 공탁은 법원의 공탁소에 공탁하지 아니하고 신탁업자에게 하여야 한다.

4. 공탁물의 지급

① 피공탁자가 원시적으로 존재하지 아니하므로 출급청구란 있을 수 없다.

② 회수 등의 절차에 관하여는 법정된 바 없으므로 각 절차가 완료되었다면 이를 증명하여 사채권자 등 공탁자가 회수하면 된다.

02 절 몰취공탁

1. 의의

① 몰취공탁이란 일정한 사유가 발생하였을 때 공탁물을 몰취함으로써 소명에 갈음하는 선서 등의 진실성 또는 상호가등기제도의 적절한 운용 등을 간접적으로 담보하는 기능을 수행하는 제도이다.

② 이와 같이 몰취공탁은 특정의 상대방에 대한 손해담보가 아니라 국가에 대하여 자신의 주장이 허위이거나 국가에서 정한 의무의 이행을 하지 아니할 때에는 국가로부터 몰취의 제재를 당하여도 이를 감수하겠다는 뜻에서 제공하는 징벌적 성질을 가진 공탁이라 볼 수 있다.

2. 종류

1) 소명에 갈음하는 공탁

법원은 당사자나 법정대리인으로 하여금 보증금을 공탁하게 하여 이로써 소명에 갈음할 수 있는 제도를 두고 있다. 이는 재판상의 상대방에 대한 손해담보가 아니라 국가에 대하여 자기의 주장이 허위인 때에는 몰취의 제재를 당하여도 감수한다는 뜻에서 제공하는 제재적 성질을 가진 공탁이다.

2) 상호가등기 공탁

① 상호의 가등기를 위한 공탁은 상호가등기 제도의 남용을 막기 위한 것으로서 상호가등기의 신청 또는 예정기간을 연장하는 등기를 신청하는 경우에 일정한 금액을 공탁하도록 하는 것이다. 예정기한 내에 등기절차를 이행하지 아니한 때에는 몰취의 제재를 당하여도 이를 감수한다는 뜻에서 제공하는 제재적 성질을 가진 공탁이다.

② 본등기를 할 때까지의 기간을 예정기간이라고 하는데, 상호가등기의 예정기간은 상호의 가등기 종류에 따라 회사를 설립하고자 할 때의 상호의 가등기 및 본점을 이전하고자 할 때는 2년을, 상호나 목적 또는 상호와 목적을 변경하고자 할 때는 1년을 초과할 수 없다. 이때 공탁금액은 1천만 원의 범위에서 대법원규칙으로 정하고 있다.

3. 공탁의 신청

1) 공탁의 목적물

① 소명에 갈음하는 몰취공탁(민사소송법 제299조 제2항)의 공탁물은 금전이다.

② 상호가등기 몰취공탁도 금전만이 허용될 뿐 지급보증위탁계약체결문서(보증보험증권)를 제출할 수는 없다.

2) 관할

공탁소의 토지관할에 관하여 일반적인 규정은 없다.

3) 당사자

① 몰취공탁에서의 공탁자는 소송당사자나 법정대리인 또는 등기신청인 등으로 법정되어 있다.

② 제3자에 의한 몰취공탁이 허용되느냐와 관련하여, 몰취공탁은 국가에 대하여 자기의 주장이 허위인 때 또는 약정기한 내 등기절차를 불이행한 때에는 몰취의 제재를 당하여도 감수한다는 취지의 것이므로 그 성질상 제3자에 의한 공탁이 허용되지 않는다고 보아야 할 것이다.

③ 몰취공탁에서의 피공탁자는 국가이므로 공탁서상의 피공탁자란에는 '대한민국' 또는 '국'이라고 기재한다.

4. 공탁물의 지급

1) 소명에 갈음하는 몰취공탁(민사소송법 제299조 제2항)

① 보증금을 공탁한 당사자 또는 법정대리인이 거짓 진술을 한 때 법원은 결정으로 보증금을 몰취한다.

② 보증금을 몰취할 것이 아닌 때에는 사건완결 후 공탁을 명한 법원은 공탁금환부결정을 하고, 공탁자는 공탁금환부결정정본 및 공탁서를 첨부하여 공탁금을 회수하게 된다.

2) 상호가등기 몰취공탁(상업등기법 제41조)

① 본등기를 하지 아니하고 예정기간이 경과한 때에는 등기관은 상호의 가등기를 직권으로 말소하여야 하고, 이와 같이 상호의 가등기가 말소된 때에는 회사 또는 발기인 등이 공탁금을 회수할 수 있는 경우를 제외하고는 공탁금은 국고에 귀속된다.

② 예정기간 내에 본등기를 한 때에는 등기관은 상호의 가등기를 직권으로 말소하여야 하고, 회사 또는 발기인 등은 등기관으로부터 교부받은 공탁원인 소멸증명서를 첨부하여 공탁금을 회수할 수 있다. 이와 같이 회사 또는 발기인 등이 공탁금을 회수할 수 있는 경우에는 등기관은 회사 또는 발기인 등의 청구에 의하여 공탁의 원인이 소멸하였음을 증명하는 서면을 교부하여야 한다.

03 절 몰수보전, 추징보전 관련 공탁

1. 몰수보전

1) 의의

① 몰수보전이란 특례법 등에 의하여 몰수재판의 집행을 확보하기 위하여 몰수할 수 있는 재산에 대한 처분을 일시적으로 금지하는 강제처분을 말한다.

② 몰수보전은 민사집행법의 다툼의 대상에 관한 가처분제도를 형사절차에 차용한 것으로 그 효력은 상대적이므로 몰수보전된 금전채권이라도 몰수의 재판이 있기까지 채권자는 양도 등의 처분을 할 수 있고 그 처분행위는 당사자 간에서는 유효하나, 다만 그 후 몰수의 재판이 확정되면 그 효력이 부정된다.

③ 몰수보전된 채권에 대하여 강제집행에 의한 압류명령이 내려진 경우 그 압류채권자는 압류된 채권 중 몰수보전된 부분에 대하여 몰수보전이 실효되지 아니하면 채권을 영수할 수 없다.

2) 공탁절차

① 금전채권의 제3채무자는 해당 채권이 몰수보전이 된 후 그 몰수보전의 대상이 된 채권에 대하여, 강제집행에 의한 (가)압류명령을 송달받은 경우 또는 강제집행에 의하여 (가)압류된 금전채권에 대하여 몰수보전이 있는 경우에는 몰수보전명령에 관련된 금전채권의 전액을 채무이행지의 지방법원 또는 지원의 공탁소에 공탁함으로써 면책받을 수 있다.

② 제3채무자가 공탁을 한 때에는 그 사유를 몰수보전명령을 발한 법원 및 (가)압류명령을 발한 법원에 신고하여야 한다. 이 경우 공탁서를 첨부해야 하는데, 몰수보전이 된 후 (가)압류명령을 송달받은 경우에는 몰수보전명령을 발한 법원에, (가)압류된 금전채권에 대하여 몰수보전이 있는 경우에는 (가)압류명령을 발한 법원에 제출하여야 한다.

③ 금전의 지급을 목적으로 하는 채권에 대하여 몰수보전이 되어 그 채무자(제3채무자)가 공탁을 한 경우 그 공탁을 수리한 공탁관은 몰수보전명령을 발한 법원 및 이에 대응하는 검찰청의 검사 또는 고위공직자범죄수사처에 소속된 검사에게 공탁사실을 통지하여야 한다.

④ 몰수보전된 금전채권에 대하여 체납처분에 따른 압류가 있는 경우 또는 체납처분에 따라 압류된 금전채권에 대하여 몰수보전이 있는 경우에도 마찬가지이다.

3) 공탁금의 지급

채권이 몰수보전된 후 그 몰수보전의 대상이 된 채권에 대하여 강제집행에 의한 압류명령을 송달받아 제3채무자가 공탁한 경우 집행법원은 공탁된 금원 중에서 몰수보전된 금전채권의 금액에 상당하는 부분에 관하여는 몰수보전이 실효된 때, 그 나머지 부분에 관하여는 공탁된 때 배당절차를 개시하거나 변제금의 지급을 실시한다.

2. 추징보전

1) 의의

① 추징보전이란 특례법 등에 의하여 추징재판의 집행을 확보하기 위하여 피고인이나 피의자의 재산 처분을 일시적으로 금지하는 강제처분을 말한다.

② 몰수대상재산의 몰수가 불가능한 때 또는 재산의 성질, 사용상황, 그 재산에 관한 범인 외의 자의 권리 유무 그 밖의 사정으로 몰수대상재산을 몰수함이 상당하지 않다고 인정된 때에는 그 가액을 추징할 수 있는데, 추징재판의 집행을 보전하기 위하여 금전채권에 관하여 추징보전이 된 경우에는 민사집행법에 의한 가압류가 된 경우와 같은 효력이 인정된다.

2) 공탁절차

① 추징보전명령에는 추징보전명령의 집행정지나 집행처분의 취소를 위하여 피고인이 공탁하여야 할 금액(추징보전해방금)을 정하여야 한다.

② 추징보전명령에 따라 추징보전이 집행된 금전채권의 채무자(제3채무자)는 그 채권액에 상당한 금액을 공탁할 수 있다. 이 경우 채권자(피고인)의 공탁금 출급청구권에 대하여 추징보전이 집행된 것으로 본다. 이러한 공탁을 수리한 공탁관은 추징보전명령을 발한 법원 및 검사 또는 수사처검사에게 공탁사실을 통지하여야 한다.

3) 공탁금의 지급

① 추징보전해방금이 공탁된 후에 추징재판이 확정된 때 또는 가납재판이 선고된 때에는 공탁된 금액의 범위 안에서 추징 또는 가납재판의 집행이 있은 것으로 본다. 이 경우 국가는 형사사건 판결정본과 확정증명서 등 추징재판이 확정되었음을 증명하는 서면을 첨부하여 지급청구할 수 있다.

② 한편 공탁된 추징보전해방금이 추징금액을 초과할 때에는 그 초과액을 피고인에게 돌려주어야 하는데, 피고인은 공탁된 금액 중 추징금액을 넘는 초과액에 대하여 별도의 추징보전명령의 취소를 받을 필요는 없고, 그 형사사건 확정판결정본과 확정증명서 등을 첨부하여 직접 회수할 수 있다.

---

04 절 선박소유자 등의 책임제한절차 등에 관한 공탁

1. 총설

선박소유자 등의 손해배상책임 제한과 관련하여 「선박소유자 등의 책임제한절차에 관한 법률(이하 '선박소유자책임법')」 및 「유류오염손해배상 보장법」이 제정되어 있다.

2. 공탁절차

① 신청인은 법원의 공탁명령에 따라 공탁을 하게 되는데, 이때 공탁금액은 공탁명령에 따른 공탁지정일에 상법 등에 따른 책임한도액에 상당하는 금전과 이에 대하여 사고발생일이나 그 밖에 법원이 정하는 기산일부터 공탁지정일까지 연 6%의 비율로 산정한 이자를 합산한 금액이 된다(선박소유자책임법 제11조 참조). 공탁을 한 후에는 지체 없이 그 공탁서 정본을 법원에 제출하여야 한다.

② 공탁보증인이 법원의 공탁명령에 따라 공탁한 경우에도 마찬가지이다. 공탁보증인은 법원의 공탁명령에 따라 공탁지정일에 공탁해야 하며, 이 경우 공탁금액은 책임한도액에 상당하는 금전과 이에 대한 공탁보증의 허가결정에서 법원이 정한 기산일부터 공탁지정일까지 연 6%의 비율로 산정한 이자를 더한 금액이다. 공탁을 한 후에는 지체 없이 그 공탁서 정본을 법원에 제출하여야 하고, 공탁보증인이 한 공탁은 신청인이 공탁자로서 한 공탁으로 본다.

③ 관리인이 법원의 공탁금 지급명령에 따라 공탁보증인으로부터 금전을 지급받았을 때에는 즉시 이를 공탁하고 그 결과를 법원에 보고하여야 하는데, 이 경우 관리인의 공탁은 신청인이 공탁자로서 한 공탁으로 본다.

④ 한편 현금을 공탁하는 것이 원칙이지만 책임한도액이 다액인 경우에는 현금의 조달이 곤란한 경우가 있으므로 신청인은 법원의 허가를 얻어 공탁보증서로써 현금의 전부 또는 일부의 공탁에 갈음할 수 있고, 이 경우 보증인의 공탁 이행능력이 충분함을 소명하여야 한다.

3. 공탁금 출급

① 책임제한절차가 개시된 경우 그 절차가 취소나 폐지되지 않는 한 제한채권자는 이 법에 따라 공탁된 금전과 이에 대한 이자의 합계액(이하 '기금')에서 이 법에 정하는 바에 따라 배당을 받을 수 있다.

② 배당은 대법원규칙으로 정하는 바에 따라 관리인이 공탁관에게 기금으로부터의 지급을 위탁하는 방법으로 한다.

4. 공탁금 회수청구

신청인은 책임제한절차 개시의 결정을 취소하는 결정이 확정된 날부터 30일이 지난 후가 아니면 이 법에 따른 공탁금을 회수하거나 그 회수청구권을 처분하지 못한다. 다만 제한채권자 모두가 동의한 경우에는 그러하지 아니하다. 책임제한절차를 폐지하는 결정이 확정된 경우에도 선박소유자책임법 제26조를 준용한다.

박문각
법무사

이천교 **공탁법**

1차 | 요약집

제3판 인쇄 2024. 3. 15. | **제3판 발행** 2024. 3. 20. | **편저자** 이천교
발행인 박 용 | **발행처** (주)박문각출판 | **등록** 2015년 4월 29일 제2015-000104호
주소 06654 서울시 서초구 효령로 283 서경 B/D 4층 | **팩스** (02)584-2927
전화 교재 문의 (02)6466-7202

저자와의
협의하에
인지생략

이 책의 무단 전재 또는 복제 행위를 금합니다.

정가 18,000원
ISBN 979-11-6987-750-3